U0660671

i 教育

新生代语文名师·立场书系

语文：生命的，文学的，美学的

熊芳芳 / 著

教育科学出版社

·北 京·

出版人　　所广一
策划编辑　刘　灿　代周阳
责任编辑　欧阳国焰
版式设计　沈晓萌
责任校对　贾静芳
责任印制　叶小峰

图书在版编目（CIP）数据

语文：生命的，文学的，美学的／熊芳芳著. ——
北京：教育科学出版社，2013.8（2021.5 重印）
（新生代语文名师·立场书系）
ISBN 978-7-5041-7823-7

Ⅰ.①语…　Ⅱ.①熊…　Ⅲ.①中学语文课—教学研究
—高中　Ⅳ.①G633.302

中国版本图书馆 CIP 数据核字（2013）第 163507 号

新生代语文名师·立场书系
语文：生命的，文学的，美学的
YUWEN: SHENGMING DE, WENXUE DE, MEIXUE DE

出版发行	教育科学出版社		
社　　址	北京·朝阳区安慧北里安园甲 9 号	市场部电话	010-64989009
邮　　编	100101	编辑部电话	010-64989527
传　　真	010-64891796	网　　址	http://www.esph.com.cn
经　　销	各地新华书店		
制　　作	北京金奥都图文制作中心		
印　　刷	唐山玺诚印务有限公司		
开　　本	720 毫米×1020 毫米　1/16	版　　次	2013 年 8 月第 1 版
印　　张	19.75	印　　次	2021 年 5 月第 6 次印刷
字　　数	332 千	定　　价	39.80 元

如有印装质量问题，请到所购图书销售部门联系调换。

为生命而为，用生命而为

目　录

序一 | 不同凡响

■ 孙绍振

　　我和熊芳芳素不相识，她给我来了几封信，我没有时间细看，我的生活太没有秩序，往往是身不由己，今天不知道明天干什么。终于有一点空闲了，在许多来信中，抽出了熊芳芳的《窦娥冤》教学设计，第一印象就是不落俗套。特别是她在导入课文时提出的问题：文中什么字眼出现得最多？分直接和间接两个部分，光是直接的，就有十一个"冤"字。这样的启发式提问，比之常见的那些一望而知的提问，带着很强的综合性，不但是深入文本的契机，而且是对学生综合概括能力的激发。

　　当时我想，也许，不过是她提出问题提得聪明而已。接下去，她进入了对《窦娥冤》的"冤"的分析，问题提得越来越深刻："既然选择了为婆婆替罪，为什么还要喊冤呢？"这使我有点兴奋了。然而更使我兴奋的是，她对这个"冤"字的阐释：①无冤无怨与怨气冲天；②骂天与靠天。我不禁有点惊讶了。抑制不住的感觉是：这个小女子不简单。因为，她进入了许多教师难以达到的具体分析的境界。当然，如果仅仅是对感性材料的具体分析，在一些水平较高的教师的教学中，并非罕见，但是对于"冤"这样的抽象概念进行分析，还能分析出两个层次的矛盾来，这显然是有一定哲学修养的表现。

　　越是往下读，越是感到，她不仅有具体分析的能力，而且有相当学养。分析窦娥之冤时，她引用了王国维的话："剧中虽有恶人交构其间，而其蹈汤赴火者，乃出于其主人翁之意志。"而且还加以质疑："真的完全出于她的个人意志吗？作出这样的选择，她真的心甘情愿吗？如果是，为什么会有这么多的前后矛盾？"结合文本，她带领学生渐渐去理解窦娥人生中"道德标签下无生无爱的悲哀"。这就不但显示了她的具体分析水准，而且可以看出她的抽象概括能力。

读完这个教案，我的整体感觉是，这个学历并不高的教师，从哲学修养到学术资源，在当前的中国实在是不同凡响。

这次读她的著作《语文：生命的，文学的，美学的》，更坚定了我的判断。

光是看她全书的构架，就不难看出，她不但善于对具体文本作具体分析，而且善于在有限的文本分析中建构起自己有序的体致（姑且不说体系）。许多相当权威的教师，往往满足于对单篇文本的分析和概括，而她却能把一些看来毫不相干的文本建构在相互联系的体致之中。当然，这种体致是她独特建构的。譬如本书的第一单元，本来只是《沁园春·长沙》《我有一个梦想》《项脊轩志》等八竿子打不着的几篇文章，她却把它们组织在了自己"生命语文"的理论框架之中：

宇宙位格
从《沁园春·长沙》看毛泽东的自我实现
国际位格
"和平的祈祷"单元整合设计
社会位格
《我有一个梦想》教学设计
家庭位格
《项脊轩志》的前调、中调和后调
全位格
角色与退出角色

她不但有自己的理论框架，而且创造了自己的话语。微观分析的能力，加上相当的宏观概括能力，再加上对当代文学、美学理论的涉猎（如李泽厚等），就构成了她学术研究能力的基础。具备这样的研究能力，正是新一代中学语文教师摆脱教书匠的命运，突破于漪老师等老一代的权威高度的本钱。正是因为这样，在本书中，读者不难发现，她不但对传统中国经典文本如《〈论语〉十则》、王维诗文有驾驭自如的设计，而且对于西方后现代的文本也作出了令人惊异的深度解读：

> 关于这一组人物，作品中有两个意味深长的细节，弗拉季米尔总喜欢鼓捣自己的帽子，爱斯特拉冈则经常鼓捣自己的靴子。
>
> 一个关注头脑，一个关注脚下。一个可谓"形而上"，一个可谓"形而下"。弗拉季米尔代表了头脑、精神和灵魂等与肉体对立的一面，爱斯特拉冈则与之相反，代表肉身以及与肉身相关的若干方面。他感兴趣的话题大抵是关乎物质与肉身的。尤其是在波卓出现的时候，爱斯特拉冈表现得谄媚而卑下，在波卓吃剩下的肉骨头和金钱的诱惑面前，他的迫不及待与卑躬屈膝使弗拉季米尔产生了强烈的耻辱感，受到了弗拉季米尔的责备。

这里的功力表现在：第一，把两个人物从哲学的高度概括为对立的矛盾；第二，把这种矛盾升华为"形而上"和"形而下"。这样的能力，不但在中学教师中，就是在大学年轻教师中，也是难能可贵的。

她的创造力，已经得到许多方面的赞赏，也获得了一些荣誉，但是，真正认识到她的价值、她出现的意义的，可能还不多。这需要一个过程，实践是最权威的裁判官，在未来的岁月中，她会成为教坛的一颗明星吗？至少我怀着这样的期待。

（孙绍振，语文教育家，福建师范大学文学院教授，
中国文艺理论学会副会长）

序二｜以生命的形式提升教学之美

■ 熊少严

　　教育直面人生，教育的终极目标是唤醒生命。苏霍姆林斯基说："教育技巧的特点就在于使教育的整个过程成为教师过问人的精神生活的整个过程。"因而，教育必须体现对生命的关怀，而自身也必须呈现与生命过程同质的基本形态特征。

　　"生命语文"是熊芳芳老师提出的语文教育理念，也是她坚持了十多年一线实践所打造的教学风格。在多少年来工具性、功利性欲求驱赶着教育越演越烈地追逐分数、升学率等显性的可简单评量的工业指标，教育本真价值迷失、功能异化的时候，这种倡导和坚持，就是可贵的超越。

　　"生命语文是为生命而为的教育，也是用生命而为的教育。"熊芳芳老师这样阐释生命语文："以生命为出发点，遵循生命的本质属性，与生活牵手，让生命发言，让语文进入生命，唤醒生命，并内化为深厚的文化底蕴和丰富的人格内涵，是为帮助我们认识生命的美丽与宝贵，探索生命的方向与意义，提升生命的质量与品位，使生命变得更加美好、更有力量、更有意义而进行的语文教育。"字里行间流动着对丰盈生命的期盼。在她的教学实践中，在她的论著里，体现出了她的教育情怀，体现了她对生命的思考，对个体精神的观照和对建构丰富绚丽的语文世界、提升生命品质的不懈努力。

　　最近，她为申报一个项目，按立项要求，来电话找我做推荐人。我没推辞。但是，由于职业的缘故，我读了太多的中小学教师文稿，所以当初也并没太放在心上。中小学教师从事研究，往往理论素养准备不足，理论资源开发不深，或囿于通识性的浅表陈述，或限于经过穿衣戴帽式包装的工作总结。在建构主义、自主学习、有效教学等相同的理论母题下，大量文稿虽然来自不同学科，实践性事例异态纷呈，却也难免大同小异，似曾相识，造成个人的阅读倦怠、审美疲劳。这是教师专业提升中的一个"瓶颈"，也是在职培训滞留于通识性规模推进的一种产品。而我收到熊老师的前期成果时，却不禁眼前一亮：语文天生浪漫、让别人的文字与我们的生命发生联系、教育的价值在根本上是通过人的生命价值的实现而体现的……立论明确，表述响亮，体系完整，结构关系清晰，而且，观点提法从语感上就很具有感染力。

"生命语文"以富于激情与个性化的表述，召唤着我们内心对语文原本已有的那些期待，那些最核心最本真又最富有魅力的东西，用"生命的形式"（苏珊·朗格）提升着学科和教学的美的价值。

根据"生命语文"的立意，熊芳芳对高中课程作了富有创造性的高位把握。中小学老师教学研究大多或停留在具体课文教学设计和教学方法的探究，或止于局部模块整合的经营。当对教材整个体系的熟稔和体味进入到一定的深度时，当教师对教育思想有了清晰明确的定位时，思想将照亮整体，形成具有鲜明个性特征的系统性思路。根据"生命语文"的教育宗旨，熊芳芳把高中语文教材的逻辑关系建构为"建筑—抒情—栖居"：通过文本解读，引导学生确立生命的位格；通过语文的情感因素，发展全面、丰富的生命；通过美的教育，提升生命的品位，亦即令生命质量得到诗意的升华。"确立—丰满—升华"，使人生幸福，生活丰盈，生命璀璨。她对既有教材的创造性整合，以生命、以美、以整体化的超越，使教学本身呈现出"生命的形式"，实现了对阅读教学的功能优化。这样对课程资源创造性的把握和处理是多层次多维度的。如对于生命地位的理解和确认，她从宇宙、国际、社会、家庭和人自身的内在世界对教材关系进行重新建构和解读；又如对于知—情—意基本素养的发展，她相对应建立起感情体验—理性认知—知性素养养成的三维目标体系，因应不同文本特点，发展学生各方面的能力。这样对现行教材的宏观把握和建构，显示了作者对教学的宏观把握功力。

熊芳芳在语文教学中提升生命与美的属性的努力是成功的，读她的文稿，我所得到的体会也是多方面的。

"生命语文"体现了教师的文化自觉。"生命语文"坚持学科的工具性和人文性的有机结合，其文化自信和自省体现于对生命的关注，对学科终极价值的不断追问。那些鲜活的教学案例，透露出学生对话中呈现的思想深度，也展现了学生作文里显露的精神世界和综合能力。她行文中时时流露出对课堂互动中学生被激发出来的智慧和卓识的欣喜，她毫不掩饰自己对这个过程的欣赏和享受。而这个过程恰恰是放飞思想，从生命的深度和生活的广度去熔铸语文的过程，其中蕴含着提升阅读和写作教学效能的"大语文"策略。教学因了这种文化自觉而高屋建瓴、内涵厚重，语文由此也凸显着生命所固有的激情、辽阔、本真和美的特征。

"生命语文"充盈着教师的艺术冲动。读她的课案、设计、教学实录，常如读一篇篇美文。一位优秀教师，有若干较好的课例作为代表作，也可以成立了，而熊芳芳的好课则是成系列的。从支撑"生命语文"理论和观念的大量课例来看，每一课都因了执教者的激情与思想而闪烁着艺术创造的光彩。就《沁园春·长沙》而言，是把人的位格置于宏大时空坐标中去历验生命的伟岸；就"和平的祈祷"板块而言，是通过两难的追问审视大历史中个体生命的价值与责任，在一篇顺手拈来的快餐读物中延伸出来的是生命哲理与公平正义的讨论；就《等待戈多》这样大块单调难啃的作品而言，是从现象归纳引入对丰富内涵的探幽索微……一堂堂课让学生在动荡开合的历史风云中，在隽美流丽的古典弦吹中，在峻刻凌厉的两难追问中，在缱绻悱恻的一往情深中，释放情感，敞开思路，获得语文最富有生命力的滋养。

"生命语文"展现了教师专业成长的个体经验。在探索"生命语文"的过程中，熊芳芳以较广阔的视野和执着的态度，关注专业与学生。在她的教学案例、教材分析和师生的对话实录中，可以析出这位教师在自身专业素质结构构筑中，如何从艺术、哲学、历史、时政、教育等广阔领域里获得滋养。"生命语文"的立论最早提出于2003年7月的《中学语文教学参考》，洋洋洒洒，基本思路已经非常清晰；2009年出版著作《生命语文》，理论与实践、观点与课例互相呼应支撑；最近，又推出新著《语文：生命的，文学的，美学的》等。这10年间，她发表了许多文章，展示过许多课例。一个课题的研磨，一种风格的打造，历经的是坚守的过程，是教学生命成长的过程。她是以自身专业情愫赢得了职业的生命光彩。

"语文本质上是一种生命的表达"。"生命语文"既是对教学的一种把握，也是坚持了一种理想。在这个日益功利化的时代，说到理想，说到美，也许是奢侈的、乌托邦的，但这是我们进入教坛的初衷，这是我们甘愿以整个生涯历验追求、以全身心体味的梦，而且，这还是被我们一些坚定执着的老师所走通了的路。

我期望着每一位教师在教学历程中获得生命与美的升华。

（熊少严，广州市教育科学研究所所长，《教育导刊》主编）

上 编

建筑——生命的位格

我们都知道，没有人会称一块石头、一棵树或一头牛为一"位"。在心理学上，"位格"这个词，从来不用在化学物质、植物和除了人以外的动物身上。在一切有机体当中，能用"位"来称呼的，只有人。在人身上，自我和位格是一样，"我"就是"位"，"位"就是"我"。

在希腊文化中，位格（persona）最初是指在戏剧表演中，人们扮演的角色所戴的面具，后来，一些古代的哲学家以抽象的理论来解释"位格"。

古代哲学家认为，一切存在物可以分为三个层次：第一个层次是尚未定型的基体，例如：物质。第二个层次是在基体上加上一个固定而普遍的属性，比方：人、动物等。第三个层次是把这普遍的存有物，加上个别的属性，而成为一个有个性的个体。譬如：张三、李四，他们不只是普通人，而是姓张、姓李，他们是有个性的个体，我们将这个"个性"，称为"位格"。

但是在罗马文化中，"位格"指的是法律和权利的主体。波厄茨认为位格是"理性"的个别本体，多玛斯发挥波厄茨的概念说：位格是在理性内，有区别的个别自立体。

笛卡尔说"我思故我在"，意思是我之所以为人是因为"我思想"，可见他对"位格"的看法，也是"理性"的主体。到了17世纪的英国哲学家洛克，以及18世纪的哲学家康德，他们是以"自我认识"来说明"位格"的，认为"我"就是"自我认识的自由主体"。

今天的"位格"思想，很强调"位格"之间的关系性：我之所以意识到"我"，是因为有"你"的缘故；"位格"是有意识的关系性的自立体。此外，今天的"过程理论"认为，"位格"有动态地成长和行动的特点，"位格"是行动的主体。

综上所述，"位格"包含了五个要素：

1. 自立体（Subsistence）：每个人清晰的自我意识，"自我"就是自立体，这个自立体是整个生命过程的永恒基础。

2. 关系性（Relationship）：人可以说是一切行为的接受和答复的中心，人和其他生物、整个人类、自然宇宙等，有着互动的关系。

3. 行动中的主体性（Center of action）。

4. 统一性或整体性（Unity，Totality）。

5. 个体性（Individuality，Uniqueness）。个体又可以说独一性，顾名思义，就是说每个人都是独一无二的。

从以上要素来看，人的生命位格可以从五个方面来进行具体的定位：宇宙位格、国际位格、社会位格、家庭位格、本源位格（又称"第一位格"或"全位格"），即一个人在宇宙中、国际中、社会中、家庭中和自我独立本相中的生命位置。

生命语文，要体现对个体生命这五种位格的观照，从五个层面来完成生命的建筑，让生命有根基，且有高度、广度、厚度、深度、亮度、温度、柔韧度和自由度。

文学是一种建筑，用语言文字来建筑人类的心灵家园；语文课堂也是一种建筑，在文学的世界里，用丰富的感性体验、精准的理性认知和美好的知性素养来建筑一个以生命为轴心的三维空间，从而丰富和完善个体生命的五种位格。

宇宙位格

个体生命的宇宙位格
——从《沁园春·长沙》看毛泽东的自我实现

"宇"，无限空间；"宙"，无限时间。

人的一生，要想自我实现，必须有一个起点：知道自己在宇宙这个无边无际的时空系统中处于一个什么位置，从而使自己由黯淡的尘埃走向发光的星体，由渺小短暂走向伟大永恒，去最大限度地实现自己的人生价值。

不同的个体生命对其在宇宙中的位格的自觉与省知程度是不一样的。而这种自觉和省知的程度越高，个体生命的本质意义和核心力量就越能得到彰显和发挥，对整个宇宙而言，亦愈发能够趋于真正的天人和谐。

毛泽东在长沙经历了长达 13 年之久的求学和革命斗争生活，一度离开，后又因回湖南从事农民运动为军阀赵恒惕所搜捕，于是间道长沙前往广州。在一派深浓的秋意中，独自一人重游橘子洲，目睹眼前秋景，遥想国事纷纭，难免感从中来，写下了《沁园春·长沙》一词。彼年，他 32 岁。同年 1 月 11 日至 22 日在上海召开的中国共产党第四次全国代表大会他没有出席，且连委员都没被选上；此时的中国，孙中山溘然病逝，国共虽已建立统一阵线，但革命的统一阵线由谁来领导，尚存分歧（1958 年毛泽东在对自己的诗词作的一些"自注"中，曾言："一九二七年，大革命失败前夕，心情苍凉，一时不知如何是好。"）。后有追兵，前路茫然，内外交困。约翰·克利斯朵夫说："人生是一场没有休息，没有侥幸的战斗，凡是要成为无愧于'人'这名称的人，都得时时刻刻向着无形的敌人抗战。"这敌人，既指强大的环境，也包括软弱的自己。"盼望挑战，他的一生不曾停止挑战、应战，这是他性格的基础和核心"（权延赤《红墙内外——毛泽东生活实录》），"五四"期间，毛泽东就大声疾呼："与天斗，其乐无穷！与地斗，其乐无穷！与人斗，其乐无穷！"他天性中的这种深层特质决定了即使是在这一段灰色的人生际遇里，他眼里的秋色仍旧色彩瑰丽、生机勃勃。与其说《沁园春·长沙》是一个词人的睹物抒怀，不如说是一代伟人将遭遇困顿而短暂迷失的自己置身于宇宙这一时空系统中的自我省知和重新定位，在这一过程中，他再度找回了自己。

上阕：对于空间坐标中自我的省知——万类的自由和自我的自由

上阕中写天地间的物我，营造了一种相当壮阔的氛围，同时构筑了动与静的鲜明对比。

（一）物与我的对比

天下之高，无非天也；天下之大，无非地也。而词人"独立"于天地之间，伫立在秋的清寒之中，滚滚北去的湘水更衬出词人中流砥柱的形象：顶天立地，岿然不动。在词人眼中，万物都是"动"的："万山红遍"，一个"遍"字，呈现了星火燎原的动态扩张过程；"层林尽染"则赋予大自然以丹青妙手的神奇，浓墨重彩，大笔挥洒，为我们描绘了一幅漫山遍野枫叶如丹的巨幅画卷；"漫江碧透"，一个"透"字自上而下，化静为动，拉长了景深；"百舸争流"更是千帆竞发，争先恐后；更不必说"鹰击长空"的豪壮和"鱼翔浅底"的轻盈……万类的生气和自由，更让词人痛感人类的不自由。

（二）词人自我的表象与内心的对比

表面上看，词人静静伫立于橘子洲头，实际上内心思潮翻滚："怅寥廓，问苍茫大地，谁主沉浮？"万类的自由与人类的不自由的鲜明对照使得词人深感使命重大。屈原的"天问"，我们读出的是千年的沉重、千年的孤独；毛泽东的追问，我们读出的是诗人的一丝惆怅和满腔主宰天地的豪情。1960年前后，毛泽东的诗词要翻译成外文，袁水拍找来臧克家、叶君健，把大家意见纷纭的字句凑成了17题，请毛泽东亲自回答。据臧克家回忆，当时听袁水拍传达时作的记录说："'问苍茫大地，谁主沉浮？'第一说，对。我立即用铅笔在'由谁来统治中国'上面，划了一个'○'，将第二说打上个'×'。"（臧克家《珍贵的孤纸》）

鲁迅说过："中国人向来有点自大。——只可惜没有'个人'的自大，都是'合群的爱国的自大'。"（《热风》）在"他制他律"的深层文化结构之下，中国人习惯于人格的"自我压缩"：逆来顺受，妄自菲薄，遂致心理景色的荒原化。然而，毛泽东的"个人"是全面盛开的。

毛泽东早年自我修养的方法，特别是他在杨开慧的父亲杨昌济先生门下研习的两门课程——修身课和伦理课，可以帮助我们探索他早年的思想与人格之源："贵我"。

人生为什么需"贵我"？答曰："横尽虚空，山河大地，一无可恃，而可恃惟我。"（在湖南师范学校的课堂记录《讲堂录》）"我固万事万念之中心。""以我立说，乃有起点，有本位；人我并称，无起点，失却本位。"（毛泽东读泡尔生《伦理学原理》第1章"善恶正鹄论与形式论之见解"的批语）毛泽东认为在人己关系上，利己是本位的，是应该肯定的，而利他同样以我为起点。他举例说："表同情于他人，为他人谋幸福。非以为人，乃以为己。吾有此种爱人之心，即需完成。如不完成，即是于具足生活有缺。"依据这一生活原则，毛泽东认为"义务"不是对他人的，而是对自己的。"吾人惟有对于自己之义务，无对于他人之义务也。""所谓对于自己之义务，不外一语，即充分发达自己身体及精神之能力而已。"他还进一步强调："人类的目的在实现自我而已。"为此，应该努力"自尽其性，自完其心"。（江之诚《毛泽东的人生支点——〈论毛泽东历史地位〉话题实录之一》）

"贵我"，让"个人"自由绽放，是毛泽东人生的出发点之一，这就是毛泽东从一个默默无闻的农家子弟成长为中国乃至全世界的伟人的人格要素（这种人格要素从他17岁时的诗《咏蛙》即可见一斑）。在毛泽东的一生中，这种"贵我"的思想一以贯之，使他能做到不为外物所律，不为他人所制，乐观奋进，积极有为，最终把自我价值和社会价值统一了起来。

黑格尔认为在传统的中国这类东方专制主义国家中只有一个人是自由的，那就是"孤家寡人"——君王。至于毛泽东的"贵我"思想，是否是造成他晚年走极端的原因，这里不作讨论。因为太过复杂，一个人不可能改变一个民族几千年的文化，而且他自身的血液里就流淌着这文化。但是值得思考的是自我人格的"独立"与"独尊"这两个概念的内涵差异。保持人格的独立却不唯我独尊，方为更高意义上的伟大。

下阕：对于时间坐标中的自我的省知——历史中的他者和历史中的自我

下阕将自我和他者放在时间的坐标中进行观照。

（一）除旧与立新——历史中的他者与历史中的自我

一句"指点江山，激扬文字，粪土当年万户侯"，立现当年的毛泽东及其志友们睥睨群雄的崇高境界和非凡气势，卓绝千古。"粪土"一词活用之后独具千钧之力，完全否定了历史中的他者，张扬了自我全新的人生境界：今朝"指点江山"者，唯我辈也。在历史的兴替中，词人及那些精英确知自己的坐标。尤其是词人自己，更是已经初具"帝王"气象（鲁迅曾说毛泽东的词有"山大王"的气概，毛泽东听了开怀大笑）："携来百侣曾游，忆往昔峥嵘岁月稠"，一个"携"字，呈现出领袖风度和非凡魄力。"峥嵘岁月"并非陈述苦难，恰是张扬豪情。"恰同学少年，风华正茂；书生意气，挥斥方遒。"彼时，毛泽东和蔡和森、何叔衡、张昆弟等立志报国的社会精英，正值青春年少，神采飞扬，才华横溢，意气风发，热情奔放。他们以天下为己任，"不谈金钱，不谈男女之间的事，不谈家务琐事"（尹高朝《毛泽东和他的二十四位老师》），立志成为栋梁之材。

（二）怀旧与图新——历史中的自我与现实中的自我

下阕中表现出引人注目的怀旧情绪，词人以"想当年"的口吻回忆了曾经的踌躇满志：在长沙组织了湖南学生联合会、新民学会，创办了《湘江评论》，创办了工人夜校、文化书社和湖南自修大学，参加了反对袁世凯称帝的运动，领导了驱逐张敬尧等军阀的活动，成立了马克思主义研究会……那时，他们相信他们能解决中国的全部问题。但，那只是词人历史中的自我。词人现实中的自我刚刚经历一场信仰危机，不再拥有那种初生牛犊不畏虎的简单的自信。

1922年，毛泽东任共产党湖南省省委书记，是最成功的工会组织者。在他29岁生日那天，他在衡阳附近的水口山铅锌矿掀起了这一年湖南省工人斗争的最后一次大高潮并以胜利告终。中共"三大"结束时，毛当选为中央委员会的委员。1924年，国共统一战线陷入更大困境，共产党吸收新党员的速度极其缓慢，工人运动处于停顿状态。一些著名的共产党员认为，他们的党犹如一张太多人睡沉的床，于是要放弃它去追随国民党。毛泽东也变得越来越消沉。共产党员彭述之在莫斯科学习了三年以后回到上海，他发现毛这时郁闷、冷漠："他朝非常坏的方面看。他的消瘦使他看起来比实际上更高。他面色苍白，肤色有点不健康，呈暗绿色的样子。"由于国民党总部停止拨给他们经费，毛所负责的上海委员会工作几乎停顿。他开始患上神经衰弱症，慢性失眠，头疼、头晕，血压高……这年年底，他离沪赴湘，形式上他得到了许可，可以因病缺席，不参加中共"四大"，但是实际上如同他的医生多年以后所说的，毛的神经衰弱症总是带有政治性质："那些症状在重要的政治斗争开始之时就变得更为严重。"他也曾缺席中共"二大"，理由是"忘记了开会的地点，又找不到任何同志，结果错过了这次大会"，值得注意的是，当时中共广东省省委的代表们也由于不同意与国民党合作而没有出席中共"二大"（菲力普·肖特《毛泽东传》，中国青年出版社）。

1925年年初，他的故友们在召开"四大"，为共产党的未来制订计划的时候，他在杨家老屋庆祝旧历年。他不跟老朋友们联系，不跟湖南省的共产党和国民党委员们联系。2月，他带着几箱书到了韶山，除了家人与同辈村民，他没有看望一个外人。一个雄心勃勃的知识分子，试图让自己回到农民的根中，让自己完全放松。也是在那里，在他童年的伙伴中，他看见了第一缕新的曙光。

起初，毛除了读书以外很少做事。几个星期后，通过一个叫毛福轩的同宗族的年轻人介绍，他开始谨慎地鼓励一些更贫苦的农民组织农民协会，杨开慧着手办农民夜校，随后以"五卅"为契机的工农运动风起云涌，毛泽东再度投入政治的旋涡。截至8月，他已在湘潭县及其周边地区成立了20多个农民协会。赵恒惕发了一份"立即逮捕毛泽东，就地正法"的密电，毛被迫离开湘潭。《沁园春·长沙》就是他9月初隐藏在长沙时写的一首词。

"曾记否，到中流击水，浪遏飞舟？"这个结尾其实是三组对话，既是现实中的自我与往昔同志的对话，又是与历史中的自我的对话，还是与天地的对话。既是略显怅然的怀旧，又是对图新的热烈召唤。画面具有强烈的视觉冲击力，江流滚滚，白浪滔滔，一群热血青年战风斗浪，奋勇搏击，他们是惊涛骇浪的征服者，他们更是历史长河风口浪尖的弄潮儿，勇者无畏，强者无敌："自信人生两百年，会当击水三千里！"此情此景，天地曾见证，同志亦铭记。"曾记否"，是问候，是怀想，也是激励：一切革命者应该发扬蓬勃的朝气，激流勇进，搏击风浪，做历史长河的中流砥柱。这是个问句，但实际上是对"主沉浮"的巧妙回答，词人唤回了历史中豪迈的自我，刷新了现实中惆怅的自我：要像当年中流击水那样，再度勇敢地投身革命风浪之中，担负起寻找国家命运前途的大任！

爱因斯坦认为，观察者与客体处于相对运动的状态之中，从观察者看到的客体事件的时间绝对性是不成立的，空间坐标与时间坐标是随着观察者与客体的相对运动而发生变化的。1925年的毛泽东，在处境的困顿中，对处于已经相对变化了的空间坐标和时间坐标当中的自我进行重新省知，对于其个人，对于国家和民族乃至整个人类，无疑具有重要意义。

同时，这种自我省知也是一辈子的事情，人需要在不断变化的时空中重新给自己定位。毛泽东一生作词，以"沁园春"作词牌的仅有两首，即写于1925年的《沁园春·长沙》和1936年的《沁园春·雪》。比较阅读，我们会发现词人在不同历史时期对自己不同程度的自我省知。

1936年的毛泽东可谓"横空出世"（这个词还真是毛泽东自己的创造，出自《念奴娇·昆仑》，这也很容易让人联想到武则天自创的"曌"字，大凡伟人，总有超乎常人的自我认同，这种心理优势使得他们有足够的勇气与自由的灵魂去设计和实现自己的人生），叱咤风云，从1927年"四一二"政变后，毛泽东领导秋收起义，扎根井冈山，再到瑞金红色根据地，经过五次反"围剿"，长征西进，胜利到达陕北。十余年的枪林弹雨，毛泽东已从一个才华横溢、踌躇满志的青年革命者锤炼成长为雄才大略、独步千古的革命政治家。

《长沙》一词中，词人还是人在景中，感叹"万类霜天竞自由"，追忆"到中流击水，浪遏飞舟"；到了《雪》中，词人则是人在景上，俯视山川，豪气干云，一扫当年几丝怅意。不再是"怅寥廓，问苍茫大地，谁主沉浮？"，而是"欲与天公试比高"。当年的万户侯，早已不足挂齿。此时的词人眼界高远，傲视群雄，就是秦皇汉武，唐宗宋祖，一代天骄，也已是"俱往矣"。遵义会议确立了毛泽东在党内和军内的绝对领导地位后，毛泽东率领红军胜利到达陕北，随后领导抗日健儿，举起救亡大旗，从此，以毛泽东为领导核心的中国共产党及其领导下的陕甘宁边区成为民族救亡的中心。此时此境的毛泽东肩负挽救中华民族的大任，"为有牺牲多壮志，敢教日月换新天"，满腔豪情，岂是历代帝王所能企及。

美国左翼作家爱格丽丝·史沫特莱说："有一扇大门只是为他存在，而这扇门对其他任何人永远不会打开。"毛泽东在马背上"用平平仄仄的枪声写诗"，在宇宙间找准了自己的生命位置。唐末诗人林宽有这样两句诗："莫言马上得天下，自古英雄皆解诗。"学习本文，可纵横联系，注入活水，譬如联读毛泽东的《沁园春·雪》《采桑子·重阳》、曹操的《短歌行》、黄巢的《题菊花》等，还可以引入奥巴马的演讲词进行深入讨论。

国际位格

在爱之中，上帝将被造物引领入自己所享有的共同体之中，从而将荣耀和福祉赐于所有。

——圣·托马斯

个体生命的国际位格
——"和平的祈祷"单元整合设计

很多很多个世纪以前，在一个名为拔摩的荒芜的海岛上，一个叫约翰的人看见从天上降临的新耶路撒冷的远象。约翰说："那城……长、宽、高都是一样。"约翰真正想说的其实是这样：生命的理想本相，就是在各方面都平衡而完整。

完整的生命包括这样三个层面：长、宽和高。生命的长度并非指它的寿数，而是生命达至其个人能力、目标与理想的极致，是人对自身福祉的内向关怀，是自我实现的答卷；生命的宽度是对他人福利的外向关怀，是个体生命存在价值的另一份答卷；生命的高度则是对真理的向上攀登，是对生命意义和宇宙真理的追寻，它能够提供个体生命用以书写前面两份答卷的智慧、力量与热情。

生命的长度或许是生命中比较自我的层面，但合乎道德及理性的自我关注是带着理解与体谅去关心他人的前提。每一个人都有责任切实地关心自己，找出自己存在的意义和目的。一旦发现自己的使命，便当竭尽所能全力以赴，以前无古人、后无来者的心态去完成他的工作，就好像造物主在一个特定的历史时刻特地呼召他去做一样。

但若停在这个层面，会是很危险的一件事。有些出色的人才，往往能非常成功地发掘自己的潜力，成就伟大的事业，但他们也很容易将所有其他人当成配角、布景，或是道具，舞台上的主角只有一个，就是他自己。

也有很多团体、种族乃至国家，他们所关心的同样只是自己生命的长度：在科技、经济、声望、权力和各样的优惠待遇上，我们最远能够走到哪里。过分关注生命的长度，以致忽略了生命的宽度，这会不会是人类社会战争频仍的原因？

哲学家斯宾塞说："没有人能完全自由，除非所有人完全自由；没有人能完全道德，除非所有人完全道德；没有人能完全快乐，除非所有人完全快乐。"斯塞宾一生为最底层的劳工阶级争取权利和自由，为他们赴以热血，许以生死。

美国劳工领袖尤金·戴布兹在美国大选时身处狱中却得到一百万选民的投票。他从斯宾塞的句子里，衍生出了这样的千古名言："只要有下层阶级，我就同俦；只要有犯罪成分，我就同流；只要狱底有游魂，我就不自由。"

除非一个人能够超越狭隘的个人关注，更广阔地关怀人类整体，否则他还是未曾真正开始生活。

有了长，有了宽，还需要有高，生命才能成为整体。我们的生命有横截面，也有垂直面。如果说横截面是个体与群体，那么垂直面就是康德所说的"头顶的星空和心中的道德律"。如果我们要活出完整的生命，就必须向天空飞升，寻求真理，向心灵俯首，敬畏良知。真理，是所有个体生命头顶上共同的星空，我们只有结伴从心灵出发，才能抵达真正的生命的国度。

苏教版必修二第二板块"和平的祈祷"让我们直面战争中的种种：非正义，正义；生命，财富；肉体，心灵；个人，群体……

入选的这几篇文章，有一个内在的层级：

①非正义战争对别国人民的伤害：《安妮日记》

②非正义战争对本国人民的伤害：《流浪人，你若到斯巴……》

③正义战争对本国人民的伤害：《一个人的遭遇》

这个颇有意味的组合有力地否定了著名的"破窗理论"：一个顽童，打破了邻居的窗户，邻居就得更换新的窗户，于是带动了玻璃工人和木匠就业，而他们又进一步带动了更多原材料提供者就业，整个社会便得以欣欣向荣。所以，顽童打破窗户是有益于经济发展的。在经济萎靡不振的衰退阶段，战争，通常就被视为这样一个打破窗户的行为，被人们赋予带动经济的期望。而"枪炮一响，黄金万两"更可以说是战争经济学最通俗的说法。这个板块的文章，从不同的侧面和层次向我们真实地呈现了战争的残酷性和毁灭性。而《图片两组》，更是用触目惊心的背景说话，用惨绝人寰的场面说话，用震撼人心的细节说话，用从内心喷涌而出并洋溢在人们脸上的和平的喜悦说话……

整个单元的教学设计，可以设计为下面几个专题：

一、整体联读：你能尝试用一句有情感有创意的话简述每一篇选文吗？

譬如：

是谁逼迫我阅读死亡？（《图片两组》）

是谁吞吃了我的阳光？（《安妮日记》）

是谁折断了我的翅膀？（《流浪人，你若到斯巴……》）

是谁将沙子抛到异乡？（《一个人的遭遇》）

二、战争印象：战争是怎样的？

1. 战争图展：分小组制作 PPT，使用图片和视频进行解说，概括自己对战争的印象

图片可以用《图片两组》中的或课外搜集的。视频推荐：《第二次世界大战》（为第二次世界大战全程实录，贵州文化音像出版社出版）及一些以"二战"为主题的电影作品，譬如《美丽人生》《辛德勒名单》等。

补充资料：

据统计，在 1964 年以前的 5164 年里，世界上共发生战争 14513 次，使

36.4 亿人丧生，损失的财富如果折合成黄金，可以铺成一条宽 150 公里，厚 10 米，环绕地球一周的金质腰带。

"二战"是人类历史上的空前浩劫。61 个国家参战，20 亿人卷入战火，军人和平民死伤超过一亿，军费消耗和经济损失高达 5 万亿美元。

……

2. 由课外进入课内：课文中最有震撼力的细节或场面

譬如：安妮沮丧却从不绝望，将黑暗中的生活看成"一场有趣的探险"，"下定决心要过和其他女孩子不一样的人生"，"在这里的经验，是一个有趣人生的一个好开头"。文章让我们看到一个乐观勇敢、热爱生活、有使命感的安妮。

又如，德国伤兵想象假如有一座阵亡将士纪念碑落成，"那么我的名字也将刻到石碑上去"，"在校史上，我的名字后面将写着：'由学校到战场，为……而阵亡'"。"我"想名垂青史，事实却是，"我"没阵亡，却成了残废，而且即使阵亡了，"我"也不知道为什么而阵亡，名字留在纪念碑上是件崇高的事情，可是纪念碑又是"成批生产"的、"随便从哪个中心点都可以领到"的。这种机械复制消解了人的崇高感，证实着生命的毫无价值，牺牲的毫无价值。小说中老师命令学生用六种字体写"流浪人，你若到斯巴……"，斯巴达战士为保卫祖国而英勇战死，"我"则充当纳粹德国侵略战争的炮灰，成为残废。战争的性质决定了牺牲的价值。以正义之战的铭文来教育学生为非正义之战献身，极具荒诞意味。结尾的"牛奶"成了和平社会与学校生活的代名词，比尔格勒是"我"昔日学校生活和今日悲惨处境的见证人，同时暗示了没有任何人可以活在战争之外。

关于索科洛夫，有几个细节是非常值得注意的。一是他的梦：美梦、噩梦（在俘房营里夜夜梦见妻子和孩子，盼望给儿子娶媳妇抱孙子；战后夜夜梦见死去的亲人，泪水浸透枕头）。二是他的泪：无泪、热泪（面对棺材里的儿子，他没有哭，"眼泪在心里干枯了"；看见失去亲人的流浪儿小凡尼亚，却"热泪怎么也忍不住了"）。三是他的诺言和谎言。他用余生许给凡尼亚一个承诺："我们再也不分开了！"并说了一个真实而美丽的谎言："我是你的爸爸。"为了这个谎言，为了那个诺言，他后来用了更多的"谎言"让小家伙安心。

三、战争中的美丽人生：谁是最具悲剧性的人物？

悲剧，就是把有价值的、美好的事物毁灭给人看。本单元里，谁是最具悲剧性的人物呢？战争中的美丽人生，也许比和平时代的更为震撼人心。

譬如安妮，承受着人性的恶带给她的黑暗和恐惧，却坚定地相信"人在内心里其实是善良的"；目睹世界"正变成一片荒野"，却仍觉得"还能好转"（可联读犹太女孩玛莎的诗《我一定要节省》）。她说："我不要像大多数人那样，过了一辈子，结果白活。我要有用，或者带给所有人喜悦，即使是我不认识的人。我希望我死后，仍能继续活着。"安妮的生命，追求长度，也有宽度，并且有对高度的追求。她乐观博爱、有使命感，她对战争本质的思考，有着与她年龄不相称的深刻、成熟和洞察力。

那个年轻的德国伤兵，有点浑浑噩噩，有点玩世不恭，不满学校单调的学习生活，对侵略战争缺乏认识，糊里糊涂地上了前线，又糊里糊涂地受重伤回来，年轻的躯体只残留一肢，却始终不知道自己是为了什么而献身，也不知道献身的价值。如此青春的生命，成了纳粹德国军国主义教育的牺牲品！最可悲的人生，并不是死亡或者残废，而是对生活的无认知、对生命的无觉解。纳粹留下的，不会有完整的生命。可联读小小说《德军剩下来的东西》。

家破人亡的索科洛夫，心碎但不绝望，坚毅但不麻木，悲伤但不沉沦，温情但不软弱。与世无争，却勇于抗争；身体可以被俘虏，骨气不能被征服；一无所有了，仍坚强地活；百孔千疮了，仍无私地爱……在无法挽回地失去了一切的情况下，他以生的名义去战胜死。这样的生命，是有长度，有宽度，也有高度的。虽然在选文中我们经常看到这个男人的眼泪，他的心细腻温柔，然而他绝不是娘娘腔。看看他说过的一段话就知道了："我这个人也不喜欢婆婆妈妈，喊怨叫苦，最看不惯那种爱哭鼻子的家伙，他们不论有事没事，天天给老婆情人写信，眼泪鼻涕把信纸弄得一塌糊涂。说什么他的日子很难过，很痛苦，又担心被敌人打死。这种穿裤子的畜生，流着眼泪鼻涕诉苦，寻求同情，可就是不想一想，那些倒霉的女人孩子，在后方也并不比我们舒服。整个国家都得依靠她们！我们的女人孩子要有怎样的肩膀才不至于被这种重担压垮呢？可是她们没有被压垮，终究支持下来了！而那些流眼泪拖鼻涕的脓包，还要写那种信诉苦，真好比拿一根木棍敲着勤劳的妇女的腿。她们收到这种信，可怜的人，就会垂下双手，再也没心思干活了。不行！你既然是个男人，既然是个军人，就得忍受一切，应付一切，如果需要这么做的话。但如果在你身上女人的味儿比男人的还要多些，那你干脆去穿上打摆的裙子，好把你那干瘪的屁股装得丰满些，至少从后面望过去也多少像个婆娘，你去给甜菜除除草，去挤挤牛奶好了，前线可不用你去，那边没有你，臭味儿也已经叫人够受的啦！"阿·托尔斯泰的小说《俄罗斯性格》的结尾句"俄罗斯性格呀！一个人，看上去挺平常，等到严酷的命运来敲他的门，一种伟大的力量就在他心里汹涌起来——人类的美的力量！"，应该也可以用来评价索科洛夫。另外，可参阅草婴的《岂止一个人的遭遇——纪念小说〈一个人的遭遇〉发表50周年》和傅修延的《试析肖洛霍夫的〈一个人的遭遇〉》。

这些美好的生命，在战争中被摧残、毁灭，具有极强的悲剧感。同时，我们也应辩证地看到：苦难激发出了人性当中那些沉睡着的最美好最顽强的部分。

当然学生还可能说到凡尼亚、索科洛夫的儿子等次要人物，甚至还有可能说到希特勒，只要言之成理即可。

四、思考根源：谁之罪？

1. 希特勒？

希特勒对尼采非常崇拜。1933年前后，希特勒多次参观尼采档案馆，在这位哲学家大理石半身像前照相，捐赠巨资修复魏玛尼采档案馆。1943年墨索里尼60岁寿辰时，希特勒赠送他一套装帧精美的《尼采全集》（24卷），并题词留念。纳粹思想家们宣称，尼采的思想在法西斯德国得到了实现。1935年瓦尔特·施佩特曼明确指出："尼采的遗产播下了种子……德意志民族的塑造符合尼采的目标……一个民族应该对自己说：我要凌驾于各民族之上。我们的国务活动家们通晓战争、恫吓、巨大的痛苦、紧张与纪律。他们完全清楚，德国人民的政治使命，并不受表面国界的限制。"（《尼采关于上等人的概念》）而希特勒也在《我的奋斗》一书中写道，亚利安人，即当代的日耳曼人，是上苍赋予"主宰权力"的种族，是地球上最优秀的人种。只要他们继续无情地维持其主人态度，不久的将来，必然成为"世界的盟主"，"必为万国所拥护"。

尼采认为，在自然界中"大大小小的竞争到处都是为了争优越，争生存和扩张，争强力，遵循着求强力的意志"。后来，尼采明确地指出，这一概念即为追求权力、要求统治的"权力的意志"。他说，生活中"各种有机功能，都可以归结为一种根本意志、权力意志，……权力意志分化为追求食物的意志，追求财产的意志，追求工具的意志，追求奴仆（听命者）和主人的意志：这是以肉体为例的……坚强的意志指挥较弱的意志"。19 世纪 80 年代之后，尼采提出以"权力的意志"代替道德观念，主张暴力和残酷。而希特勒在《我的奋斗》一书中也写道：一切生命都在进行一场永恒的斗争。世界不过是适者生存、强者统治的丛林，一个"弱肉强食、优胜劣败"的世界。"只有无生的弱种才会认为这是残酷的……凡是想生存的，必然奋斗，不想奋斗的，就不配生存在这个永恒的斗争的世界里。即使残酷，却是客观现实。"

尼采认为，世界终将形成一个整体。在世界范围之内，20 世纪必然发生一场争压世界统治的战争，将会提出"谁将成为地球主人"的时代问题。尼采认为战争是存在的本质，是培养权力意志的必要手段。他大声呼喊："我劝告你们不要工作，要去作战。我劝告你们不要和平，而要胜利……只有战争才使一切事业变得神圣。战争与勇气所做出的丰功伟绩，大大超过慈悲。"（《尼采全集》第 7 卷）而希特勒也在《我的奋斗》和《第二本书》中大肆鼓吹这一论调，叫嚣："一个健康的民族为了获得生存地盘，必然产生对土地生存空间的要求，推行掠夺土地的政策。夺取生存空间的斗争，只有通过战争手段来进行。"

"超人及其周围的精华人物，应该成为地球的主人。"尼采宣扬的"超人"哲学，是资产阶级反动的"英雄"史观。而希特勒崇尚社会由精华人物和领袖人物进行统治，把社会等级制度和上层统治集团对劳动人民采取的残酷暴力"奉若神圣"。他竭力主张从日耳曼民族中选择固有的精华人物，使其逐渐取得统治地位，并明确规定了纳粹党和第三帝国"精华人物"领袖原则。

尼采的主要思想在希特勒混乱的头脑中引起了强烈的共鸣，希特勒因袭了尼采作品中不少对己有利的思想。"地球的主人"是《我的奋斗》和《第二本书》中常见的用语。希特勒最后认为自己就是尼采预言的"超人"。

为着私欲，希特勒在生命的长度上走得太远了，他忽略了生命的宽度和高度。

2. 日耳曼民族?

安妮说："我不相信战争只是政客和资本家搞出来的，芸芸众生的罪过和他们一样大；不然，许多人民和民族早就起来反叛了!"

德国著名作家艾米尔·路德维希在他的《德国：一个双重历史的国家》中谈及"二战"时说："所有这些陈述，都没有涉及德国人民应当负什么罪责。""但是在国内深入一步追究这场世界大战的罪责，就会直接指向德国人民。德国人民多年来以默许的态度对待这场罪恶，现在要想说成是无所事事的旁观者，或无辜者，这是徒劳的。"

事实是：1933 年，德国 150 万纳粹党人中，工人和农民党员共 50 多万，占到 1/3 以上。在有组织的疯狂屠杀犹太人的行动中，很多是来自德国社会底层的普通工人、农民和商人。

参考阅读《世界通史》中的部分章节：

①第二次世界大战：全球性的影响

②从大同盟到冷战

③诸帝国的终止

还有《德国人为何追随希特勒》（http：//bbs. tiexue. net/post2_ 3569360_ 1. html）一文，也可一读。

3. 人性中的恶?

安妮说："人心里有一股毁灭的冲动，发怒、杀人的冲动。除非所有人没有例外都经过一场蜕变，否则还是会有战争，苦心建设、培养和种植起来的一切都会被砍倒、摧毁，然后又从头来过！""世界虽然这样，我还是相信人在内心里其实是善良的。"

莎士比亚说："人类是一件多么了不得的杰作！多么高贵的理性！多么伟大的力量！多么优美的仪表！多么文雅的举动！在行为上多么像一个天使！在智慧上多么像一个天神！"（《哈姆雷特》）

伯特兰特·罗素说："有时候，在恐怖时刻，我总要怀疑是否有理由希望人这样的动物继续生存下去。"

雨果说："释放无限光明的是人心，制造无边黑暗的也是人心。""人的两只耳朵，一只听到上帝的声音，一只听到魔鬼的声音。"（《悲惨世界》）"丑存在美的旁边，畸形接近着优美，'丑恶滑稽'藏在'典雅高尚'的里面，恶与善相共，阴影与光明相共。"（《〈克伦威尔〉序言》）

这就是生命的高度的问题。用内心的美善去呼应头顶的星空，天地之间才会充满了光明。

五、思考未来：和平有多远?

有人曾经统计，有史以来，世界上最长的和平年代只有 292 年。在第二次世界大战之后的 37 年里，世界接连爆发了 470 余起局部战争，至少有 1000 万人死于战火，在全世界范围内，没有战争的日子只有 26 天，平均要过 520 天才有一天太平日子。

想象一下：

假如给我们三天和平……（如果你是安妮，你会做什么？）

假如给我们三年和平……（如果你是德国伤兵，你会做什么？）

假如给我们三十年和平……（如果你是索科洛夫，你会怎样？）

假如给我们三百年和平……（这个命题本身就是一个伪命题。）

为了提醒人类维护世界和平，当联合国大厦建成时，各国政府在大厦墙壁上刻上了《圣经》中的一节经文："他必在列国中施行审判，为许多国民断定是非。他们要将刀打成犁头，把枪打成镰刀；这国不举刀攻击那国，他们也不再学习战事。"并在大厦地基下埋藏了一本圣经。

当我们在追求生命的长度的时候，千万不要忘了兼顾生命的宽度，因为我们并不仅仅是中国人、美国人、德国人、俄罗斯人、法国人、日本人……我们也是地球人。

同时，永远要记得仰望和俯首，仰望头顶的星空，俯首倾听心中的道德律，这样，我们的生命才会有纵向的高度。有了平衡而完整的生命，才会有和谐而美丽的世界。

16世纪英国诗人兼神学家约翰·邓恩曾用图像化的语言描述："没有人是一个完全自足的孤岛。每个人都是大陆的一小片、整体的一部分。"然后他继续说："任何人的死亡都是我的衰减，因为我是牵涉于整个人类群体之中，故此不要问丧钟是为谁而鸣；它是为你而鸣。"海明威相当喜爱，曾将之刊选在其小说《战地钟声》的扉页。李敖也曾为此诗感动，并将之翻译成中文如下：

没有人能自全，

没有人是孤岛，

每个人都是大陆的一片，

要为本土应卯。

那便是一块土地，

那便是一方海角，

那便是一座庄园，

一旦海水冲走，

欧洲就要变小。

无论是你的，还是朋友的，

任何人的死亡，

都是我的减少，

作为人类的一员，

我与生灵共老。

丧钟为谁而敲，

我本茫然不晓，

不为幽明永隔，

它正为你哀悼。

社会位格

当我们的行为过于倾注在个性方面，恶就随之而生。尽管我们的每一个行为既是个体的行为也是位格的行为，但事实是每个行为都或者包含在向位格发展的过程中，或者包含在背离位格的过程中。如果是后者，物质个性就会走向衰落。

如果这种行为朝着物质个性的方向发展，人类就会走向令人讨厌的个人主义，其根本原则就是为个人攫取利益，同时位格就会变得低贱并逐步消亡。但如果这种行为朝着位格的方向发展，人类就会走向圣徒和英雄般的伟大。因此，只有当人类的精神生活和自由意志主导着人类的欲望和激情的时候，人才会成为真正的人。

——雅克·马里坦

个体生命的社会位格
——《我有一个梦想》教学设计

导语

2009 年 1 月 20 日上午，在美国国会大厦的露天阳台上，在冒着瑟瑟寒风蜂拥而至的 100 多万名民众眼前，一位肯尼亚黑人的儿子奥巴马，手按着林肯 140 年前用过的那本圣经，宣誓成为美利坚合众国的总统。这是一个历史性的时刻。马丁·路德·金 40 多年前的一个梦想，在今天终于达到了巅峰：包括广大白人在内的大多数美国民众，选举了一位黑人做总统！

一、生命屈辱的现实

黑人与美国——"孤岛"与"海洋"

（一）课文背景

1. 两百年前《美国宪法》和《独立宣言》的允诺对于黑人只是一张空头支票。

2. 一百年前的《解放黑奴宣言》带来的自由并不完整也不彻底。

3. 小时候的马丁·路德·金就注意到黑皮肤的人和白人所受的对待是不同的。他注意到他和白人不能用同一个水龙头饮水，并且不能共用一个厕所。上大学时，马丁决定像他父亲一样当一名牧师。在宾夕法尼亚克拉泽神学院上学时，他知道了圣雄甘地，了解到甘地通过"非暴力革命"的斗争将印度人民从英国统治中解放出来。马丁同时也受到亨利·戴维·梭罗著作的鼓舞，尤其是其名著《论公民的不服从》。书中说如果有相当多的人按良心行事而不去遵从不公的法律，他们就能实现非暴力革命。

4. 1955 年 12 月，蒙哥马利市警察当局以违反公共汽车座位隔离条令为由，逮捕了黑人妇女罗莎·帕克斯。帕克斯夫人是一名黑人裁缝，在她下班回家的路上，由于未给一名白人乘车者让座而被捕。马丁·路德·金号召全市近 5 万名黑人对公交车公司进行了长达 1 年的抵制，迫使法院判决取消运输工具上的座位隔离。这是美国南部黑人第一次以自己的力量取得斗争胜利，不仅揭开了持续 10 多年的美国民权运动的序幕，也使马丁·路德·金锻炼成民权运动的领袖。

5.1963 年 8 月 23 日，马丁·路德·金组织了美国历史上影响深远的"自由进军运动"。他率领一支庞大的游行队伍向首都华盛顿进军，争取立法保障黑人的权利。28 日，他在林肯纪念堂前的石阶上向众人发表了著名的演说《我有一个梦想》。他的这篇演说为美国法律和生活变革铺平了道路，成为使整个国家面目一新的珍贵的历史时刻之一。

（二）文中信息

请大家从课文中寻找相关信息，了解黑人在当时美国的生活处境和政治地位。

（三）课外资料

链接当代美国种族歧视的相关资料。

（四）填空简评

_____ 的黑人（譬如：贫穷的黑人，缺少爱是最深刻的贫穷；屈辱的黑人，受歧视是最强烈的屈辱；流亡的黑人，遭拒绝是最孤独的流亡……）

_____ 的美国（譬如：并不完美的美国，黑人的贫民区是它的生命死角；肢体残弱的美国，黑人是其肢体的一部分；自欺欺人的美国，自由、民主、平等的口号并未成为普遍的事实……）

二、生命怒放的梦想

（一）决心与原则——不绝望，不等待，不妥协；非暴力，不孤立，不后退

小组讨论，梳理要点：

不绝望："但是我们不相信正义的银行已经破产，我们不相信，在这个国家巨大的机会之库里已没有足够的储备。因此今天我们要求将支票兑现——这张支票将给予我们宝贵的自由和正义的保障。"

不等待："现在决非侈谈冷静下来或服用渐进主义的镇静剂的时候。现在是实现民主的诺言的时候。""如果美国忽视时间的迫切性和低估黑人的决心，那么，这对美国来说，将是致命伤。"

不妥协："自由和平等的爽朗秋天如不到来，黑人义愤填膺的酷暑就不会过去。""黑人得不到公民的权利，美国就不可能有安宁或平静，正义的光明的一天不到来，叛乱的旋风就将继续动摇这个国家的基础。"

非暴力："我们不要采取错误的做法。我们不要为了满足对自由的渴望而抱着敌对和仇恨之杯痛饮。……我们不能容许我们的具有崭新内容的抗议蜕变为暴力行动。"

不孤立："我们却不能因此而不信任所有的白人。……他们的自由与我们的自由是息息相关的。我们不能单独行动。"

不后退："只要……，我们就绝不会满足。""我们现在并不满足，我们将来也不满足，除非正义和公正犹如江海之波涛，汹涌澎湃，滚滚而来。"

这些决心与原则彰显了生命的尊严与力量，生命怒放的前提是站起来，走到阳光下，并与众多的生命相呼应，将勇气进行到底。

（二）"我"的梦想与美国的梦想——个体的完善使整体更伟大

分男、女生两组轮读"我有一个梦想"排比段及"让自由响自……"排比段，结尾段齐读，形成一种大合唱的效果，感受其喷薄的情感和恢宏的气势。然后讨论"我"的梦想和美国的梦想的关系。

参考提示：

"我"的梦想"是深深扎根于美国的梦想中的"，"美国要真的成为伟大的国家，这些必须实现"。"我"的梦想与美国的梦想并不对立，反而是相互补全相互成就的。个体的完善使整体更伟大，个体的残损令整体也残缺。

"倘若人民之中有一部分被压榨受欺凌、被迫犯罪或站在社会的对立面，我们就不能拥有一个有序健全的国家。……倘若有一大群人经济落后，贫困潦倒，我们就不能真正繁荣昌盛。因此当我们严阵以待，保卫我们的民主不受外国的攻击时，我们也要关注在国内赋予全体国民越来越多的公平和自由。"

"人本身就是目的，因为人是上帝的儿女。人不是为了国家而创造，正相反，国家是应该为人服务的。"

"一个伟大的国家必然是充满爱心的国家，一个不关心弱势群体的人不可能成为伟人，而一个不关心贫困人群的国家也不可能成为伟大的国家。"（《马丁·路德·金自传》）

在发动"穷人运动"，要求政府为解决贫穷问题而进行社会改革、经济改革和政治改革的时候，马丁·路德·金一星期之内做了大约 35 场演讲。他告诫听众："请你们告诉自己，无论如何都不要忘记那些生活在社会底层的穷苦的人。……如果美国不以其财富拯救穷人，最终也要下地狱。如果不把它巨大的资源和财富用来消除贫困，让所有的上帝子民都有饭吃有衣穿，美国也要下地狱。我似乎听到多年之后，美国的历史学家无不骄傲地说：'我们建造了高耸入云的高楼大厦，架起了宏伟壮丽的跨海大桥。我们的航天飞机穿越云层，在宇宙间翱翔；我们的潜水艇深入海洋，探索海底的奥妙。'而我仿佛听见上帝说：'即使你成就如此辉煌，而我依然饥饿，你却没有使我得饱足。我衣衫不能遮体，而你没有使我得温暖。我子民的儿女生活困苦，而你没有使他们得幸福。你因此不能成为一个伟大的国家。'这是对美国的谴责与控诉。"（《马丁·路德·金自传》）

"我们难以想象没有金的美国历史，他代表真理，他遵照上帝的旨意让美国变得更公平。"（劳拉·布什，2002 年 1 月 21 日美联社报道）

个体与社会的关系，在这里得到了一个全新的阐释：个体不是社会的一个零件，不是用来服务于社会的完整与强大的；个体是社会的肢体，是联结在大生命上面的一个个活着的部分，就像一个人的脚、眼睛或者耳朵。如果我们不保养好我们的这些部位，使得它们伤残，那么我们整个的身体就会受损，我们会被称为瘸子、瞎子或聋子。马丁·路德·金在演讲当中不断强调的就是这样：黑人的境况，会影响整个美国的生命质量和生命形象。

（三）"非暴力抵抗"与"武装斗争"——世异则事异，事异则备变

比较阅读《不自由，毋宁死》，讨论：同样是为了争取自由，为何两位作者要采取不同的斗争策略。

参考提示：

帕特里克·亨利处在殖民者的统治之下，是要争取民族的解放国家的独立，站在正义的立场，师出有名，能够得到多方面的援助。在看透了殖民者虚情假意的微笑和集结于波士顿的大规模的海陆战争准备之后，他主张采取武装斗争的方式，说服议员们丢掉幻想，准备战斗。因为"战争已不可避免"，敌人的军队已经开到波士顿，"实际上战争已经开始"，"我们的同胞已经身在疆场了"。由此我提醒大家注意战争有时候是不得已而采取的手段，"为了和平，我们拿起了武器"，"假使我们不去打仗，敌人用刺刀杀死了我们，还要用手指着我们的骨头说——看，这是奴隶！"。当敌人侵犯到我们的国土我们的家园时，只有用战争的手段才能制止战争，这或许是人类的一种永恒的无奈。

马丁·路德·金处在独立自主的美利坚合众国治下，是要以公民的身份争取宪法和《独立宣言》所赋予的正当权利，通过完善部分从而完善整体，而不是为了颠覆政权，也不是为了攻击和羞辱白人，不是要把自己的幸福建立在他人的痛苦之上。他们强调的是分享、共享。所以他采取的是"非暴力"反抗的斗争手段，并提醒自己的战友、黑人兄弟们"在争取合法权利的斗争中"，一定要"举止得体，纪律严明"，并团结白人兄弟，因为他们都是这个国家的一员，都是这个国家的公民，都应享有宪法赋予的平等、自由和追求幸福的正当权利。

虽然采用"非暴力"斗争手段的甘地和马丁·路德·金最后都死于暴力——暗杀，然而他们的抗争都取得了很大的效果，他们所争取的权利也一点点地得到了，尽管还不是全部。我们看到甘地所面对的英殖民政府，马丁·路德·金所面对的美国政府，虽然都没有给予甘地和马丁·路德·金所代表的人们以足够的权利，但他们也没有用极端的手段将"闹事"的甘地和马丁·路德·金蒸发掉，这一方面是由于他们尚能尊重法律，另一方面也得力于甘地和马丁·路德·金十分重视利用对手所重视并开放的媒体。"三一八"惨案之后，鲁迅先生曾说："正规的战法，也须对手是英雄才成。"非暴力斗争，只有在一个崇尚人道主义和高度尊重法律的国度里才可能进行到底，甚至也只有在一个物质基础足够丰厚、精神文明高度发达的国度里才有可能实现。正如马丁·路德·金所言："我们要不断地升华到以精神力量对付物质力量的崇高境界中去。"然而如果一个国家的大多数人民还在贫困的深渊中挣扎，整天为了填饱肚皮而呼天告地，那么，恐怕更多的人会落草为寇，揭竿为旗，而不是去静坐请愿了。

所以，无论是采用武装斗争还是非暴力抵抗的形式，都是与当时的时势和对手的性质密切相关的。而这种互动关系，先秦的韩非子在他的《五蠹》里就已经提到了："世异则事异，事异则备变。"

所以个体的生命呈现又能折射出整个社会的生命状态。

三、生命激扬的魅力

探索演讲词的魅力与感召力的源泉——

（一）精神内涵

1. 神性的道德力量

神性的道德力量，即一种"属天的理智"。马丁·路德·金面对美国白人和黑人对他的反战立场的一致抨击所作的回答，如同暮鼓晨钟："每当有事情发生的时候，懦夫会问：'这么做，安全吗?'患得患失的人会问：'这么做，明智吗?'虚荣的人会问:'这么做,受人欢迎吗?'但是,良知只会问:'这么做,正确吗?'现在的情形需要我站在既不安全,又不明智,也不受人欢迎的立场上,但是必须这样做,因为我的良知告诉我,这才是正确的选择。"这很容易让人想起林肯的话:"我不问事情能否成功,只要问事情是否正义。"马丁·路德·金说:"正义是不分国家疆界的,任何地方的不公正不平等,都是对其他地方公平公正的威胁。""你不愿为正义挺身而出的一刻,你已经死去。你不愿为真理挺身而出的一刻,你已经死去。你不愿为公正挺身而出的一刻,你已经死去。"但是,"选择站在正义一边……和上帝在一起,你就是大多数"。(《马丁·路德·金自传》)

他可以强大到视"受苦"为"救赎",甘愿自己流血牺牲的地步——他说:"要争取自由,必须付出流血的代价,而流的血必须是我们的鲜血……无辜受苦是有救赎力量的,它可以取代欺压者与受压者双方苦毒怨恨的悲剧结局。"(《马丁·路德·金自传》)这令人想起耶稣在十字架上的受难。

这种来自信仰的道德力量,在马丁·路德·金争取社会正义的斗争中表现为一种道义上的强大或道德上的自强。为他在复杂的处境、艰难的斗争和内心的矛盾中提供了坚如磐石的基础的,正是这种道德自强的力量。这种力量对于任何争取社会正义的斗争来说,是经济的、武器的或武力的力量都不可比拟的。这也正是其演讲词富有生命激扬的魅力的重要原因。

可联读马丁·路德·金的最后一次演讲。

2. 浪漫主义的激情

他用生命坚守一个梦想,并且用浪漫的激情描画这个梦想。

这个梦想有声音:"有了这个信念,我们将能把这个国家刺耳的争吵声,改变成为一支洋溢手足之情的优美交响曲。""那时,上帝的所有儿女,黑人和白人,犹太教徒和非犹太教徒,耶稣教徒和天主教徒,都将手携手,合唱一首古老的黑人灵歌:'终于自由啦!终于自由啦!感谢全能的上帝,我们终于自由啦!'"

这个梦想有色彩:佐治亚的红山、自由和正义的绿洲、圣光披露,满照人间……

这个梦想有人物,有情节,有环境,像小说一样动人。

(二)语言表达

1. 句式

多用整句,多用短句、呼唤语,富有感召力和煽动性。

2. 修辞

多用修辞格（比喻、排比、反复、呼告等），增强表现力和感染力。

结语

阅读奥巴马以及美国历届总统的就职演讲，比较体会其共性与个性；联系中国国情深入思考个体生命与社会生命的关系。

家庭位格

在成为城市的一部分之前，为了上帝和生命的永恒，人构成了位格；而且人在构成政治组织的一部分之前先构成了家庭的一部分。这就是天然权利的源头，政治组织必须尊重它，当它需要成员为之服务的时候，政治组织不能伤害它。

——雅克·马里坦

个体生命的家庭位格
——《项脊轩志》的前调、中调和后调

阅读《项脊轩志》就如同品一款香水，它的味道有前调、中调和后调。

前调是香水最先透露的信息，它就像一首乐曲中突然拔起的高音，立即吸引人的注意，但它并不是一瓶香水的真正味道，因为它只能维持几分钟而已。

中调是在前调消失之后开始发出的香味，是一款香水的精华所在，是香水

的灵魂。其气味和前调完美衔接，一般可持续数小时或者更久一些。

后调就是我们常说的余香。它不只是散发香味，更兼具整合香味、给予深度的功能。它持续的时间最长久，可达整日或数日之久。

仕途蹭蹬一生坎坷的归有光的这篇"至情"散文，在一个清冷的时代散发着温暖的光辉，在欲望的洪流和物质的尘嚣中散发着灵魂的香味。细品之，心灵便能够在熏香的优雅中得享缓缓流动的宁静和徐徐绽放的安舒。

前调：家族离析慈亲早逝祖母厚望爱妻永别的感伤与凄凉

1. 为家族离析而悲

中国是一个宗法观念很强的国家。渴望家族兴旺昌盛、家庭团圆和睦，是一种普遍的心理和情感。归有光是个很有家族观念的人，他出生在昆山的一个大家族，祖上曾有过五世同堂的纪录。这个家族在当地颇有声望，历代都有人入朝为官，权势很大，因而昆山一带流传着这样一个说法："县官印不如归家信。"然而归有光的父亲归正没有取得过功名，只以读书耕田为务。归有光出生时，家族已经衰落。

随着归有光的成长，家族离析日益加剧，到写作此文时，归有光已目睹了十余年来的家族变化："先是，庭中通南北为一。迨诸父异爨，内处多置小门，墙往往而是。东犬西吠，客逾庖而宴，鸡栖于厅。庭中始为篱，已为墙，凡再变矣。"百年老屋化整为零，家庭成员离心离德；屏障由篱到墙，感情隔膜日益加厚；狗朝着熟悉的陌生人叫，鸡悠闲地栖于厅堂，客人不得不穿越厨房赴宴，家庭呈现出严重的无序与败落。作者用平静的笔墨将现状展现出来，字里行间却透露出浓重的悲凉。

他曾怀着痛心与无奈在《家谱记》中毫不隐讳地交代了归氏家族人心离散、贪婪狡诈、不懂礼仪、缺乏爱心、欺父骗兄、寡于祭祀的衰败没落："归氏至于有光之生，而日益衰。源远而末分，口多而心异。自吾祖及诸父而外，贪鄙诈戾者，往往杂出于其间。率百人而聚，无一人知学者；率十人而学，无一人知礼者。贫穷而不知恤，顽钝而不知教；死不相吊，喜不相庆；入门而私其妻子，出门而诳其父兄；冥冥汶汶，将入于禽兽之归。平时呼召友朋，或费千钱，而岁时荐祭，辄计秒忽。俎豆壶觞，鲜或静嘉。诸子诸妇，班行少缀。乃有以戒宾之故，而改将事之期，出庖下之馂，以易荐新之品者。而归氏几于不祀矣。"

2. 为慈亲早逝而泣

归有光的母亲出身富裕家庭，16 岁嫁入归家，26 岁身亡，十年间生下 7 个孩子，其中夭折二子。她一生劳苦，具有中国传统女性所有的美德：勤劳、俭朴、温柔、宽厚、慈爱、聪慧、识理。

慈母早逝，归有光对她几乎无甚记忆，只能从老妪的点滴描述中感受母爱的温情。有限的了解，无限的深情，虽仅是回忆，对作者而言却弥足珍贵。

"某所，而母立于兹"给一个孩子带来了何等温暖的想象和多么熨帖的安慰！这个地方是母亲曾经站立过的，似乎还留有母亲的气息：芬芳如兰，甘甜如乳。轻轻一句"儿寒乎？欲食乎？"，平淡之极，却温柔之至。"以指叩门扉"的形象呼之欲出：一个母亲既担心孩子饥寒又生怕惊醒了熟睡中的孩子，小心翼翼地试了几次，才终于忍不住将手指轻轻叩上门扉的形象宛在眼前。老妪绘声绘色地说说道道，让"我"和我们一起感受到母亲的温婉慈爱与贤良。母亲翩若惊鸿的踪迹和温情脉脉的话语，对于一个 8 岁就失去慈恩的少年，真是贯彻心扉的痛。所以，"语未毕，余泣，妪亦泣"。

归有光 8 岁时失去母亲，尚不懂生离死别，"诸儿见家人哭，则随之泣"，见母亲一动不动，"犹以为母寝也，伤哉"。直至他自己已经娶妻生子，仍"益念孺人"，"中夜与其妇泣，追惟一二，仿佛如昨"，并发出悲叹："世乃有无母之人，天乎！痛哉！"（《先妣事略》）

3. 为祖母厚望而长号

说起母亲，归有光感伤而泣；想起祖母，归有光却是"长号不自禁"。后者的情感元素显然更为复杂。

首先，祖母伴同"我"的时日更长，日常相处的温暖细节更多，所以感触更深。其次，祖母对"我"引以为荣，且寄予殷切的希望，令我深深感念。再次，祖母之降大任于"我"，重又勾起"我"对家族败落的感伤。最后，在母爱缺失的少年心里，祖母是母亲的替代，是慈爱亲情的延续，想起祖母，不能不再次想起母亲。

忘不了祖母的怜爱、疼惜和关切："吾儿，久不见若影，何竟日默默在此，大类女郎也？"语气亲切而又诙谐，满心满眼都是爱。

忘不了祖母对"我"引以为荣的喜悦："比去，以手阖门，自语曰：'吾家读书久不效，儿之成，则可待乎！'"一个轻轻的关门动作，几句自言自语，细致地透露出祖母内心的激动、喜悦、赞许和对孙子殷切的期望。这样的肯定和嘉许，于"我"，也是一种强烈的满足感和成就感。疼爱和关切，是一种爱怜的俯视；引以为荣，是一种自豪的仰视。俯仰之间，一个孩子便长成了一个男子，成为了一个家族的希望和脊梁。

忘不了祖母的深切激励与殷切期望："顷之，持一象笏至，曰：'此吾祖太常公宣德间执此以朝，他日汝当用之！'"祖母的殷殷期待和百倍信心令"我"也不禁慷慨自许，豪气干云（在教材删去的一段后文中两次提到"天下"），自比蜀清孔明，期待有朝一日名扬四海。

忘不了祖母在儿辈们科举无望、反以分家为能事，闹得四分五裂乌烟瘴气之时，只好把光宗耀祖复兴家族的希望寄托在孙儿的身上。亲情的督责里，底蕴是由衷的赏识。

忘不了祖母情动于中的款款过访、喃喃自语和切切劝勉，举手投足间全是对孙儿的关爱。她不仅表达了属于自己的那一份爱，还似乎要替代"我"早逝的母亲献上慈爱亲情，如此，"我"便又不能不再次想起母亲。

如此，自然长号不能自禁。

4. 为爱妻永别而久病

23岁，在这最美的年华里，归有光遇见了自己的发妻：魏孺人。这是母亲生前为他聘定的女人，太常卿魏校（魏校是当世名士，归有光一直拜在他门下）的侄女。没有花前月下墙头马上，没有山盟海誓惊天动地，没有一切才子佳人的浪漫传奇，然而少年夫妻情深意笃的画面跃然纸上："从余问古事"，"凭几学书"，与诸小妹语及"阁子"……点点滴滴，平平常常，然一枝一叶，无不关情。女人的崇敬和恋慕给予了归有光从未有过的神圣的温柔和崇高的肯定，女人温婉的面容和娇俏的笑语为功名未就的失意书生的灰色人生抹上了一笔跳跃的亮色。然而，仅仅六年，曾经的伉俪情深、琴瑟和鸣就化作了人去阁空、茕茕孑立，怎能不让作者痛断肝肠？

令人意外的是，念及母亲，作者会"泣"；想到祖母，作者"长号不自禁"；而写到爱妻去世后自己的心情，反而一字未写眼泪。

我们只看见"室坏不修"，作者仿佛万念俱灰；我们只看见时隔两年，"余久卧病无聊"，身心交瘁；我们只看见少年时踌躇满志所称呼的"项脊轩"，在作者口中又变回了妻子对诸小妹"炫耀"的"南阁子"；我们只看见复葺"南阁子"时"其制稍异于前"，只恐是想要稍作改变以抹掉一些顽强的记忆？然而我们又看见即使已经人去物非，作者仍难逃避那些刻骨铭心的记忆，房子好不容易修好了，而主人却从此"多在外"，是追逐理想，还是逃避记忆？我们只看见，他飞一般逃离了这个承载他半世情怀的故居。

有一些东西比眼泪更有重量，并且，无形。一字不写眼泪，于最轻笔处见最深情，韵味含蓄而醇厚。我们似乎看见作者抚着爱妻手植于庭中的枇杷树，睹物思人，悲由心生。树已根深叶茂，爱妻的气息音容和"我"对爱妻的深深怀念也在树的生命里延续。

时光流逝，"我"生命中最重要的三个女人相继零落，唯余此轩。是时轩中一木一石，皆成倒流之时光，往昔亲人之音容，历历如在目前。理想、温情、生死、离散……交错纠结，那些过往的细节，那些曲折的心路，那些平常又不寻常的人间情事，让文章弥漫着一种悲剧的审美气息。读之，感伤与凄凉扑面而来，造成一种最初的强烈的冲击，如同香水的前调。

中调：自然慰藉书籍哺养亲情培植爱情浇灌的温暖与力量

归有光一生仕途不利，以世俗标准看来，这样的人生算不得成功。然而《明史》中《归有光传》这样记述："用古教化为治。每听讼，引妇女儿童案前，刺刺作吴语，断讫遣去，不具狱。大史令不便，辄寝阁不行。有所击断，直行己意……有光为古文，原本经述，好《太史公书》，得其神理。时王世贞主盟文坛，有光力相抵排，目为妄庸巨子。世贞大憾，其后亦心折有光，为之赞曰：'千载有公，继韩、欧阳。余岂异趋，久而自伤。'其推重如此。"足见归有光超凡的才学和过人的胆识，不论是为官，还是为文，都极有主见，坚守良心和自我。虽因此多遭贬抑，然而最终令人为之心折。

这样一个屡遭打击一生不得志却始终大义凛凛傲骨铮铮的人的生命能量从何而来呢？《项脊轩志》以一种潜隐而笃定的方式向我们揭示了一些秘密和答案。

1. 自然的慰藉

叔本华在《爱与生的苦恼》一书中写道："当生存中或自己的努力遭遇到难以克服的障碍，或为不治之症和难以消解的忧愁所烦恼时，大自然就是现成的最后避难所。生存，就像是大自然颁发的'财产委任状'，造化在适当的时机引诱我们从自然的怀抱投向生存状态，但仍随时欢迎我们回去。"

少年归有光的生存状态无疑是困顿的，书房也委实堪称"陋室"——甚至"漏室"：漏风，漏雨，漏尘，漏泥。但少年归有光是充满了朝气、活力和慧心的："余稍为修葺，使不上漏。前辟四窗，垣墙周庭，以当南日。日影反照，室始洞然。又杂植兰桂竹木于庭，旧时栏楯，亦遂增胜。"他让项脊轩有了温度和亮度。他亲手种下的那些从《诗经》和《离骚》里走出来的植物，像一行行青春的宣言。在自然的怀抱里，他可以暂时忘却一切忧愁和烦恼。"偃仰啸歌，冥然兀坐，万籁有声，而庭阶寂寂，小鸟时来啄食，人至不去。三五之夜，明月半墙，桂影斑驳，风移影动，珊珊可爱。"自然界里种种形态的生命在这里形成完美的和声：轩主人的动如雄鹰静若处子、万籁之声与庭阶之静、小鸟对人的信任与亲昵、皓月的清辉与斑驳的桂影……习习微风将这一切调得均匀。日影和月影下的垣墙，情致各异。多少个日日夜夜，梦想日日从这里出发，心灵却夜夜归回，在自然的怀抱中抚平褶皱，洗却尘埃，变得平服而干净。

而且，"轩凡四遭火，得不焚，殆有神护"，自然似乎是有灵性的，所谓事不过三，项脊轩却四次奇迹般地得以存留，也许是天人感应吧。这样一个心灵纯净如水晶的少年书生痴恋着自然，也得到了自然的庇佑。而这种吉人天相的奇迹，也让少年归有光平添了几分卓荦不凡的神采与意气风发的豪气，于是他紧接着就发表了一段议论："项脊生曰：'蜀清守丹穴，利甲天下，其后秦皇帝筑女怀清台。刘玄德与曹操争天下，诸葛孔明起陇中。方二人之昧昧于一隅也，世何足以知之？余区区处败屋中，方扬眉瞬目，谓有奇景；人知之者，其谓与坎井之蛙何异？'"

2. 书籍的哺养

归有光虽然仕途不得意，但他博览群书，在散文创作方面有很深的造诣。他反对拟古主义主张，自称"好古文辞，然不与世之为古文者合"；反对"拾人之涕唾"，提倡"独出于胸臆"，强调真实感情。他的这种文风，发扬了唐宋的优良传统，后人把他和唐顺之、茅坤等人并称为"唐宋派"，而以他的成就最高，并视之为唐宋八大家和桐城派之间的一座桥梁。明代"狂人"徐文长，在一次赴宴的路上因避雨走进一户人家，发现壁上挂着一轴归有光的文章，"回翔雒颂，不能舍去"，且连连称赞："今之欧阳子也！"以是，"入夜良久"方得入宴。主人问他为何来迟，他告以原委，主人便立即让人去把那轴文章取来，宾主"张灯快读，相对叹赏，至于达旦"（《震川先生小传》）。徐文长一生狂傲不羁，从不轻易赞许人，竟然对归有光这般五体投地，在明代文坛长期黯然失色的情况下，也算一段佳话。

归有光在文学上的成就当然得益于他在项脊轩中20年的读书生涯。他9岁能属文，20岁通读五经三史，并以童子试第一名补苏州府学生员。书籍的哺养，在《项脊轩志》中随处可见："室仅方丈"却"借书满架"的困顿中的富有，"余自束发，读书轩中"的底蕴与纯正，祖母对"我"读书致取公卿的期冀，"余扃牖而居"的专心致志和宁静致远，爱妻"从余问古事，或凭几学书"的夫唱妇随的读书情趣……书籍未能"趁早"为他换来"痛快"的功名，却养育了一颗独立而饱满的心。

3. 亲情的培植

法国作家朱伊说："如果没有女人，在我们生命的起点将失去扶持的力量，中年失去欢乐，老年失去安慰。"拜伦在他的剧作《萨尔丹那帕露斯》中也曾有几句感伤的道白："人生之始，就必须靠女人的乳汁得以生长：婴儿的牙牙学语，出自女人亲口传授；我们第一滴眼泪是女人给我们温柔的抚慰；我们最后的一口气也大都是在女人的身畔吐出来……"

归有光生命的能量，源自亲情的培植：早逝的母亲生前对他的疼爱有加和系念牵挂、祖母对他的怜爱嘉许和殷切希冀。

归有光的母亲不仅勤劳慈爱，善于持家，而且俨然有孟母之风。回吴家桥娘家则纺棉，到县城婆家则搓麻线。冬天生炉剩下的炭屑，她也吩咐婢女团起来，一排排晾在阶下，"室靡弃物，家无闲人"。尽管拖累很多，"儿女大者攀衣，小者乳抱"，却"手中纫缀不辍"，"户内洒然"。她恩待僮仆，娘家每年送来尝鲜的"鱼蟹饼饵"，大都与大家共享。有光七岁与堂兄有嘉入学，遇到雨天，有嘉便不上学了，有光也不想上，但母亲不许。每每半夜母子睡醒，母亲便"促有光暗诵《孝经》"，倘能熟读至"无一字龃龉"，便很高兴……（《先妣事略》）

祖母，永远是一个有温度有深度有长度（她永远是几代女人爱的叠加和延续）的词语。想起一个有趣的巧合：人鱼公主的母亲在生了6个女儿之后去世了，公主的祖母——老皇后疼爱隔辈人，不单无微不至地看顾孩子们，还给她们讲海面上人类的故事。当人鱼公主满15岁的时候，老皇后在她的尾巴上镶了8颗牡蛎，这是高贵身份的标志和郑重的成人典礼。当人鱼公主遇到危难的时候，老皇后的一头白发都掉光了，不顾年迈体弱，到海面上看望孙女……无论是在现实世界还是童话世界，祖母的慈爱、期待和对孙儿的精神哺育都毫无二致。

亲情的培植，令归有光人生的基底十分雄厚而稳固，所以待到叶茂之时，即使遭遇狂风暴雨，它的根部也无法撼动。

4. 爱情的浇灌

深度心理学认为，不管曾经受过多少伤，当爱情来临时，就是最好的医治和疗伤机会。天下最好的治疗者是自己的爱人。唯有在恋爱中，人的两个基本心理需求可以同时得着满足：一是无条件被人接纳，二是在所爱的人心中居首位。

归有光从 18 岁开始参加乡试，却一连五次名落孙山。其间，魏孺人"来归"，给予了这个落拓男人生命中最美丽的慰藉。在彼此最美的年华里，都成为了最美最深的记忆。她"少长宝贵家"，而归氏家道中落，生活清贫，男人仕途失意，但她从未有过怨言，不仅"甘淡薄，亲自操作"，"闺门内外大小之人，无不得其欢"，而且发自内心地仰慕和敬重自己的丈夫。"时至轩中，从余问古事，或凭几学书"，是对知识充满了好奇和崇拜，还是对知识渊博的丈夫充满了好奇和崇拜？可以想见一个画面：丈夫手把手地教她写字，细致而温柔，自豪而沉静，而娇俏的小妻怕是常常会醉翁之意不在酒，故意撒娇捣乱吧。我几乎能看见她偷觑一本正经的丈夫然后暗自嗔笑的表情。回娘家时，跟众姐妹时时谈起的，不是生活的困窘，而是丈夫读书的"阁子"。在她眼里心里，那是一个殿堂，里面是她的君王，和她那个君王辉煌的梦想，更有她和她的君王在小憩时甜美的小秘密。她时时勉励归有光："吾日观君，殆非今世人。丈夫当自立，何忧目前贫困乎？"（《请敕命事略》）封建婚姻多是"父母之命，媒妁之言"，娶一个三从四德、举案齐眉的妻子并不难，难得的却是琴瑟和鸣、心灵相通的知己。得知己如魏孺人，归有光当无憾矣！

有妻伴读，迥异于年少独处时的冥然兀坐，或问或答，有教有学，良辰美景、赏心乐事，四美具于小轩，其乐何融融！然对爱妻的补记并没有什么波澜壮阔的大悲喜，随事曲折的人生情怀晶莹温润如山谷清溪，静静流淌。爱情的浇灌，化解了归有光心头失意的坚冰，成为他内心汩汩流淌源源不绝的生命能量。

魏孺人去世 6 年后，35 岁的归有光中举；第二年，续娶王氏。这个女人对于 36 岁的归有光来说，不再是"阁子"里花样年华的欢娱，却是另一种清澈温润的滋养。

王氏娘家在昆山城七十里外的安亭，由于土地贫瘠，人们往往不愿定居于此。归有光却看中了王家祖屋宽敞闲静，适于读书。恰逢祖屋出售，他便四处借贷，凑钱买下了这栋房子。不多久，他将家从城中搬到这儿，自己开馆授徒，妻子则治理几十亩田园。

王氏和丈夫生活的 16 年中，孝敬公婆，每岁亲自"督僮奴垦荒莱"，承担了全部家事，不让丈夫操心。祭祀、宾客、婚姻、赠遗无所失，还帮着丈夫访求书籍，克尽为人妻的本分。尤其令人敬重的是她对落第丈夫的理解和支撑："庚戌岁，余落第出都门，从陆道旬日至家。时芍药花盛开，吾妻具酒相问劳。余谓：'得无有所恨耶？'曰：'方共采药鹿门，何恨也？'"（《世美堂后记》）

鹿门，鹿门山之省称，后汉庞德公携妻子登鹿门山，采药不返，后因用指隐士所居之地。孟浩然曾隐居此山。清代姚鼐《柬王禹卿病中》诗云："但须鹿门携妻子，休俟临邛致骑从。"

一组简单的对话，把王氏对丈夫的完全体谅与深刻理解，她的达观超然的襟怀以及甘愿与丈夫一生患难相随、休戚与共的心志表现得淋漓尽致。当拔擢有光的恩人张治过世，有光心痛至极时，她也陪着落泪，说："世无知君者矣！然张公负君耳。"这个温良聪慧、善解人意的女人用温柔包裹了有光内心最柔软的部分和那些不舍的沉痛，带给男人温馨的宽慰和镂骨铭心的感动，也使得一个男人的内心因着这种完全的爱和包容而变得圆满而强大。

自然的美善、书籍的真知和女人们的大爱，给予了归有光温暖与力量，成为了他不绝的生命能量。这才是《项脊轩志》的精华和灵魂，如同香水的中调——在初读的悲剧体验之后，渐渐向我们袭来的一种温厚的情感和醇美的芬芳。

后调：能屈能伸重情重义亦刚亦柔拳拳赤子的韧性与真纯

如果说前调让我们更多地感知到一个人的命运和遭际，中调让我们更多地体悟到生命中的他者对个体生命的影响，那么，其后调则是促使我们关注个体自身的灵魂品质。它是前面一切香味的谜底，是最本质最持久的韵味。

歌德说："在任何事情当中，人最后必须也是仅能求助的还是自己。"（《诗与真理》）主体因素同自身生命的关系永远比客观环境更为密切，因为无论客观环境是什么，它的影响总是间接、次要的，且都是以主体为媒介。虽然家庭环境和家庭中或远或近的他者都有可能大大影响一个人的人生，但决定个体生命成长与自我建设的最核心的元素还是自我的心灵。

卢西安说："心灵的财富是唯一真正的宝藏，其他的财富都可能带来灾祸。心灵睿智之人不需再向外界索求任何东西，只是需要闲暇时光发展和成熟自己的智性机能从而享受生命内在的宝藏。总之，这样的人生只求终其一生，每时每刻都能成为他自己。"

若有人认为归有光是个气质忧郁的倒霉文人，那么，这是一种误读。从某种意义上说，他甚至可以算是一个命运太好的人，因为任何时候，他都在呈现着一个真实而丰富的自己。

第一次修葺项脊轩，我们看到的是一个意气风发的少年，在困顿的处境中能屈能伸，襟怀超然，宁静致远；第二次修葺"南阁子"，我们看到的是一个重情重义的男人，久久无法走出对爱妻的缱绻思念和抑郁感伤，悽恻动人。

对母亲和祖母的追怀与感念是对亲情的珍视，对家族离析的痛心与憾恨同样是对亲情的珍视。

爱妻故去，"室坏不修"，后"使人复葺"，修与不修，皆关乎前尘往事。见阁子则肝肠寸断，见枇杷又柔肠百结。

"偃仰啸歌"，自比蜀清孔明，放眼天下，尽显男儿豪壮气概；"冥然兀坐"，"扃牖而居"，板凳一坐数十年冷，又令人不得不钦佩他的执着和笃定。

叔本华说："世上命运好的人，无疑地是指那些具备天赋才情、有丰富个性的人。他们虽然不一定是光辉灿烂的，却是最幸福的。"（《爱与生的苦恼》）

归有光教授学业非常严格，他特意作了篇《山舍示学者》告诫学生，要扎扎实实做好学问，不要只图获取一时虚名，在学业上急功近利。早在嘉靖十四年（1534年），他就写了《与潘子实书》，痛斥科举的弊端，并对死记硬背几篇时文以应付科考的行为深恶痛绝。

归有光几乎终其一生都在追求功名，花甲之年方才如愿，却不肯同流合污以保全这来之不易的乌纱。他对一切有害百姓的法令如清军法、追究逃欠等都尽量变通办理，"大史令不便，辄寝阁不行。有所击断，直行己意"。在粮产经济上，归有光大力推行洪武以来江南施行的粮长成法，抑制豪强，方便百姓，招来上司和地方豪强的不满和忌恨。在他们的极力诋毁下，归有光在长兴任职不到两年就被免职，明升实降做了顺德通判，专管马政。明朝从开国以来，从来没有进士管马政的。

朝中权臣李攀龙、王世贞等人大力倡导复古，称"诗必盛唐，文必西汉"，文士们翕然相从，文坛被复古的风气所笼罩。归有光挺身而出力反盲目模拟古人的作风，直言批评王世贞等人。尽管仕进之路因此一再受阻，他也不放弃自己的文学主张。

一年，昆山县学来了位刘先生，他在书房门上题了块匾额——"耐斋"。世人不解其意，纷纷传告。归有光听说后，来到县学向刘先生请教"耐斋"的由来。刘先生叹息说："耐斋之名，由来有三：一是像我这样的县府讲学之人，在府内地位最低，薪水最少，难以维持一家人的生计，是为耐贫；二则府内每逢上司巡察，都是我亲自带着生员们前去郊外迎接，低头哈腰，屈身逢迎，是为耐辱；三是县内各大小官职一律随时调迁，惟我讲学，是长年不换，是可为耐久。"归有光听后，默然无语。回到家中，刘先生派弟子前来请他为其写篇《耐斋记》，归有光思索良久，竟不知该如何下笔。他同情刘先生的遭遇，但不能完全认同刘先生的说法。最后，他坦率地写下了自己的想法：作为读书人，应该耐得住清贫。孔子说的"君子忧道不忧贫"，就是这个道理啊！

这就是归有光。无法忍耐不正之风，却可以忍耐比生命还要漫长的清贫。

写匹夫匹妇的至情至性，写丫头寒花的生前趣事，笔端流淌的是温婉的情愫，这或许让我们错会他只是一个柔情似水的男子，然而面对黑暗与不公，他竟也会大声疾呼金刚怒目！嘉靖二十三年（1544年），他下第归家，听说嘉定一弱女子因反抗强暴被迫害致死，不禁义愤填膺，挥笔写下一篇慷慨激烈的文章《书张贞女死事》，慨叹道："天地正气，沦没几尽。仅仅见于妇女之间耳！"

文字于他，可以抒情自遣，更能经世济时。

嘉靖三十一年（1552年）冬，他在北上应试途中见到百姓因黄河决口而流离失所，深为同情，便在实地考察的基础上，写出了《水利论》《东吴水利录》四卷，有些建议被朝廷采纳后收到了良好的效果。

嘉靖三十五年（1556年），倭寇入侵他的家乡昆山，他闻讯立即乘船直下七十多里赶回城中，积极参加防御，"位卑未敢忘忧国"。经过潜心思考和研究，他写就《御倭议》《论御倭书》等，分析敌情，积极献计献策。

这就是归有光，这能屈能伸重情重义亦刚亦柔拳拳赤子的韧性与真纯才是他灵魂的香味。这种香味在他任何一部作品中都会隐隐发散，是最持久的，最个性化的，也是最具深度的。这便是《项脊轩志》香味的后调。

全位格

任何角色都既是对完整自由的展开，也是对完整自由的瓜分与限制。

——黄裕生

个体生命的全位格
——角色与退出角色

清华大学哲学系教授黄裕生在《爱与"第三位格"》一文中讲到人的"全位格"，也即"本源位格"，为了帮助我们完整地理解，我必须大篇幅地在这里引用他的文字：

在日常生活中，每个人充当着各种角色，担当着各种角色的功能与职责。人们首先是从家庭获得某种角色，诸如父母、子女、兄弟、姐妹，等等，再从社会分工体系里取得各种职业身份……但是，不管一个人担当多少角色，也不管他担当的角色有多么重要，角色只是一个人的一个临时身份，而不是他真正的自己本身；角色生活只是一个人的生活存在的片断，而不是他的完整的存在。担当再多的角色也无法穷尽一个人的存在本身。因为所有角色都是在与他人的功能关系中建立起来的，父之为父，是因为他与另一个人处在生养与被生养的关系中，而医生之为医生，则是因为他发挥着治疗他人疾病的功能。在自然与社会的分工体系里，每个人都因为发挥着某种功能而担当着某种角色。一旦终止了某种功能，也就退出相应的角色。我们存在，并不是因为我们具有某种功能。换言之，我们存在，并不是因为我们能成为他人的某种工具。相反，每个人的存在，就是他自己存在的目的本身。一个不再发挥各种功能，因而不再担当各种角色的人，其存在之所以仍绝对需受到尊重与维护，就在于他的存在本身就是目的，这就具有了绝对性与神圣性。

因此，退出了一切角色，恰恰意味着回到了目的本身，回到自由。每个人的目的性存在在根本上表明，每个人是自由的，是自由的存在。因为目的性存在意味着一切行动都是由自己决定的，而不受他人的决定。而每个人是自由的，在根本上则意味着每个人自己就是自己存在的目的。

因此，自由存在就是在自己位置上的存在，我们谓之"自在"。何谓自己的位置？我们人的有限性就在于他不是自己能决定到这个世界的，而是被抛入这个世界的。因此，我们在天地之间的位置不是自己给出来的，而是受之于绝对他者，受之于天。虽然我们是在自己的位置上决定我们的一切，但这个位置本身不是我们自己决定的。这个位置就是自由。自由是我们每个人的天位。

一个人充当的任何角色，都是可被取代的，但是他的自由，也就是在他天位上的自身，是不可取代的。这意味着，在天地之间，自由的自身才是每一个人的本相。实际上，每个人的存在，首先是作为独立的自由存在者而存在，而不是功能性关系中的角色存在；人与人之间，首先是自由者之间相互独立的关系，而不是角色间相互依赖的关系。

作为自由的本相存在，就是作为完整的存在者存在，也就是作为全位格的存在。一切角色，都只是全位格的一个面相；一切功能性关系，都只是本相的一种片面性关系。这里，如果说本相是相对于可替代的角色来说在先的、不可替代的身份，那么，所谓全位格，则是相对于片面化的面相来说，是被给定的、完整的自由。这种全位格，实际上也就是每个人的**第一位格**或**本源位格**。

在这里，作为本相的存在之所以是一种完整的自由，因而是一种全位格，就在于本相这种被给定的身份，其自由只受不自相矛盾这一自由律本身的制约，而不受任何其他条件的限制。因此，它的自由是完整的、未被分割的。

虽然我们每个人首先是作为全位格的本相存在，但是，我们又是存在于一个有他者在的世界里，因此，为了展开自己的存在，我们又不得不在与他人的关系中发挥相应的功能，充当相应的角色。在社会分工的流水线上，我们每个人都扮演着某种"劳动者"（如工人、农民、商人、工程师等）的角色。我们正是通过这些角色的功能合作，来维持与展开自己的本相存在。但是，一旦进入功能性的合作关系，每个人凸显出来的身份就不再是他的独立本相，而是与他人相依存的各种角色。作为角色的存在者，每个人的自由不仅受到自由法则本身的制约，而且受到保障角色功能得以正常发挥的规则的制约。换言之，在角色关系里，每个人只能将自己的自由运用于建立在那些功能性规则之上的公共领域。任何角色都既是对完整自由的展开，也是对完整自由的瓜分与限制。

这里，我们要区分共同领域与公共领域。所谓共同领域，也就是每个个体之人被给予的天位，即自由。这里的同就同在各在其天位上，而共就共在因在各自的天位上而能以真实的身份共在，以自由身共在。因此，这里的共同领域并不是指一个由复数身份一起占有的领域，倒是指每个个体不可替代地居有的领域，这就是自由的本相。换言之，这种共同领域不是以公共居有的方式呈现出来，而是以个体各自居有的方式呈现出来。以真实身份共在，是人们之间成为"我们"的基础，是一切真正的团结的基础，因此，也是真正的共同体的基础。共同体与乌合之众的根本区别就在于：前者是以每个人的真实身份即本相的共在为基础，因而是一个能团结成一个主体——"我们"的团体；乌合之众只是某种角色的临时共在，这里只有一个个的"他"，而没有真正的"我们"。在共同领域里，人与人的关系，是自由体之间的关系。在这种关系里，人们的自由只以不妨碍他人同样的自由为界限，而不承认任何其他界限。因此，在共同领域里，每个人的自由是充分的和完整的。由共同领域而进入共同体，是进入角色而构建公共领域的前提。共同体是一个"我们"的团体：在真实共在基础上形成的复数主体。唯有在以真实身份共在的基础上形成的复数主体即"我们"，才能达成某种共识而构建起公共领域。所谓公共领域，也就是由一定范围内的复数主体共同建立起来并且其执行的功能对所有主体都敞开的领域，比如政治、军事、商业、各种生产领域乃至家庭，等等。所有公共领域都是建立在某种范围内的共识之上：实现某种功能的共同需要，以及对发挥功能所需遵循的规则的确认。

这意味着，一方面公共领域是建立在共同领域即本相共在的基础之上，另一方面公共领域又是执行着某种功能的领域。发挥或执行某种功能是所有公共领域被建立与持存的理由。因此，公共领域也就是角色生活的领域，是人们进入角色与扮演角色的舞台。虽然我们每个人都是一个独立的个体，但是，又都是在公共领域里开始了我们的存在，在他人提供的功能给养中开始展开与完成自己的自由。换言之，我们既被抛入了自由，同时又被抛入了角色，而且我们的日常生活就是通过诸多公共领域的协作来进行的，这意味着我们平时就生活在角色中。公共领域既是我们展开自由的地方，也是限制、分化我们自由，片面化我们本相的地方。如果说我们的日常生活无法离开公共领域，那么，这也就意味着，在日常生活中，我们永远只是作为角色出现，作为不完整的自己出现。在日常生活里，"我"只是作为一个个片面的、不完整的"我"遭遇另外一些同样不完整的"我"。"我"之于他人，只是一系列功能的承担者，他人对"我"的种种态度，包括关切、友爱、尊重或者排斥、仇恨、轻视等，也都是相对于"我"所担当的功能角色。这种本质上针对功能角色的对待与情感，也就是平常所谓的人间世态与日常情感。世态之所以炎凉，人走之所以茶凉，原来待"我"之所以殷勤，是因为"我"扮演的角色很重要，而"我"现在已退出这些角色。由门庭若市到门可罗雀，体现的不过是功能角色的变化，或角色功能的丧失。

这种人间世态，一方面是人们以角色身份出现而相互给予的对待，另一方面，它又反过来使人们沉沦于角色生活，执着于角色身份，以至于人们很容易把本来只是针对他所担当的角色而给予他的对待，就当作是给予他自己的。人们不仅陶醉于因其角色重要而得到的优待，而且习惯于因其角色卑微而受到的怠慢。然而，实际上，因角色而获得的一切对待都不是真的，都只是舞台上的一种对待，因而都不是针对一个人本身的。

对此，我曾经以另外一种方式进行阐释。

2009 年，我接到一个约稿，要求就全教会的召开和《国家中长期教育改革和发展规划纲要（2010—2020 年）》（以下简称《纲要》）的颁布谈谈如何深化语文教学改革，推进语文新课程的发展。

我将《纲要》看过一遍之后，有感而发，当时就写了一篇短文发给了编辑。

谁为生命买单

教育部颁布的《国家中长期教育改革和发展规划纲要（2010—2020年）》在第一部分"总体战略"中指出："把育人为本作为教育工作的根本要求。人力资源是我国经济社会发展的第一资源，教育是开发人力资源的主要途径。以学生为主体，以教师为主导，充分发挥学生的主动性，把促进学生成长成才作为学校一切工作的出发点和落脚点；关心每个学生，促进每个学生主动地、生动活泼地发展；尊重教育规律和学生身心发展规律，为每个学生提供适合的教育，培养造就数以亿计的高素质劳动者、数以千万计的专门人才和一大批拔尖创新人才。"

这实在是一段颇为耐人寻味的话。教育目的十分明确：宝塔式地培养不同层级的劳动力（数以亿计的高素质劳动者、数以千万计的专门人才和一大批拔尖创新人才）。

再往后看，也不过包裹了一层"全面发展"的糖衣："促进德育、智育、体育、美育有机融合，提高学生综合素质，使学生成为德智体美全面发展的社会主义建设者和接班人。"还有"树立全面发展观念，努力造就德智体美全面发展的高素质人才"，"把促进人的全面发展、适应社会需要作为衡量教育质量的根本标准"，等等。

造就高素质人才，适应社会需要，请问，这个社会有哪些需要？社会对自己的需要有没有足够清醒的审视？时代对自己的未来有没有足够长远的思考？

教育的目的是培养人还是造就工具？历史是否有些开倒车的味道？抑或只是像经过了修缮的古建筑一样披着时代的光鲜而内质处于停滞？我们的教育是否真的完全消弭了西欧封建社会僧侣和骑士教育以及资产阶级"通才教育"的影子？

我们的教育目的究竟是个体本位的还是社会本位的？或者，说得圆滑一点，"完美"一点，好像"中国特色社会主义"一样，我们的教育目的是马克思"人的全面发展"理论的世俗化，是教育目的的"非理想化"、合理的功利化和制度化？

我们是相信个人价值高于社会价值，社会只有有助于个体发展时才有价值呢，还是认为个体只是教育加工的材料，个体发展必须符合社会需要？

我当然知道中国人熟稔了折中的办法：二者辩证统一。辩证统一是所有问题的答案，而且永远不会出错。

所以，中国自那提出"中庸"说的夫子以后，就再也没有了真正有分量的大思想家。

有趣的是，"偏激"的西方人却纷纷自立门派，敏捷地将古代中国"百家争鸣"的华美盛世接了漂亮的一棒，而中国人却从此拿着"中庸"的锤子，看什么都是钉子。

于是，我们在教育，人家在生活；我们在学习，人家在创造；我们在答，人家在问；我们在推理，人家在实践；我们在将镜子的每一个碎片磨圆以成就个体的完美，人家在观察每一个碎片不同的棱角以寻找整体契合的点、边、面……

于是，"拔一毛而利天下，不为也"的杨子遗臭万年，而"摩顶放踵利天下，为之"的墨子就能够流芳百世；于是，我们的国学大师季羡林先生即便是忍痛割舍了一段刻骨铭心的异国恋情，为国为家毅然踏上归途，身后却险些被儿子的一部《我和父亲季羡林》颠覆了伟大形象，而一生三次离婚四次结婚，在感情方面拒受任何道德约束，"不顾高龄，仍在追逐他遇到的每一个穿裙子的人"（胡克语）的罗素，却在国际享有盛誉……

我们成全了一些理想，成全了一些理论，成全了一些理性，但是，谁来为我们的生命买单？

蔡元培说："教育是帮助被教育的人给他能发展自己的能力，完成他的人格，于人类文化上能尽一分子的责任，不是把被教育的人造成一种特别器具。"泰戈尔说："教育的目的应当是向人传送生命的气息。"

蒙田也说过，学习不是为了适应外界，而是为了丰富自己。学习是为了发展个人内在的精神能力，从而在外部现实面前获得自由。同时，也正是独立的人格和独立思考的能力，才能对改变现实起到伟大的作用。如果只是为了适应现在，社会的发展又靠什么去完成呢？

苏格拉底早就指出，求知是每个人灵魂里面固有的能力，如果我们一定要给生长设定一个外部的实用主义和功利主义的目的，那么，生长必将变异。

所以，如果你不能为我的生命买单，请不要替我衡量价值。

编辑看过之后连连叫好，但又说，估计这样的稿子上级审查时通不过，是否可以换一种方式。

于是我再次执笔，换了一种比较容易让人接受的方式表达。

个性的土壤

《国家中长期教育改革和发展规划纲要（2010—2020年）》（以下简称

《纲要》)第三部分"体制改革"中指出："树立多样化人才观念，尊重个人选择，鼓励个性发展，不拘一格培养人才。"

应该说，这句话是《纲要》中很明亮的一抹色彩。

想起一个日本人。我对日本人一向很难有温情，但五十岚健治是个例外。1906年，他以300日元的本金起步，1907年建立日本第一家干洗店，"二战"前已拥有私人飞机，1934年建立自己的化学研究所，1949年成为上市公司，一度成为日本百名最成功的企业家之一，如今，他的白洋舍成为世界著名的干洗业品牌，其1300多个连锁店已遍布世界。

一百年前的日本，残疾人很难找到工作，也没有什么社会福利，面临着巨大的生存压力。五十岚健治却以正常人的待遇大量聘用残疾人，并给予父亲般的关怀。他让瘸子熨衣服，让哑巴送衣服，结果各尽其才，效率不减反增。因为熨衣服需要"坐功"，这恰恰是瘸子的长项。日本人很讲礼节，通常送衣服的人与客户互致问候平均要花上十多分钟，而哑巴去送衣服，则只需要鞠几个躬就可以了，平均用时不到一分钟。

他对员工一视同仁，体贴入微，员工也非常尊重他，人与人之间其乐融融，宛若一家，"平等、互助、信任、友爱"不仅仅是理想，而是每一天都能经历到的现实。刚刚创业的时候，每到下午五点，他就会拿着大扫帚将员工"扫地出门"，不走不行，他大声吆喝着："你们的老婆等你们回家啦！你们的孩子等你们去玩儿啦！快走，快走！"

他发现了人们眼中的残疾人的长处，给他们合适的舞台，也给他们爱。

个性的土壤，是发现，任用，关怀。

在我的小学时代，语文课本上有一篇《第三个小板凳》的课文，写的是童年的爱因斯坦的手工作品——粗糙的小板凳——受到了大家的讥笑。在后来的时光里，我再次读到一篇关于爱因斯坦的故事：一次，爱因斯坦教授被一只潜水鸟玩具所吸引，这只上了发条就会在水里游泳的小玩具能不时地把头潜入水中，然后再浮出来。爱因斯坦对这个玩具的机械动力装置很感兴趣，在脑子里设想这只潜水鸟的运动机制，想出一个，觉得不对，很快又推翻，再想出一个，又很快推翻。旁边的一个小朋友对这位诺贝尔物理学奖得主说：傻瓜，动手把这个玩具拆开看看不就知道了吗？

爱因斯坦却断然拒绝。他宁可在脑子里反复思考也不愿动手拆开看看。爱因斯坦注定成不了好木匠，他的价值在于他充满奇特想象力的大脑。作为一位理论物理学家，"动手"从来就不是爱因斯坦的专长。

同样是大科学家的爱迪生却截然相反，童年的爱迪生孵蛋的故事简直令人喷饭。他并不去思考"人的体温没有鸡的体温高，这样是孵不出蛋来的"。他的个性特点在于"动手"：先去实践，再看结果。后来为了发明电灯灯丝，他也几乎是疯狂地"动手"，先后试验了2000多种材料（甚至包括马尾巴和朋友的胡子），经历了2000多次失败之后才获得成功。

如果以统一的人才观来衡量，这一个"傻子"，一个"疯子"，都将被我们遗落在历史的墙角。虽然天才在自己的时代里总会感到孤独，但幸运的是，有一部分的相信、接纳和尊重是为他们存留的。

个性的土壤，是相信，接纳，尊重。

儒家文化习惯于二元思维，常把人简单地分为两类：君子与小人，贤与不肖，上智与下愚，嫡与庶，内与外，亲与疏，大夫与庶人，劳心者与劳力者，华夏与蛮夷，等等，于是"楚王好细腰，宫人多饿死"。所以南怀瑾解释老子的"不尚贤，使民不争"时说："'尚贤'、'不尚贤'到底哪一样好，都不是关键所在。它的重点在于一个领导阶层，不管对政治也好，对教育或任何事，如果不特别标榜某一个标准，某一个典型，那么有才智的人，会依着自然的趋势发展，才能不足的人，也就安安稳稳地过日子。倘使是标榜怎样作法才是好人，大家为了争取这种做好人的目标，则终至不择手段去争取那个好人的模式。如果用手段而去争到好人的模式，在争的过程中，反而使人事起了紊乱。"（《老子他说》）对于个性，庄子又有一句话："凫胫虽短，续之则忧；鹤胫虽长，断之则悲。故性长非所断，性短非所续。"（《骈拇》）意思是：野鸭的腿虽然短，却不可以人为地加长，否则会造成麻烦；鹤的腿虽然长，但为了使之变短而割断它，就会造成痛苦。保持各自的天性才是最好的。中国人唯恐"良莠不齐"，而耶稣说："容这两样一齐长"，"恐怕薅稗子，连麦子也拔出来"。（《马太福音》第13章）。

罗素说："参差多态乃幸福本原。"所以泰戈尔在宣告"让我做叶的事业罢"的同时，也肯定了"果实的事业是尊贵的，花的事业是甜美的"。如泰戈尔所言，个性并不意味着孤立，而恰是生命的联结。

个性的土壤，是自然，多元，联结。

这篇文章后来发表在《语文建设》2010年第10期上。相比之下，我还是更喜欢第一篇。无论是以尖锐的方式还是以温和的方式，我始终坚持的一点是：保留个性，以个性的生命和独立的人格来担当角色的使命，这才是无上珍贵的生命，也是真正完整的生命。

下面我们继续谈全位格。

怎样才能退出公共领域，退出角色，返回自身，返回全位格呢？

黄裕生说，人们总是生活在舞台上，戏演久了，也就自然误把舞台当生活，误把角色当自己了。不过，正如人们能够且必定会建立起公共领域一样，人们也能够退出舞台，且必定要退出舞台。

那么，如何退出？黄裕生认为，人们之所以需要宗教、艺术与思想（哲学），就在于它们是人们退出舞台、退出角色而返回自身、返回全位格的基本方式。艺术、思想（哲学）、宗教既是人类个体"摆脱"舞台生活而返回自身的基本方式，也是人类共同体从日常世界解放出来而返回自由的基本路径。对此，我们都容易理解，也有诸多实例，毋庸赘言。

除了艺术、哲学、宗教之外，还有一种很特殊的退出角色、返回自身全位格的方式，那就是爱情。爱情不仅是对常态的突破，而且是向完整的自身、向全位格的返回。如果说艺术、思想、宗教既是人类个体"摆脱"舞台生活而返回自身的基本方式，也是人类共同体从日常世界解放出来而返回自由的基本路径，那么，爱情则纯属个体在特殊机缘下自我解放、自我返回的事件。其中，艺术与爱情最为接近。艺术最能拨动爱情的琴弦，而爱情则常常最能帮助艺术家摆脱世俗而拥有自由的眼光。

爱，不仅打破了时空，而且打破了一切"阶层"，突破了一切比较。对于爱者来说，所爱者之所以"全然美丽而完美无瑕"，就在于，在爱者的世界里，所爱者不再是任何公共领域里的角色，因而不在任何比较级里。换言之，所爱者在原级里，即在自己的位置上，这就是上面所说的天位——自由。这也就是说，对于爱者而言，所爱者是一个完整的自由存在者，一个全位格。

当你真爱一个人时，让你爱上此人的，可能是此人身上某些优越要素，但是，你以全身心接纳、拥抱的，却绝不是由这些优越要素标示出来的一个功能角色，而是一个被隐去了所有功能角色的全位格。当你倾情以爱时，你实际上已把对方从所有公共领域的角色关系中抽离出来，隐去了他（她）的各种身份和角色，让其返回到完整的自身。

你之所以能退出角色关系而回到自身，不是靠宗教、哲学或艺术，而是因为你爱上了心上人。你对心上人的爱首先把你自己从角色关系中解放出来，从日常生活世界里超越出来，从而获得一种自由、完整的眼光。在这种眼光里，心上人的角色身份才被隐去而作为完整的位格存在。

不过，两性之爱多于普遍之爱就在于，它并不只是隐去对方的角色而让其作为全位格存在，而且向这个全位格投入了自己能够奉献给对方的全部身心，以实现与对方的全位格的合一。恋爱的过程，一方面是一个解放的过程——从功用世界、角色身份、世俗眼光中摆脱出来，另一方面又是一个投入的过程——向另一个被视作全位格的异性投入自己的全部身心，直至对方成为自己托付奉献的唯一者，也即成为自己愿以自己的一切与之共在的唯一者。因从日常世界的自我解放而进入一个没有比较、关联，甚至没有"其他异性"的单纯世界；因向一个全位格的异性的全身心投入而自我完成自我迷醉。对另一全位格的全身心投入，实际上，同时也就是向另一全位格敞开自己的一切，以自己的全部接纳、承担对方的全部。这种完全的投入、敞开、接纳与担当既是一个全位格的自我实现、自我完成，同时也是与另一全位格的合一，即走上把另一全位格确立为担当自己的一切奉献的唯一者而与之共在。

对于人这种存在者来说，他的全位格，任何时候都仍还是一个有待完善、充实的全位格。这是因为他的自由是有限的，这种有限自由所隐含的是有待于展开与实现的可能性，而不是直接的现实性。全位格的完善、充实就在于展开与实现自由所隐含的可能性。每个人都首先是在与其他自由存在者的关系中来展开和实现各种可能性，从而完善与充实自己的位格。于此而言，每个人不是在与神这种无限自由的存在者的关系中，就是在与人这种有限自由的存在者的关系中去完善自己的位格。

就通过后一种关系来完善、充实自己的位格而言，爱情是一种特殊的方式。它通过向另一个位格存在者奉献一切而接纳这个位格存在者的一切来充实、完善自己，也就是通过与另一个全位格的合一，即互为唯一地共在来完成自己。

让我们来看看著名的汉乐府《上邪》。

上 邪

上邪！我欲与君相知，长命无绝衰。山无陵，江水为竭，冬雷震震，夏雨雪，天地合，乃敢与君绝！

情歌《上邪》，几乎是汉乐府民歌的一张名片，谁写文学史都绕不过它。尤其近几年在《还珠格格》《仙剑奇侠传》等多部电视剧中被广泛引用，可谓男女老少耳熟能详。

相传《上邪》的作者毛苹为长沙王吴芮的妃子，史上著名才女之一。吴芮在去世那年过生日时，与毛苹泛舟湘江。远望青山，近看碧水，想想这么多年征战在外，二人聚聚散散，毛苹和吴芮都陷入了一种莫可名状的感伤。毛苹对着丈夫即兴吟道："上邪！我欲与君相知，长命无绝衰。山无陵，江水为竭，冬雷震震，夏雨雪，天地合，乃敢与君绝。"其情深深，其意切切，吴芮听罢竟然想到了死，称："芮归当赴天台，观天门之暝晦。"（"归"，意即死）

上，即"天"，邪，语气助词，表示感叹。命，古与"令"字通，"使"。衰（cuī）：衰减、断绝。开头两句是女子在男子面前对天盟誓，情告云天：上天呀！我愿与你相知相惜，让我们的爱情永不衰绝。

陵，是山峰、山头。"震震"形容雷声。雨（yù）雪：降雪。雨，名词活用作动词。"天地合"，天与地合二为一。"乃敢"：才敢，"敢"是委婉语。后面一句是女子从反面设誓，进一步表白她坚贞的爱情：除非巍巍群山消逝不见，除非滔滔江水干涸枯竭，除非凛凛寒冬雷声翻滚，除非炎炎酷暑白雪纷飞，除非天地相合归于混沌，直到这样的事情全都发生时，我才敢将对你的情意抛弃决绝！

言下之意就是，我的爱的长度要远远超过我的生命，除非这个世界不存在了，我的爱才会终止！

如此深情的表白，应该让吴芮感到无比幸福才是，为什么他却想到了死呢？除了多年征战、人生颠沛的暮色情怀，还有没有其他的深层原因呢？

我想到了佐野洋子的一个绘本：《活了100万次的猫》。

活了100万次的猫

佐野洋子

有一只活了一百万次的猫，它死了一百万次，也活了一百万次，但猫一直不喜欢任何人。

有一次，猫是国王的猫，国王很喜欢猫，做了一个美丽的篮子，把猫放在里面。每次国王要打仗都把猫带在身边。不过猫很不快乐，有一次在打仗时，猫被箭射死了，国王抱着猫，哭得好伤心好伤心，但是猫没有哭，猫不喜欢国王。

有一次，猫是渔夫的猫，渔夫很喜欢猫，每次渔夫出海捕鱼，都会带着猫，不过猫很不快乐。有一次在打鱼时，猫掉进海里，渔夫赶紧拿网子把猫捞起来，不过猫已经死了。渔夫抱着它哭得好伤心好伤心，但是猫并没有哭，猫不喜欢渔夫。

有一次，猫是马戏团的猫。马戏团的魔术师喜欢表演一样魔术，就是把猫放在箱子里把箱子和猫一起切开，然后再把箱子合起来，而猫又变回一只活蹦乱跳的猫，不过猫很不快乐，有一次魔术师在表演这一个魔术时，不小心将猫真的切成了两半，猫死了。魔术师抱着切成了两半的猫，哭得好伤心好伤心，不过猫并没有哭，猫不喜欢马戏团。

有一次，猫是老婆婆的猫，猫很不快乐，因为老婆婆喜欢静静地抱着猫，坐在窗前看着行人来来往往，就这样过了一天又一天、一年又一年。有一天，猫在老婆婆的怀里一动也不动，猫又死了，老婆婆抱着猫哭得好伤心好伤心，但是猫并没有哭，猫不喜欢老婆婆。

……

有一次，猫不是任何人的猫，猫是一只野猫，猫很快乐，每天猫有吃不完的鱼，每天都有母猫送鱼来给它吃。它的身旁总是围了一群美丽的母猫，不过猫并不喜欢它们。猫每次都是骄傲地说："我可是一只活过一百万次的猫哦！"

有一天，猫遇到了一只白猫，白猫看都不看猫一眼，猫很生气地走到白猫面前对白猫说："我可是一只活过一百万次的猫哦！"白猫只是轻轻地"哼！"了一声，就把头转开了。之后，猫每次遇到白猫，都会故意走到白猫面前说："我可是一只活过一百万次的猫哦！"而白猫每次也都只是轻轻地"哼！"了一声，就把头转开。

猫变得很不快乐，一天，猫又遇到白猫，刚开始，猫在白猫身边独自玩耍，后来渐渐地走到白猫身边，轻轻地问了一句话："我们在一起好吗？"而白猫也轻轻地点了点头"嗯！"了一声，猫好高兴好高兴，它们每天都在一起，白猫生了好多小猫，猫很用心地照顾小猫们，小猫长大了，一个个离开了，猫很骄傲，因为猫知道：小猫们是一只活过一百万次的猫的小孩！

白猫老了，猫很细心地照顾着白猫，每天猫都抱着白猫说故事给白猫听，直到睡着。一天，白猫在猫的怀里一动也不动了，白猫死了。猫抱着白猫哭了，猫一直哭一直哭一直哭，直到有一天，猫不哭了，猫再也不动了，猫和白猫一起死了，猫也没有再活过来。

佐野洋子白描的字句，狠狠撞击着我的心灵。

没有思考什么，当我把它投影给学生阅读的时候，我问的第一个问题是："猫为什么没有再活过来？"

中国人说猫有九条命。九，是一个神秘的数字。帝王时代，凡城门数、宫殿数、门钉数多以"九"计，如形容紫禁城"宫阙九重"，太和殿采用"九开间"，故宫的门钉取九九八十一这个数目。甚至宫廷器物之名亦冠以"九"字，如九龙杯、九桃壶、九龙柱等。以"九"表示广大、繁杂、众多的词也不少，如：九天、九州、九重、九泉……由"九"的倍数派生而来的数字也受到人们的崇尚，如：十八罗汉、十八般武艺；孔子弟子贤者七十二；天坛祈年殿旁建七十二间长廊；道教有三十六洞天，七十二福地；鼓楼击鼓和寺院撞钟要一百零八下……清代汪中《述学·释三九》中说："凡一二之所不能尽者，则约之以三，以见其多，三之所不能尽者，则约之以九，以见其极多。"《素问·三部九候论》中说："天地之至数，始于一，终于九焉。"认为"九"是最高数，又与"久"谐音，因此，自古至今，常用"九"表示"多"。

如此，关于猫的生命力，中国人的"九"和日本人的"一百万"是一个概念。

如此，生命力顽强的猫，能够活一百万次的猫应当可以在死第一百万次之后再活回第一百万零一次。

然而，它没有再活过来。

是"不能"，是"不屑"，还是"不需"、"不必"、"不愿"？

我以为，是不需、不必、不愿了。

它不再需要继续它生命的追问与价值的求证了。

它在遇到白猫之后，完成了它完整的人生。呵呵，应该是"猫生"。

它已经满足，生命中不再有遗憾。

而之前它一百万次的复活，不是对于生的贪恋，而是对于死的不甘。

它死不瞑目。因为，它并没有真正活过。即使是已经活了一百万次。

那些与国王相伴的时日，充满了权欲与血腥；那些与渔夫相伴的时日，充满了物欲与机关；那些与魔术师相伴的时日，惊险刺激却充满了欺骗与交易；那些与老婆婆相伴的时日，平静安稳却充满了冷漠与死寂……

所以它毫无留恋地死去，却又一次次执拗地活了过来，继续它生命的寻找。

这是一只执着的猫。

一只不达目的誓不罢休的猫。

一只用了一百万次的人生在寻找爱和光明的猫。

猫在第一百万次复活之后，终于成为了一只自由的野猫。被一群美丽的母猫包围的日子并不快乐。它们给它送来鱼，也送来爱；送来可口的食物，也送来可餐的秀色。然而猫不快乐，仍旧不快乐。直至遇见白猫。

白猫粉碎了猫一百万年积累起来的骄傲，也融化了猫一百万年来封冻着坚冰的心。

它们在一起了，它们有了自己的小猫，小猫长大了，一个个离开了。世界最后仍是只属于猫和白猫的了。

"白猫老了，猫很细心地照顾着白猫，每天猫都抱着白猫说故事给白猫听，直到睡着。一天，白猫在猫的怀里一动也不动了，白猫死了。猫抱着白猫哭了，猫一直哭一直哭一直哭，直到有一天，猫不哭了，猫再也不动了，猫和白猫一起死了，猫也没有再活过来。"

这似乎是一个爱情故事，却又折射了一种存在之思。

世界多大，最后仍旧小到两个人的空间。

国王爱猫，是因着需要满足自己的嗜好（像他满足自己好战的欲望一样）；渔夫爱猫，是因着需要一个伙伴（他为自己捕鱼，也为猫捕鱼；他的网打捞了鱼，也打捞了猫）；魔术师爱猫，是因着需要一个道具（猫在魔术师手里死而复生，那是假的；猫在魔术师手里死而复生，却又成了真的）；老婆婆爱猫，是因着需要一个寄托（老婆婆整天一动不动，猫也终于一动不动了）……

那些"爱"，即使如渔夫一般相对纯粹，也只是单向的，是呼唤式的，哈代说："呼唤的与被呼唤的很少互相应答。"（《德伯家的苔丝》）猫和他们存在于完全不同的空间。就像那个王子看见了海滩上人间的女子，却错过了真正给他第二次生命的人鱼公主。他看不见她，因为他们分属于完全不同的两个生命空间，人鱼公主内心的呼唤他永远都听不到，人鱼公主的眼神他也永远都读不懂。

有些生命活在地下，有些生命活在地上，有些生命活在空中。生命的空间如此不同。于是，有些生命的相逢便不仅止于像向左走向右走一般的艰难，他们活在完全不同的高度里，连擦肩而过的可能都如此稀薄。

猫和白猫的相遇，才是生命真正的开始，是灵魂瞬间分娩的时刻，是一个世界的弥合。

猫和白猫的世界，才是真实的世界，是完整的世界，是元初的世界，也是最后的世界。

国王的世界不属于它，渔夫的世界不属于它，魔术师的世界不属于它，老婆婆的世界也不属于它。

两个崇尚无上珍贵的自我的生命相遇，世界瞬间变得朴素而华丽。

猫和白猫在心灵同构的默契和互为唯一的共在中，找到了令人陶醉的归宿，获得了充满力量的安宁，在饱满的爱情中获得的全位格使得它们能够坦然面对离散、无常、孤独与死亡。因为在位格合一中的拥抱，就是对整个世界的拥抱，是对唯一者的拥抱，也是对永恒的拥抱，这样，生命便获得了一种踏实感、归宿感与满足感。

这样的圆满，会让一个生命得到完全的满足，感到死而无憾，这种归宿感与满足感，令人能够超越生死。所以那只活了一百万次的猫，跟白猫一起在彼此的爱中满足地死去，再也不想活第一百万零一次。

这也就是吴芮在听到毛苹的爱情表白之后会想到死的原因。在彼此全身心的敞开与交付、爱与灵魂的充沛倾注与完全交融中，双方都完成了全位格的自我实现，同时也实现了与另一全位格的合一，与之共在，共生。至此，生命已经全部完成，此生无憾，可以满足地离开了。

而毛苹的爱情表白，也是一种对全位格的呼唤，只有将自己的爱和灵魂全然倾注给心上人，她才能够完成全位格的自我实现，同时也帮助对方完成了全位格的实现。就像《圣经》中的说法：夏娃是神从亚当身上取出的一根肋骨，她必须找回属于自己的生命位置，才能够得到归宿感与满足感。亚当和夏娃必须合一，他们的生命才能归于完整，达到圆满，回到元初的世界，也是最后的世界。

"当恋爱向纵深发展时，人的思想不但表现出一些充满诗意的色彩，而且也带着一些崇高的气质，有一种超凡脱俗的倾向。"（叔本华《爱与生的苦恼》）那些浪漫的激情，那些诗意的色彩，那些崇高的气质，那些超脱的情怀，都是源于生命最深处的一种呼唤：退出角色、返回全位格、完成自我、回归自由的一种深层而本真的生命欲望。

为此，所有追寻者付上了毕生的勇气、激情与韧性，与山石江海较力，与苍天大地、日月星辰、风雪雷电对峙，明知不可为而为之。生命的充分绽放，感天动地。

中 编

抒情——文学的救赎

文学是一种抒情的艺术，是对现世的救赎。哲学家李泽厚说："哲学探索命运，文学表达命运，宗教信仰命运。"（《李泽厚十年集》第二卷）

卡夫卡说："真实是心灵的事。而心，只能用艺术才能接近。"（《卡夫卡全集》第4卷）他生前不止一次地表白："我写作，所以我活着"；"与其说我是通过安宁才能写作，还不如说我是通过写作才得到安宁"。（《卡夫卡全集》第8卷）写作能够使他进入到无限的精神领域，在写作的世界里，既可以实现对外部世界的审视，也可以进行灵魂的自省，从而实现对人类灵魂和自我灵魂的救赎。因此他将写作视为自己的一切：那是一种时刻都会让人体验到"上帝、生活、真理"的最好方式；是把"内心世界向外部世界推进"的手段；是"像一架断头台那样沉重又那样轻松的信仰；是最为真诚的"祈祷的形式"。（《卡夫卡全集》第4卷）

艺术创作总是由情感生发而来的，没有活跃的情感，就没有艺术。换句话说，无情感则无文学，无灵魂则无生命。情感的缺乏或冷淡，在人生中是一种丑，在艺术中也是一种丑。李斯特威尔说："广义的美的对立面，或者反面，不是丑，而是审美上的冷漠，那种太单调、太平常、太陈腐或者太令人厌恶的东西。"（《近代美学史述评》）在美学领域，没有丑的对象，只有丑的感情，而在丑的感情中，冷漠是最根本意义上的丑。而情感的丰富，无论对于艺术还是人生，都是一种美。

饱含情感的作品虽然不一定就是好作品，但没有情感的却一定不是文学作品。朱光潜说："一切艺术都是抒情的，都必须表现一种心灵上的感触，显著的如喜、怒、爱、恶、哀、愁等情绪，微妙的如兴奋、颓唐、忧郁、宁静以及种种不易名状的飘来忽去的心境。"（《谈文学》）情是文学艺术生命之关键要素。在任何叙述中，只有情感，才能够保证文学世界的纯度。

情感是文学的本质。作为文学活动的关键要素之一和完善人性的基本要素之一，情感力既是先天质素，也是后天能力。文学教育应充分发挥自身独有而强大的情感功能，不仅传授文学知识与技巧，也从根本上提升人的情感力，促成真正完善的人的生成。

文学是一种抒情的艺术，它可以丰富主体的情感内涵，可以加深主体的情感体验，可以满足主体的情感需求，可以提升主体的情感品质，还可以帮助主体把握情感技能（文学是情感表现的演练场，文学作品中各种各样的人物及其情感表达方式为我们提供了丰富的范本和广阔的天地）。

文学的使命就在于表达并唤起人类潜伏的真情，疏浚在现实中被阻塞的心灵的河流。它也许不能实际地解决什么，但它能够帮助我们达成一种理解；它更多的是去体察人生的种种无奈，而非居高临下地批判；它有时感性，有时理性，在不一样的美丽之间游走；它原本只是作者的自语，却又会渐渐让我们从中听到人类的声音；它创造一种生存世界与艺术世界的间离，却又重建一个丰富、圆满的心灵世界。文学是一种美丽而温柔的救赎。

语文课堂要关注文学的情感维度，用文学滋养学生的生命，从而让学生渐渐拥有丰盈的心灵世界。

理解 VS 解决

文学也许并不能实际地解决什么，

但它能够帮助我们达成一种理解……

树比人更有希望

——《等待戈多》深度阅读及教学设计

【花絮】

接到任务，要讲一节校级公开课。正好学到戏剧单元，已经讲完了《雷雨》《哈姆雷特》，还剩下《城南旧事》《长亭送别》和《等待戈多》。以前在人教版遇到《等待戈多》，我都是人云亦云一带而过，这次，我想，我应该以公开课为契机，实现对它的理解和突破。于是，选中了它。课前要求学生自己读了一遍，没布置任何思考题（因为说实话，我还不知道应该让他们思考什么）。办公室里的一位历史老师说："你怎么选这么难的一篇课文讲啊？我们历史书上就有关于这部作品的介绍，根本读不懂！"一位语文同仁说："这个太难了！不如讲《长亭送别》。"学生也纷纷向班主任叫苦："我们语文老师怎么选那么难的一篇课文来讲公开课啊！一点都读不懂！"确定这个课题的时候，我自己也还读不懂，但我想，我必须读懂，也一定能够读懂。

因为这次的课堂教学没有录下来，所以无法展示课堂的原貌。只能与大家分享我对作品的理解以及我的教学设计。

【教学设计】

一、作家作品

萨缪尔·贝克特（1906—1989），经历过两次世界大战。1969年贝克特获得诺贝尔文学奖，获奖的原因是："他那具有新奇形式的小说和戏剧作品使现代人从精神贫困中得到振奋。"瑞典皇家学院的代表在授奖仪式上赞扬他的戏剧"具有希腊悲剧的净化作用"。

二、内容梗概

《等待戈多》是一个两幕剧，故事发生在两个黄昏。
抓取要素：
时间：两个黄昏
环境：乡间一条路、一棵树
人物（共三个组合）：
爱斯特拉冈（戈戈）和弗拉季米尔（狄狄）
波卓和他的奴隶幸运儿
小男孩和戈多（未出场）
情节：等待戈多

三、主要人物

爱斯特拉冈（戈戈）和弗拉季米尔（狄狄）
1. 二者有怎样的性格差异？
他们经常为了一些什么事情而跟对方生气？
起因通常是极琐碎的小事——
①为拥抱的时机不合适：

弗拉季米尔：终于又在一块儿啦！我们应该好好庆祝一番。可是怎样庆祝呢？（他思索着）起来，让我拥抱你一下。

爱斯特拉冈：（没好气地）不，这会儿不成。

弗拉季米尔：（伤了自尊心，冷冷地）允不允许我问一下……

②为对方不专心听自己说话：

弗拉季米尔：……现在已经太晚啦。他们甚至不会放我们上去哩。（爱斯特拉冈使劲拉靴子）你在干吗？——

爱斯特拉冈：脱靴子。你难道从来没脱过靴子？

弗拉季米尔：靴子每天都要脱，难道还要我来告诉你？你干吗不好好听我说话？

③为对方未及时发现和理解自己所需要的帮助：

爱斯特拉冈：（无力地）帮帮我！

弗拉季米尔：你脚疼？

爱斯特拉冈：脚疼！他还要知道我是不是脚疼！

弗拉季米尔：（愤怒地）好像只有你一个人受痛苦。我不是人。我倒是想听听你要是受了我那样的痛苦，将会说些什么。

爱斯特拉冈：你也脚疼？

弗拉季米尔：脚疼！他还要知道我是不是脚疼！

④为对方听话时的心不在焉：

爱斯特拉冈：谁？

弗拉季米尔：什么？

爱斯特拉冈：你讲的都是些什么？（略停）骂了谁？

弗拉季米尔：救世主。

爱斯特拉冈：为什么？

弗拉季米尔：因为他不肯救他们。

爱斯特拉冈：救他们出地狱？

弗拉季米尔：傻瓜！救他们的命。

爱斯特拉冈：我还以为你刚才说的是救他们出地狱哩。

弗拉季米尔：救他们的命，救他们的命。

⑤为对方的泼冷水和记忆的不准确：

爱斯特拉冈：万一他不来呢？

弗拉季米尔：咱们明天再来。

爱斯特拉冈：然后，后天再来。

弗拉季米尔：可能。

爱斯特拉冈：老这样下去。

弗拉季米尔：问题是——

爱斯特拉冈：直等到他来了为止。

弗拉季米尔：你说话真是不留情。

爱斯特拉冈：咱们昨天也来过了。

弗拉季米尔：不，你弄错了。

爱斯特拉冈：咱们昨天干什么啦？

弗拉季米尔：咱们昨天干什么啦？

爱斯特拉冈：对了。

弗拉季米尔：怎么……（愤怒地）只要有你在场，就什么也肯定不了。

⑥为对方的打扰、不肯陪伴和倾听：

（爱斯特拉冈一下子惊醒过来）

爱斯特拉冈：（惊恐地意识到自己的处境）我睡着啦！（责备地）你为什么老是不肯让我睡一会儿？

弗拉季米尔：我觉得孤独。

爱斯特拉冈：我做了个梦。

弗拉季米尔：别告诉我！

爱斯特拉冈：我梦见——

弗拉季米尔：别告诉我！

爱斯特拉冈：（向宇宙做了个手势）有了这一个，你就感到满足了？（沉默）你太不够朋友啦，狄狄。我个人的噩梦如果不能告诉你，叫我告诉谁去？

弗拉季米尔：让它们作为你个人的东西保留着吧。你知道我听了受不了。

爱斯特拉冈：（冷冷地）有时候我心里想，咱俩是不是还是分手比较好。

⑦为不健康的话题：

爱斯特拉冈：（淫荡地）冷静……冷静……所有的上等人都说要镇静。（略停）你知道英国人在妓院里的故事吗？

弗拉季米尔：知道。

爱斯特拉冈：讲给我听。

弗拉季米尔：啊，别说啦！

爱斯特拉冈：有个英国人多喝了点儿酒，走进一家妓院。鸨母问他要漂亮的、黑皮肤的还是红头发的。你说下去吧。

弗拉季米尔：别说啦！

⑧为尝试上吊的先后次序：

爱斯特拉冈：你先来。

弗拉季米尔：不，不，你先来。

爱斯特拉冈：干吗要我先来？

弗拉季米尔：你比我轻。

爱斯特拉冈：正因为如此！

弗拉季米尔：我不明白。

爱斯特拉冈：用你的脑子。成不成？

（弗拉季米尔用脑子）

弗拉季米尔：（最后）我想不出来。

爱斯特拉冈：是这么回事。（他想了想）树枝……树枝……（愤怒地）用你的头脑，成不成？

⑨为吃胡萝卜（此处系课文选段以外的补充内容）：

戈戈：瞧这个（他拎着叶子根部，把吃剩下的胡萝卜举起，在眼前旋转），奇怪，越吃越没滋味。

　　狄狄：对我来说，正好相反。

　　戈戈：换句话说？

　　狄狄：我会慢慢地习惯。

　　戈戈：（沉思了半晌）这是相反？

　　狄狄：是修养问题。

　　戈戈：是性格问题。

　　狄狄：是没有办法的事。

　　弗拉季米尔总是在试图思考，负责记忆，保持理性与修养，并且负责反省和维持道德感（譬如他不断地自省："别人受痛苦的时候，我是不是在睡觉？"；譬如当被要求讲英国妓院的故事时强硬地拒绝）。爱斯特拉冈则健忘随性，大大咧咧，玩世不恭，愤世嫉俗，言语猥亵，消极而犀利。

　　关于这一组人物，作品中有两个意味深长的细节，弗拉季米尔总喜欢鼓捣自己的帽子，爱斯特拉冈则经常鼓捣自己的靴子。

　　一个关注头脑，一个关注脚下。一个可谓"形而上"，一个可谓"形而下"。弗拉季米尔代表了头脑、精神和灵魂等与肉体对立的一面，爱斯特拉冈则与之相反，代表肉身以及与肉身相关的若干方面。他感兴趣的话题大抵是关乎物质与肉身的。尤其是在波卓出现的时候，爱斯特拉冈表现得谄媚而卑下，在波卓吃剩下的肉骨头和金钱的诱惑面前，他的迫不及待与卑躬屈膝使弗拉季米尔产生了强烈的耻辱感，受到了弗拉季米尔的责备。

　　2. 为什么能够等下去？

　　个性形成如此强烈反差的两个人，他们为什么能够日复一日地一起等下去？（点击课件，文本细读）

　　弗拉季米尔：看见你回来我很高兴，我还以为你一去再也不回来啦。

　　爱斯特拉冈：我也一样。

　　弗拉季米尔：终于又在一块儿啦！我们应该好好庆祝一番。可是怎样庆祝呢？（他思索着）起来，让我拥抱你一下。

　　在这个荒凉寂寞的世界里，不再像萨特所认为的"他人就是地狱"，恰恰相反，他人就是天堂。朋友重逢，无限欣喜。

弗拉季米尔：我只要一想起……这么些年来……要不是有我照顾……你会在什么地方……（果断地）这会儿，你早就成一堆枯骨啦，毫无疑问。

　　爱斯特拉冈：那又怎么样呢？

　　弗拉季米尔：光一个人，是怎么也受不了的。

　　整个世界是广漠而冰冷的，底层世界里的小人物，只能彼此支撑，互相取暖，相依为命。

　　爱斯特拉冈：我梦见——

　　弗拉季米尔：别告诉我！

　　爱斯特拉冈：（向宇宙做了个手势）有了这一个，你就感到满足了？（沉默）你太不够朋友啦，狄狄。我个人的噩梦如果不能告诉你，叫我告诉谁去？

　　弗拉季米尔：让它们作为你个人的东西保留着吧。你知道我听了受不了。

　　爱斯特拉冈：（冷冷地）有时候我心里想，咱俩是不是还是分手比较好。

　　弗拉季米尔：你走不远的。

　　"这一个"指的是上帝，弗拉季米尔是一个心怀上帝的人。所以他总是显得笃定沉稳。而爱斯特拉冈不同，他心灵空虚，害怕孤独，所以就算争吵起来，闹着要分手，还是会被弗拉季米尔看破："你走不远的。"两个人一直相互支撑着走到现在，彼此谁也离不开谁了，因为就算弗拉季米尔心怀上帝，活在人间的他，仍然需要一个同行的伙伴。《圣经·箴言》中也说："两个人总比一个人好，因为二人劳碌同得美好的果效。若是跌倒，这人可以扶起他的同伴；若是孤身跌倒，没有别人扶起他来，这人就有祸了！"

　　弗拉季米尔：别说啦！

　　（弗拉季米尔急下。爱斯特拉冈站起来，跟着他走至舞台尽头。爱斯特拉冈做着手势，仿佛作为观众在给一个拳击家打气似的。弗拉季米尔上，他从爱斯特拉冈旁边擦身而过，低着头穿过舞台。爱斯特拉冈朝他迈了一步，煞住脚步。）

　　爱斯特拉冈：（温柔地）你是要跟我说话吗？（沉默。爱斯特拉冈往前迈了一步）你有话要跟我说吗？（沉默。他又往前迈了一步）狄狄……

　　弗拉季米尔：（并不转身）我没什么话要跟你说。

爱斯特拉冈：（迈了一步）你生气了？（沉默。迈了一步）原谅我。（沉默。迈了一步。爱斯特拉冈把他的一只手搭在弗拉季米尔的肩上）来吧，狄狄。（沉默）把你的手给我。（弗拉季米尔转过身来）拥抱我！（弗拉季米尔软下心来。他们俩拥抱……）

戈戈强拉狄狄跟他一起谈论英国人在妓院的故事，狄狄生气了，径直离开，不理戈戈，戈戈为自己打气，鼓励自己尽全力挽回狄狄，他凑到狄狄身边套近乎，想要努力求得和解，狄狄冷冷的不理戈戈，戈戈不断争取，狄狄终于心软，二人拥抱和解。在一个冰冷的世界里，人心对友情的需要压倒了原则的分歧，需要和被需要的温情融化了矛盾的碎冰。

爱斯特拉冈：（吃力地）戈戈轻——树枝不断——戈戈死了。狄狄重——树枝断了——狄狄孤单单的一个人。

活着，害怕孤单，所以就算死也要同时。如果一个死了，留下另一个在世上，会更孤独。彼此依赖，是生存的需要。

爱斯特拉冈：咱们在一块儿待了多久啦？
弗拉季米尔：我不知道。也许有五十年了。
爱斯特拉冈：你还记得我跳在伦河里的那一天吗？
弗拉季米尔：我们当时在收葡萄。
爱斯特拉冈：是你把我救上岸的。
……
弗拉季米尔：念念不忘这些往事是没有好处的。快走吧。
爱斯特拉冈：等一等！（他从弗拉季米尔身边走开）我心里想，咱们要是分开手，各干各的，是不是会更好一些。（他穿过舞台坐在土墩上）咱俩不是走一条路的人。
……
弗拉季米尔：咱们仍旧可以分手，要是你以为这样做更好的话。
爱斯特拉冈：现在已经迟啦。
弗拉季米尔：不错，现在已经迟啦。

这是课文选段以外的内容，是戏剧接近尾声的对话。两人沉浸在温暖的记忆里，却仍然不忘闹分手，但随着故事的重复和发展，我们发现他们之间这种闹的内涵，已经不仅仅是矛盾和分歧，更是一种温暖的小习惯、无聊时候的寄托，和打破死寂单调生活的小情趣。

因此，即便常常面对个性上的矛盾冲突，弗拉季米尔与爱斯特拉冈却依然作为矛盾的两极相互依存着，缺一不可。在第一幕和第二幕的结尾，爱斯特拉冈都曾经提出过要与弗拉季米尔分手，但都无疾而终。

结论（点击课件）：人与人，在冲突中依存。

有这样一句话："不是蝴蝶飞不过沧海，是沧海那边早已没有了等待。"他们之所以能够等下去，是因为有人在陪着等。这样的等待，不孤独。

正是这种人与人在冲突中依存的温馨，冷寂世界中人性余存的温暖，使得几乎没有什么故事情节和戏剧冲突的《等待戈多》最初在巴黎上演时，演完第一幕就已经走掉一大半的观众，在走出去很远之后又重新返回剧场，他们觉得舞台上那两个叫花子一样的人令人难以忘怀，头脑里总是萦绕着他们茫然无助的身影和絮絮叨叨的台词，甚至，在这两个人的身上，他们好像看到了自己的一些影子，这种来自内心深处的丝丝系念令他们重新坐了下来，用全新的眼光再度审视这些熟悉的陌生人。

3. 为什么只能等下去？

为什么只能等下去呢？除了等待，难道就没有别的出路了吗？

（1）社会：遗弃

弗拉季米尔：允不允许我问一下，大人阁下昨天晚上是在哪儿过夜的？

爱斯特拉冈：在一条沟里。

弗拉季米尔：（羡慕地）一条沟里！哪儿？

爱斯特拉冈：（未作手势）那边。

弗拉车米尔：他们没揍你？

爱斯特拉冈：揍我？他们当然揍了我。

在一条沟里过夜竟然会被对方羡慕，而在一条沟里过夜如果没揍揍就是奇迹，而更可悲的是，这个世界绝对不可能出现奇迹——爱斯特拉冈理所当然地揍揍了。这个社会没有他们的容身之处，哪怕是一条沟，他们也没有资格待在那里。他们是被社会遗弃的人。

弗拉季米尔：手拉着手从巴黎塔顶上跳下来，这是首先该做的。那时候我们还很体面。现在已经太晚啦。他们甚至不会放我们上去哩。

这是他们在幻想如果趁着年轻早做抉择的话，他们还有选择死的机会，现在连死的机会都没了。他们老了，不体面了，想上巴黎塔往下跳都没有了机会，因为这个样子的他们，是不会被允许爬上巴黎塔的。他们是被社会拒绝的人。

爱斯特拉冈：他怎么回答的呢？
弗拉季米尔：说他瞧着办。
爱斯特拉冈：说他不能事先答应。
弗拉季米尔：说他得考虑一下。
爱斯特拉冈：在他家中安静的环境里。
弗拉季米尔：跟他家里的人商量一下。
爱斯特拉冈：他的朋友们。
弗拉季米尔：他的代理人们。
爱斯特拉冈：他的通讯员们。
弗拉季米尔：他的书。
爱斯特拉冈：他的银行存折。
弗拉季米尔：然后才能打定主意。
爱斯特拉冈：这是很自然的事。
弗拉季米尔：是吗？
爱斯特拉冈：我想是的。
弗拉季米尔：我也这么想。（沉默）

两人在推断戈多会怎样回应他们的请求时的上述对话，完全是现实生活中上级敷衍和搪塞下级的真实写照。为什么在他们的想象和推测中，那个能够给他们带来拯救、希望和出路的戈多会是这样的呢？因为人的想象往往只能基于他所处的现实，无法实现真正的超越，就像中国人想象天上的玉皇大帝一样，因为地上的世界是有等级的，所以人们认为天上的世界同样有等级。这段对话从一个侧面反映了当时的社会现实，他们是被社会忽略不计的人，没有谁会真正在意他们该怎样才能活下去，更不必说考虑他们怎样才能活得更好。

爱斯特拉冈：咱们的立场呢？

弗拉季米尔：立场？

爱斯特拉冈：别忙。

弗拉季米尔：立场？咱们趴在地上。

爱斯特拉冈：到了这么糟糕的地步？

弗拉季米尔：大人阁下想要知道有什么特权？

爱斯特拉冈：难道咱们什么权利也没有了？

弗拉季米尔用冷嘲热讽的语气表达了对灰色的社会现实的深刻揭露以及他的愤世嫉俗，他们没有资格谈立场，他们只配趴在地上，更不必奢谈什么特权。他们是被社会践踏的人，完全没有跟其他人一起坦然站在阳光下的资格与权利。

（爱斯特拉冈瞪着鸡骨头。）

爱斯特拉冈：（怯生生地）劳驾啦，老爷……

波卓：什么事，我的好人儿？

爱斯特拉冈：嗯……您已经吃完了……嗯……您不再需要……嗯……这些骨头了吧，老爷？

弗拉季米尔：（觉得可耻）你能不能再等一会儿？

波卓：不，不，他这样提出来是好的。我是不是需要这些骨头？（他用鞭子柄翻动骨头）不，拿我个人来说，我是不需要它们了。（爱斯特拉冈朝骨头迈了一步）不过……（爱斯特拉冈煞住脚步）……不过在理论上，骨头是应该给跟班吃的。因此你应该问他要才是。（爱斯特拉冈转向幸运儿，犹豫一下）说吧，说吧，跟他要。别害怕，他会告诉你的。

（爱斯特拉冈走向幸运儿，在他前面站住。）

爱斯特拉冈：先生……对不起，先生……

波卓：有人在跟你讲话，猪！回答！（向爱斯特拉冈）跟他再说一遍。

爱斯特拉冈：对不起，先生，这些骨头，您还要不要？

这是课文选段以外的内容，波卓人将吃剩下不要了的骨头用肮脏的鞭子翻动着，却把赏赐的权利隆重地转让给他称为"猪"的奴隶幸运儿，这意味着在富人们眼里，这两个流浪汉猪狗不如。他们是被社会揉碎了生命尊严的人。

这样的两个被社会完全遗弃和践踏的人，除了在茫然无助中幻想和等待之外，还能做什么样的选择呢？

（2）自我：迷失

当然，我们也看过很多身处逆境却仍能顽强生活，最终向着光明、自由与希望寻找到一条出路的人，譬如《美丽人生》当中的那位父亲，譬如《肖申克的救赎》中的安迪。客观环境并不能决定一切，狄狄和戈戈只能一直等下去的最核心的因素是，他们迷失了自我。而选择的能力和权力只属于拥有自由灵魂的人。

①生：受到质疑

（点击课件，出示文本材料）

弗拉季米尔：我们要是忏悔一下呢？

爱斯特拉冈：忏悔什么？

弗拉季米尔：哦……（他想了想）咱们用不着细说。

爱斯特拉冈：忏悔我们的出世？

（弗拉季米尔纵声大笑，突然止住笑，用一只手按住肚子，脸都变了样儿。）

弗拉季米尔：连笑都不敢笑了。

爱斯特拉冈：真是极大的痛苦。

弗拉季米尔：只能微笑。（他突然咧开嘴嬉笑起来，不断地嬉笑，又突然停止。）

（点击课件）——生？

他们觉得有必要为自己的出生而忏悔，表示他们开始质疑和否定自己生命存在的意义与价值。自我迷失的人都会对父母或上天发出疑问：为什么要生下我？

②活：无法证明

爱斯特拉冈：咱们等着。

弗拉季米尔：不错，可是咱们等着的时候干什么呢？

爱斯特拉冈：咱们上吊试试怎么样？

（弗拉季米尔向爱斯特拉冈耳语。爱斯特拉冈大为兴奋。）

弗拉季米尔：跟着就有那么多好处。掉下来以后，底下还会长曼陀罗花。这就是你拔花的时候听到吱吱声音的原因。你难道不知道？

爱斯特拉冈：咱们马上就上吊吧。

（点击课件）——活？

既然出生是一个错误，那么活着的必要性就随之受到了质疑。活着无意义，也无乐趣，甚至他们是否真的正在活着，成了一件无法证明的事。不如尝试一下死，或许还会有什么奇迹发生。死是对活的一个反向求证，是为了体验活着的真实性，也是一种对抗虚无人生的极端的方式。

③信仰：疑惑否定，分崩离析

弗拉季米尔：可是四个使徒全在场。可是只有一个谈到有个贼得了救。为什么要相信他的话，而不相信其他三个？

爱斯特拉冈：谁相信他的话？

弗拉季米尔：每一个人。他们就知道这一本《圣经》。

爱斯特拉冈：人们都是没知识的混蛋，像猴儿一样见什么学什么。

狄狄因疑惑而思考，戈戈不经思考而全盘否定。这正是"二战"之后人们深重的精神创伤和严重的信仰危机的真实写照。

爱斯特拉冈：咱们上吊试试怎么样？

（弗拉季米尔向爱斯特拉冈耳语。爱斯特拉冈大为兴奋。）

弗拉季米尔：跟着就有那么多好处。掉下来以后，底下还会长曼陀罗花。这就是你拔花的时候听到吱吱声音的原因。你难道不知道？

爱斯特拉冈：咱们马上就上吊吧。

《广群芳谱》引《法华经》曰："佛说法时，天雨曼陀罗花。"《本草纲目》详细记述了曼陀罗的来历：当佛说法时，从天空降下曼陀罗花雨。又有传说，在西方极乐世界的佛国，空中时常发出天乐，地上都是黄金装饰的。有一种极芬芳美丽的花称为曼陀罗花，不分昼夜没有间断地从天上落下，满地缤纷。看来，此花与佛门有缘。在佛经中，曼陀罗花是适意的意思，就是说，见到它的人都会感到愉悦。它包含着洞察幽明，超然觉悟，幻化无穷的精神。具有这种精神的人，就可以成为曼陀罗仙。狄狄一会儿认真地思考《圣经》，一会儿又对佛家的传说深感好奇，这也反映了"二战"后人们精神世界的坍塌以及信仰的沦陷和解体。这就不仅仅是个人的自我迷失，而是一代人整体的自我迷失。

西方现代悲剧的核心和基本趋向是对于人的价值和生存的关注。在这种关注个人存在的主题中，人类生存的危机也得到了更大的关注。正如黑格尔所说，个人悲剧后面不涉及人类悲剧将是毫无意义的。

④等待：活着的理由、存在的方式

弗拉季米尔：嗯？咱们干什么呢？

爱斯特拉冈：咱们什么也别干。这样比较安全。

弗拉季米尔：咱们先等一下，看看他说些什么。

爱斯特拉冈：谁？

弗拉季米尔：戈多。

爱斯特拉冈：好主意。

弗拉季米尔：咱们先等一下，让咱们完全弄清楚咱们的处境后再说。

等待戈多来发话，然后再作决定。由戈多来决定他们的生死。等待戈多，其实是他们给自己寻找的一个活下去的正当理由，也是他们存在于这个世界的唯一方式。

弗拉季米尔：咱们不再孤独啦，等待着夜，等待着戈多，等着……等待。

他们因为等待而不再孤独，每一个夜，都是"今天"的幻灭，又是"明天"的新生。连幻灭都成了可以倚赖的希望，连等待本身都成了荒芜人生中值得等待的事情。这样的人生真是荒诞而又绝望。然而，当荒诞已成为生命的一种常态，荒诞便成了惯性，弗拉季米尔和爱斯特拉冈找不到出路，在这惯性的等待中轮回，周而复始。当走到这一天的终点时，他们发现自己又回到了那个起点，虽然生命并没有消亡，但在这样的一天中，生命里什么也没有发生，今天和昨天没有两样，这样的生命虽然存在，却好像根本没有"活过"，而只是"活着"。尽管没有什么意义，但是依然在等待中虚无地存在着。他们在寻找中忘却了寻找的东西，在等待中失去了等待的意义，而这一切成为惯性，令人心酸地延续着，折射出全人类的命运。

这样的命运当然是残酷的，作者却以充满诗意甚至幸福甜蜜的语言来表达："咱们不再孤独啦，等待着夜，等待戈多，等着……等待。"更加让人感觉荒诞。戈戈和狄狄生活在如此恶劣的环境中，想活连骨头也吃不到，想死连绳子也没有。但他们还是在执着地希望着、憧憬着。无论戈多会不会来，也不管希望会不会成真，它毕竟使绝望中的人多了一层精神寄托。如果说，戈戈和狄狄在荒诞的世界中百无聊赖地活着、希望着，具有一种幽默滑稽成分的话，那么，他们在无望的希望中执着地等待也有几分令人感动。

四、关于主题

1. "戈多"的谜底?

这两个流浪汉等待着的戈多究竟是谁? 他代表什么? 剧中没有说明，观众中更是无人知晓。有人说，戈多（Godot）就是上帝（God），《等待戈多》(En Attendant Godot) 这个法文剧名，看来是暗指西蒙娜·韦尔的《等待上帝》(Attent de Dieu) 一书; 有人说，戈多象征"死亡"; 有人说，剧中人波卓就是戈多; 有人说，戈多是巴尔扎克剧作《自命不凡的人》里一个在剧中从不出现的人物"戈杜"（Godeau）; 有人甚至说，戈多就是一位著名的摩托车运动员……于是有人问作者，贝克特两手一摊，苦笑一声："我要是知道，早在戏里说出来了。"无论贝克特是在故弄玄虚，还是他真不知道，这一回答正好道出了该剧的真实含义，即人对生存在其中的世界，对自己的命运一无所知。无论戈多是谁，他的意义其实都是由等待着他的人来定义的。

1957 年 11 月 9 日，《等待戈多》在旧金山圣昆廷监狱演出，观众是 1400 名囚犯。演出之前，演员们和导演忧心忡忡，这一批世界上最粗鲁的观众能不能看懂《等待戈多》呢? 出人意料的是，它竟然立即被囚犯观众所理解，囚犯一个个感动得痛哭流涕。一个犯人说："戈多就是社会。"另一个犯人说："他就是局外人。"跟这两个犯人富有诗意和哲理的精神化的解读不同的是，无田无地的阿尔及利亚农民把戈多看作是已许诺却没有实现的土地改革，而具有被别国奴役的不幸历史的波兰观众把戈多作为他们得不到的民族自由和独立的象征。真是有一千个读者，就有一千个戈多。

从剧中看，戈多仅仅是支持流浪汉狄狄和戈戈挨过时光的微茫的希望，是他们赖以生存下去的一根救命稻草："戈多来了，咱们得救。"但他就是不来，他们苦闷得想上吊。但他们能去死吗？不能，因为他们必须得等待戈多。

让我们从剧中内容来看看这个从不出场的神秘的戈多究竟是怎样的一个形象——

弗拉季米尔：你给戈多先生干活儿？

孩子：是的，先生。

弗拉季米尔：你干什么活儿？

孩子：我放山羊，先生。

弗拉季米尔：他待你好吗？

孩子：好的，先生。

弗拉季米尔：他揍不揍你？

孩子：不，先生，他不揍我。

弗拉季米尔：他揍谁？

孩子：他揍我的弟弟，先生。

弗拉季米尔：啊，你有个弟弟？

孩子：是的，先生。

弗拉季米尔：他干什么活儿？

孩子：他放绵羊，先生。

弗拉季米尔：他干吗不揍你？

孩子：我不知道，先生。

弗拉季米尔：他是不是让你吃饱？（孩子犹豫）他给你吃得好吗？

孩子：还算好，先生。

弗拉季米尔：你不快活？（孩子犹豫）你听见我的话没有？

孩子：听见了，先生。

弗拉季米尔：嗯？

孩子：我不知道，先生。

弗拉季米尔：你连自己快活不快活都不知道？

孩子：不知道，先生。

弗拉季米尔：你很像我。（略停）你睡在哪儿？

孩子：在马房的楼上，先生。

弗拉季米尔：跟你的弟弟一起睡？

孩子：是的，先生。

弗拉季米尔：睡在草里？

孩子：是的，先生。

在上面一段选文中，非常值得注意的是"不知道"、"挨揍"和"孩子"这三个关键词。

剧中经常出现"不知道"这句台词，估计与贝克特的一段特殊经历有关：有一天贝克特走在巴黎的街道上，迎面被一个陌生男子刺了一刀，他以为自己死了，醒来却躺在医院里。警察抓到了谋害他的凶手，贝克特痊愈后去监狱看望这个人，他问凶手为什么要刺杀自己，那人回答他："我也不知道。"与死神擦肩而过的一刹那，贝克特深刻领悟了现实的荒诞。

然而这句话从一个孩子口里说出来，尤其让人感觉又荒诞又悲凉。孩子本来应该是活泼快乐的，而且，他不是一般的孩子，他是戈多身边的孩子，戈多是人们等待着的希望，是拯救，是出路，是光明，然而他身边的这个孩子呆头呆脑，全然没有孩子的活力与阳光，他不知道戈多为什么只揍弟弟不揍他，甚至不知道自己快活不快活。他比健忘的爱斯特拉冈还要健忘，比凡事拿不定主意的弗拉季米尔还要迷糊。这是一个不像孩子的孩子，懵懂到迟钝。如果戈多真的是一个值得等待的救星，是希望和出路，为什么他身边的孩子尚且未能首先得着拯救？如果与戈多朝夕相处的孩子尚且活得不过尔尔（由于不知道的原因而幸免和弟弟一样挨揍的命运，对于能不能吃饱饭的问题需要犹豫一下才能答出"还算好"，不知道自己快活不快活，睡在马房的草里），那么，两个流浪汉苦苦等待的戈多即使真的来了，又能改变什么？

戈多不能给他们物质的温饱，也不能给他们精神的满足。他不是真理，也没有公义。他不讲信用，每次都说"明晚准来"，每次都让人无一例外地失望。他甚至没有说得过去的清楚的规则：男孩放山羊，男孩的弟弟放绵羊，他揍弟弟，却不揍男孩，没有人知道原因。

基督教中对于绵羊和山羊的评判正好是与之相反的，在末后的审判中，山羊要受审判，绵羊要受奖赏：

当人子在他荣耀里，同著众天使降临的时候，要坐在他荣耀的宝座上。万民都要聚集在他面前。他要把他们分别出来，好像牧羊的分别绵羊山羊一般；把绵羊安置在右边，山羊在左边。

于是，王要向那右边的说："你们这蒙我父赐福的，可来承受那创世以来为你们所预备的国。因为我饿了，你们给我吃；渴了，你们给我喝；我作客旅，你们留我住；我赤身露体，你们给我穿；我病了，你们看顾我；我在监里，你们来看我。"

义人就回答说："主啊，我们甚么时候见你饿了，给你吃，渴了，给你喝？甚么时候见你作客旅，留你住，或是赤身露体，给你穿？又甚么时候见你病了，或是在监里，来看你呢？"王要回答说："我实在告诉你们：这些事你们既做在我这弟兄中一个最小的身上，就是做在我身上了。"

王又要向那左边的说："你们这被咒诅的人，离开我，进入那为魔鬼和他的使者所预备的永火里去！因为我饿了，你们不给我吃；渴了，你们不给我喝；我作客旅，你们不留我住；我赤身露体，你们不给我穿；我病了，我在监里，你们不来看顾我。"

他们也要回答说："主啊，我们甚么时候见你饿了，或渴了，或作客旅，或赤身露体，或病了，或在监里，不伺候你呢？"王要回答说："我实在告诉你们：这些事你们既不做在我这弟兄中一个最小的身上，就是不做在我身上了。"

这些人要往永刑里去；那些义人要往永生里去。

（《马太福音》第25章第31—46节）

男孩和弗拉季米尔的对话中似乎有一个隐喻：戈多的世界，正是一个颠覆了信仰和真理的世界。一个没有真理没有规则的世界，就不可能是一个自由的世界。耶稣在《约翰福音》第8章中说："你们必晓得真理，真理必叫你们得以自由。"就像地球吸引力是向下的，总是"定"好了向下，人才能"自由"地举起手臂来，否则，连举起手臂这样的动作，都很难做到。戈多的世界，跟流浪汉的世界一样荒诞，一样没有真理，没有自由，没有爱，没有盼望。流浪汉所等待的世界，跟他们现在所处的世界拥有同样的脸孔。

所以，美国圣昆廷监狱的囚犯看过《等待戈多》之后会说："即使戈多最终来了，他也只会使人失望。"

然而他们坚持等——

爱斯特拉冈：咱们走吧。

弗拉季米尔：咱们不能。

爱斯特拉冈：为什么不能？

弗拉季米尔：咱们在等待戈多。

"他要是来了，咱们就得救了"，

"要是不来呢，咱们明天就上吊"。

2. "等待"的别名？

这样的等待，其实可以用很多不同的词语来替换，让我们更清楚地看见它丰富而深刻的内涵：

希望，绝望；

无助，无聊；

迷惘，迷失……

这是一出表现人类永恒地在无望中寻找希望的现代悲剧。剧中的世界是荒诞、残酷、不可思议的，在这样的世界中，人的处境是尴尬的，人的寻求和期待是无望的。然而除了等待，人又没有别的出路。等待是一种微渺的希望，也是别无选择的绝望。

在这样的世界中，他们处在社会的最底层。因为无助，他们只能选择等待，因为等待而让微渺的希望进驻被阳光遗忘的角落；因为无聊，他们必须选择等待，因为等待而让生命拥有了些微的意义与活着的盼望。

这样的世界，整个背景是荒芜的，背景下主角的人生是迷惘的，人格是迷失的。因为迷惘，所以无从选择；因为迷失，所以无力选择。人在世界中处于孤立无援、恐惧幻灭、生死不能、痛苦绝望的境地。他们满怀希望耐心地等待，然而，越是虔诚越是绝望，越是可怜越是可悲。

他们每天都会讨论关于上吊、分手的问题，最终他们等来了戈多的信使——一个孩子，孩子告诉他们戈多今天不来了，明天一定如约到来。第二天还是一样，并且孩子已经认不出他们。每一次重复都好像新发生一样，一点也没有从过去带来什么延续性。仿佛已经注定了，什么都不会改变，而在等待和等待落空的过程中，"没什么事发生，没人来，没人去，太可怕啦"，作者正是强调了什么事也没有发生的虚无。在这等待中，两个人拼命地想要做些什么来对抗虚无，但是他们无论在此处，还是在别处，都没事可做。按照常识，时间是一种流动性的东西，且具有不可逆性。处在时间中的人物是变化的，正如人不可能两次踏入同一条河流一样，同一个人物的上一秒钟与下一秒钟是不同的，某种变化在人物身上发生，正是这种变化形成了"存在"这个事实。然而在《等待戈多》中，虽然有各种事件发生，但是在事件中，人物的状态并没有真正改变，并没有任何真正有意义的事情发生过，某些雷同的断片不断重复，这就导致了可怕的凝固性。既然人生的每一秒钟都没有任何不同，那么生存和死亡有什么区别呢？当我们在离开这个世界的时候，我们会发现自己根本没有活过。

这样的等待，如同希腊神话里西西弗斯那永远推运不到山顶上去的飞石一样，因此有人称贝克特的《等待戈多》为"等待的西西弗斯神话"。剧本通过具有高度象征意义的"等待"，深刻揭示了人类生活在荒诞世界中无所适从、无所作为的尴尬处境，体现了"二战"之后人类那种痛苦、茫然、悲观、绝望的生存状态。战争的噩梦刚刚过去，给整整一代人的心灵留下了难以治愈的创伤，上帝不复存在，旧日的信仰坍塌，美好的希望和理想破灭了。世界让人捉摸不透，社会令人心神不安。劫后余生的人们，抚摸着战争的伤疤，开始了痛苦的反思，对传统的价值观念和现存的秩序持否定的态度。往日的精神支柱瓦解了，新的信仰尚未找到……贝克特就是在这样的背景下创作了《等待戈多》，借此折射出西方世界深刻的精神危机。

英国剧评家马丁·艾斯林在《论荒诞派戏剧》中曾说道："这部剧作的主题并非戈多而是等待，是作为人的存在的一种本质特征的等待。在我们整个一生的漫长过程中，我们始终在等待什么；戈多则体现了我们的等待之物——它也许是某个事件，一件东西，一个人或是死亡。此外更重要的是，我们在等待中纯粹而直接地体验着时光的流逝。当我们处于主动状态时，我们可能忘记时光的流逝，于是我们超越了时间；而当我们纯粹被动地等待时，我们将面对时间流逝本身。"

两个流浪汉讨论到底要求戈多为他们做什么时，他们都回答不上来，"没提出什么明确的要求"，而是"一种泛泛的乞求"，他们要求戈多赐予他们这种普遍的肯定态度，来面对生活中的一切苦难，因此等待戈多其实是一种类似于祈祷的姿态。

在两个流浪汉对于《圣经》的讨论中，我们看见的是，上帝的救赎是具有不确定性的，一部分人获得救赎，另一部分人被投进地狱，而其中具有令人毛骨悚然的偶然性："有一个贼据说得救了，另外一个……万劫不复。"男孩因为放山羊，就得保平安，而他的弟弟因为放绵羊，就受到虐待，世界没有一个可以相信和依循的准则，一切都具有不可知性。如果说等待戈多是一种类似于祈祷的姿态，甚至等待本身成为了一种信仰，那么整个剧本都是在揭示这种信仰的荒诞性。种种不确定性和不可知性决定了等待戈多的无意义，等待其实是一种无效的活动，等待本身就是一种消亡。

从某种程度上看，贝克特的创作深受萨特等存在主义哲学家和作家的影响。而由他和尤奈斯库所开创的荒诞派戏剧的传统，也可以看作是存在主义小说在戏剧舞台上的延伸。存在主义者一方面认为外部世界是荒谬的，人生是毫无意义的，人类在这荒谬的世界里所做的任何努力都是无意义的，只会导致更严重的痛苦、孤独和绝望，另一方面它又肯定人的存在价值，认为存在有改善的可能性，宣称"人注定是自由的，关键是要做出选择，并付出行动"（徐崇温等著《萨特及其存在主义》）。但更多的存在主义作家在人与社会的冲突中看不到出路，因此他们的选择与行动难免变得空洞。

贝克特是一个对存在满怀失望情绪的荒诞派作家，他以悲观的情调说明人类的存在仅仅是残酷的世界上一个微不足道的偶然事件。存在意味着不可逃脱，生命注定了在时间之流中轮回，所以，人只能在时间的某一个节点等待下一个节点的到来，所以存在的状态被替换成了等待，如果套用笛卡尔的名言，则可以这样表达："我等待故我存在。"

而海德格尔用"此在"（being-there）来表示人的概念。什么是"此在"呢？"此在"是个正在生成的但目前仍然是个尚不是的东西，指的是人的生成过程，换句话说，就是指正在生成、每时每刻都在超越自己的人。它不是指一般意义上的名词的人，而是生命活动的动态的人。此在的生存活动是在世界中展开的，是人在成长过程中呈现其生命价值。此在就是一种对存在发出追问的存在者。由于此在作为一种能追问存在意义的存在者，所以它才能成为我们解决存在意义的特殊存在者。

《等待戈多》中两个主人公的生命在时光之流中没有任何的生成与发展，他们的生命处于静止与凝滞状态，他们没有真正意义的生存活动，也没有能力发出对存在意义的追问。

这样的等待，实际是在为他们的生命命名：只是"存在"，而非"此在"。

3. 人与树

两幕的时间都是黄昏，地点都是空荡荡的野外，内容都是两人先出场，冗长的对话之后是波卓主仆二人出场，然后是男孩出场捎口信，到了最后又回到开始的地方。我们完全可以设想，如果该剧有第三幕、第四幕，也必然是重复前两幕的程式。剧中两天的等待，是他们漫长人生岁月的象征，在漫长的岁月里，戈戈和狄狄什么也没变。唯一不同的是，第二幕中，那棵枯树一夜之间长出了四五片叶子。

这是一个意味深长的细节，如同一个隐喻。

作者似乎在告诉我们，树比人更有希望。

人类热爱自由意志，人类热衷自由选择，结果是，人类反而因自由意志而变得非常不自由，并且常常因为自由选择而让自己陷入困境甚至走上绝路。

关于人与树，要从伊甸园的故事开始说起。

上帝将人类的始祖安置在伊甸园的时候，曾经吩咐他说："园中各样树上的果子，你可以随意吃，只是分别善恶树上的果子，你不可吃，因为你吃的日子必定死。"

后来，蛇引诱了夏娃，夏娃又引诱了亚当，他们被那棵树上的果子悦目的色泽和诱人的芳香所吸引，更重要的是，蛇告诉他们吃了这棵树的果子便能拥有如上帝一般分辨善恶的智慧。

我们的始祖很快忘记了上帝的吩咐，因为人类热爱自由意志；我们的始祖毫不犹豫地吃下了分别善恶树上果子，因为人类热衷自由选择，我们喜欢自己去做判断，不喜欢上帝替我们选择和决定。

这个故事的结果我们都知道，我们也无一例外地在承受着这个结果。

人类的自由意志给了人类一些随心所欲的快乐，也给人类带来了一些灭顶之灾，譬如"二战"。

人类的自由选择给了人类一些为所欲为的满足，也给人类带来了一些颓废、迷惘、虚无和荒诞。人类往往正是在自由选择中迷失了方向。

智慧的果子离开了智慧的根，就会萎烂，异变；生命离开了真理的轨道，就会陨落，毁灭。

所以，树比人更有希望，树安安生生地长在园子里：

有河从伊甸流出来滋润那园子，从那里分为四道：第一道名叫比逊，就是环绕哈腓拉全地的。在那里有金子，并且那地的金子是好的；在那里又有珍珠和红玛瑙。第二道河名叫基训，就是环绕古实全地的。第三道河名叫底格里斯，流在亚述的东边，第四道河就是幼发拉底河。

（《创世纪》第 2 章第 10—14 节）

"树栽在河水旁，按时候结果子，叶子也不枯干"（诗篇 1：3）；而人被逐出了伊甸园，终生劳苦，世世代代在心灵的流浪中寻找回家的路。

4. 等待与自由

人类热爱自由，但两个流浪汉的等待意味着他们心甘情愿地放弃自由，等待接受引领，哪怕这种引领对他们而言完全是不确定、未可知甚至是无凭据的。

①等待戈多＝逃避自由

也许你会感到奇怪，自由不是每个人追求的理想吗？为什么会有人放弃自由甚至逃避自由呢？美国心理学家弗洛姆在《逃避自由》一书中就明确指出了一点：人类具有逃避自由的倾向。他认为：人类要想逃避孤独，就必然要放弃自我，逃避心灵的自由；要保持自我的独立性，追求自由，那么就必然会陷入孤苦伶仃的无援境地。相对于孤独的境况，大部分人都更倾向于选择逃避自由。因此人们需要秩序，需要法规，需要被统治和命令，在种种条条框框的约束下，人们会获得起码的安全感，按部就班地活下去。

他还讲到一种逃避自由的心理机制："其个人有放弃其自己独立自由的倾向，而希望去与自己不相干的某人或某事结合起来，以便获得他所缺少的力量。……这类人想要轻视自己，使自己软弱而不愿去主宰一切，他们有一种显著的象征，就是愿意倚靠别人、组织、大自然或自身以外的任何力量。他们不愿固执己见，也不愿做他们想做的事，但愿委诸外力，听其主张。他们常常不想体会'我要'或'我是'的这种感觉。在他们看来生活犹如一个不可抗拒的力量，既无法主宰亦无法去控制。"

等待戈多的这两个流浪汉，就是用等待一个主宰者、寻找一个可以依靠的力量来逃避自由，逃避选择。因为在不可抗拒的命运面前，他们无力选择。

②无所等待＝绝对自由？

如果说等待戈多就等于逃避自由，那么，无所等待的人是不是就绝对自由呢？

剧中无所等待的人只有两个。

一个是戈多。他是被等待的人，有完全的自由、自主权甚至主宰权。他可以一再许诺，又一再失信。他的存在即使虚无，仍旧无可辩驳地成为了等待的核心。

另一个是奴隶幸运儿。弗拉季米尔与爱斯特拉冈要等待戈多，波卓要等待遇见新的"卑下"的人来彰显出自己的"聪明"、"富有"和"幸福"，甚至小男孩也要等待戈多告诉他要传达的口信。只有幸运儿是唯一一个不需要等待的人，他就活在当下，他对未来没有任何希冀。他不在别处只在此处，不在彼时只在此时。在模糊的时间和空间里他是唯一一个确定的人。

"幸运儿"这个名字本身是个巨大的嘲讽。他非但不幸运，简直就是不幸中的不幸——每天被驱使，被鄙弃，被辱骂，没有自由，得不到尊重，甚至还有随时被主人抛弃的危险。但在这出以"等待"为主题的剧作中，他的确成为了最幸运的一个：在众人都迷茫无助地等待那个主宰者而不得的时候，他找着了属于他自己的那个主宰者——他的主人波卓。

问题是，无所等待的人是不是就绝对自由呢？

答案当然是否定的。幸运儿在本质上与其他人是相同的。因为他确证自己存在意义的渠道依然是通过他人，甚至他更为极端，是通过他人在精神肉体上的虐待来证实自己的存在价值。波卓是施虐者，幸运儿是受虐者，双方在对立中依存，在这一组畸形关系中双方都自得其乐。波卓通过他人的卑微和平庸来获得自己的生命意义，幸运儿则通过他人的强势和虐待来寻回自己的存在价值。二者其实都在逃避自由。如弗洛姆所说："通常这种逃避心理机构最显明的表现是企图服从与支配他人。或者可说是对不同程度的正常与非正常人的被虐待与虐待，……这两者都是为忍受不了孤独而逃避的结果。"（《逃避自由》）幸运儿是不需要怜悯的，他狠狠踢在爱斯特拉冈腿上的一脚是最坚决的拒绝——拒绝悲悯，拒绝打抱不平。因为这些都不是他生命的养露，对他毫无意义。只有依附于波卓，他才能具体而真实地感受到自己的存在。

本质上，幸运儿已将自由完全拱手相让，还是如弗洛姆所说："被虐待狂者其目的就在于此，虽然方法不同但目的则一：就是除去自己。换句话说：即消除自由的负担，因此他们不断地寻求，以期能找到其他的人或权利足以庇荫于其下。"（《逃避自由》）

5. 理解 VS 解决

关于存在的意义、生命的价值、信仰的危机，作者其实最终仍然未能为我们给出一个明确的答案。然而 1953 年，几乎没有情节的《等待戈多》轰动了法国，连演三百场，它的魅力又在哪里呢？

文学的本质，是理解而不是解决。如同莫言所说："小说并不负责帮助农民解决卖粮难的问题，更不能解决工人失业。"（《会唱歌的墙》）

然而，文学能够帮助我们达成理解。一切艺术都是对生命的肯定，《等待戈多》对现代人类生存状况的直喻，触及了现代人的灵魂深处。没有说教，没有评论，有的只是对人类生存状态的一种细微的观照、深刻的理解和直接的呈现，但那种滑稽背后的悲凉却唤起了人们的强烈共鸣。1957 年，旧金山演员实验剧团为圣昆廷监狱的 1400 名囚犯演出《等待戈多》时，仅仅几分钟，就吸引住了这些世界上最粗鲁的观众，很多人流下了眼泪。

　　人生有很多问题是无法解决的，而文学的使命在于达成一种理解。是理解让心灵变得柔软不坚硬，让生命变得温暖不孤独，让世界变得丰富不单调。

体察 VS 批判

当善良和善良相遇

——解读杨绛和她的《老王》

杨绛在《老王》的末段说："但不知为什么，每想起老王，总觉得心上不安。因为吃了他的香油和鸡蛋？因为他来表示感谢，我却拿钱去侮辱他？都不是。几年过去了，我渐渐明白，那是一个幸运的人对一个不幸者的愧怍。"

听过一些公开课，也看过教参和一些相关论文，发现老师们在解读"愧怍"一词时，都是从杨绛自己已经否定了的方面去寻找答案。

譬如："源于情感付出的不对等，老王因无亲少故，所以倾其所有而奉之，而杨绛欲以更多回报之时，老王却已殒命尘世，怎能毫无'愧怍'之心呢？"

譬如："杨绛对老王的关心是不够的，老王病了，她是知道的，可是她没有去看，当老王上门的时候，她居然没有什么特殊的关爱，就这样看着一个病人离去。而且，她对老王高贵品性的了解是不够的，老王出于真情的付出和回报，被她用金钱物化了。"

又譬如："她对老王的关心没有做到知心的程度，在她意识中有一种优势，她的同情是俯视的姿态，认为在和老王的交往中，她一定是给予者，老王一定是接受者。而最后的愧怍是一种仰视的姿态，是自我解剖，也是自我批判。"

有人甚至大力解剖和批判杨绛作为知识分子的骨子里与下层人民的心理隔膜，对于这些理解，我都不太能够接受。

96 岁的杨绛，在她的《走到人生边上》中这样说道："灵性是识别是非、善恶、美丑的道德标准的本能；良心是鼓动并督促为人行事的道德心——就是人的良知良能。这是人所共有而又是人所特有的本性。凡是人，不论贫富尊卑、上智下愚，都有灵性良心。贫贱的人，道德品质绝不输富贵的人。愚笨的人也不输聪明人，他们同样识得是非，懂得好歹。我认识好几个一介不取于人而对钱财十分淡漠的人，他们都是极贫极贱，毫无学识的人。"她对底层人物从来没有偏见。

钱锺书的婶婶曾力赞杨绛"上得厅堂，下得厨房；入水能游，出水能跳"，到后来在干校种菜，扫厕所，各种粗活她都做得。杨绛虽出身书香门第，却有贫苦民众的朴实与真率，她常说"我在上层是个零，和下层关系亲密"，新中国成立后遭遇长期的冷遇，处境卑微，却不沉沦，不自弃，夹缝中求存，逆境中得乐。她自己就是一个甘于以卑微为"隐身衣"的人。

但我们不能因此就指望杨绛成为特蕾莎或者南丁格尔，就像我们不能指望林语堂成为林觉民或者孙中山一样。

杨绛是她自己。

如果我们觉得她对老王做得还不够，如果我们觉得她应该常常去看望生病的老王，或者甚至把老王接到家里来同住，把他当亲人一样的照顾，或者在见最后一面的时候表现得像亲人一样，这都是对文学的误读，也是对生活的误读。

我们救不了被海浪冲上沙滩的所有小鱼，有时候甚至连离我们最近的那一条也救不了。生活的真相本如此，人生的常态亦如是。

正因为人生有如此种种善良的愿望，生活却又有如此种种残酷的无奈，才有了文学。

文学就是那些心怀善良的愿望却对生活无能为力的人因良心的疼痛而发出的呻吟。

这样的呻吟，杨绛不止一次地在她的作品中发出。

在《干校六记》的结末，她说："据说，希望的事，迟早会实现，但实现的希望，总是变了味的。一九七二年三月，又一批老弱病残送回北京，默存和我都在这一批的名单上。我还没有不希望回北京，只是希望同伙都回去。不过既有第二批的遣送，就该还有第三批第四批……看来干校人员都将分批遣归。我们能早些回去，还是私心窃喜。同伙为我们高兴，还为我们俩饯行。当时宿舍里炉火未撤，可以利用。我们吃了好几顿饯行的汤团，还吃了一顿荠菜肉馄饨——荠菜是野地里拣的。人家也是客中，比我一年前送人回京的心情慷慨多了。而看到不在这次名单上的老弱病残，又使我愧汗。但不论多么愧汗感激，都不能压减私心的忻喜。这就使我自己明白：改造十多年，再加干校两年，且别说人人企求的进步我没有取得，就连自己这份私心，也没有减少些。我还是依然故我。"

多么复杂又多么纯粹的情愫！

同样的为自己的幸运而不安，同样的为他人的不幸而愧怍。

有谁能像她这样善良？有谁能像她这样真实？

有人说，这个世界上，有两类思想家：一类思想家忙着告诉你答案，对人性的幽暗不置一词，他们生来就要当你的老师；另一类思想家和你一道站在生存深渊中，袒露出人性的迷惘，和你一道往前走，他们时刻准备着做你的精神兄弟。

很喜欢尼金斯基的一句独白："我写出事实，我说出事实。我不喜欢虚假，我喜欢善良。我不喜欢邪恶，我是爱。大家都认为我是一个稻草人，因为我戴一个自己喜欢的小十字架。"（《尼金斯基手记》）

哪里有卑微、贫苦、软弱、自责，哪里就有爱和十字架。一个人能够承担的东西可能非常有限，但承担本身已经足够美好。

今天的很多学者都有一种不可餍足的谈论和论证自己伟大的癖好，其本质原因在于未曾和真理面对面。一个倾情注视着真理面容的人，就会为自我神化情结"袪魅"。那些只从自然来看人的学者，不过把人看成了动物；那些只从社会来看人的学者，不过把人看成了机器；那些只从宗教来看人的学者，不过把人看成了天使。

然而人，就只是人。

杨绛的愧怍和亏欠源于她的善良，来自她的慈悲，根植于她对命运不公的迷惘与困惑：人应该是生而平等的，然而同样是人，为什么我活得比老王好？为什么老王蹬车，我坐车？为什么老王瞎眼，我眼睛明亮？一个慈悲的人，如果他自己的人生相对优越，他会像欠了别人一样，觉得自己从上帝那里得到了太多，以致剥夺了属于别人的那一份。

这是杨绛式的愧怍，与其他一切无关。

杨绛写这篇文章的时候，已经是 84 岁高龄，已至垂暮之年，她内心的疼痛还在。善良是她一生的习惯，这习惯也影响了她的孩子。

因为善良，她的女儿送老王大瓶鱼肝油，治好了他的夜盲症。

因为善良，她的女婿在为钱锺书送行时放下自己的东西，去帮助随身行李多得无法摆布的人。甚至因为善良，他在被批斗时宁愿牺牲自己的生命，也不肯捏造一份莫须有的"五一六"名单去陷害人。

因为善良，2001 年 9 月 7 日，清华大学"好读书"奖学金捐赠仪式上，杨绛将钱锺书和她自己当年上半年所获的稿酬 72 万元，以及以后出版作品获得报酬的权利，捐赠给清华大学教育基金会。奖学金的名字就叫"好读书"，而不用个人的姓名，为的是让那些好读书且能好好读书的贫寒子弟，能够顺利完成学业。讲话结束时，这个应该接受感恩的人反过来向被帮助的人真诚地鞠躬致谢："谢谢清华大学帮助我实现了我们一家三口人的心愿。"

也因为她的善良，在已正式通知煤厂不得为"牛鬼蛇神"家送煤之后，煤厂工人还是心甘情愿冒着被组织批评的危险偷偷帮她送了一车煤。

因为她的善良，到她打扫的厕所来的人，都会悄悄慰问一声："你还行吗？"或"顶得住吗？"

因为善良，她用黑夜给她的黑色的眼睛去寻找光明——

给她的检查汇报批注"你这头披着羊皮的狼！"的人，她却觉得他面目和善，为人谨厚。她称他为"披着狼皮的羊"，而她有一次向那位"披着狼皮的羊"请假看病，他竟然并不盘问，很和善地点头答应。而杨绛不过小小不舒服，没上医院，只在家休息，又偷得一日清闲。

有一次她指上扎了个刺，就走进革命群众的办公室，有一位女同志很尽心地找了一枚针，耐心地在光亮处为她把刺挑了出来。

在北京建筑地道的时期，摊派每户做砖，一人做一百块，得自己到城墙边去挖取泥土，借公家的模子制造，晒干了交公。那时钱锺书已下干校，女儿在工厂劳动，她一人得做砖三百块。无奈之下只好向一位曾监管她的小将求救："咱俩换工，你给我做三百块砖，我给你打一套毛衣。"他笑嘻嘻一口答应。他和同伴替她做了砖，最后却说她"这么大年纪了"，不肯要她打毛衣。

干校每次搬家，箱子都得用绳子缠捆，不用她求，"披着狼皮的羊"很多是大力士，他们总会主动来关心和帮忙。

她在干校属菜园班，有时也跟着大队到麦田或豆田去锄草，队长分配工作说："男同志一人管四行，女同志一人管两行——杨季康，管一行。"而大家对她说："你一行也别管，跟我们来，我们留几根'毛毛'给你锄。"

钱锺书病喘，暖气片供暖不足，文学所和外文所的年轻人给装上炉子，并从煤厂拉来一车又一车的煤饼子，叠在廊下；还装上特制的风斗，免中煤气。为了整理钱锺书锁在原先的家里的笔记本，有人陪杨绛回去，费了两天工夫，整理出五大麻袋，两天没好生吃饭，却饱餐尘土。

钱锺书写《管锥编》经常要核对原书，不论中文外文书籍，他要什么书，书就应声而来。如果是文学所和外文所都没有的书，有人会到北大图书馆或北京图书馆去借。

关注和照顾他们的，都是丙午丁未年间"披着狼皮的羊"。

在《丙午丁未年纪事——乌云与金边》的末尾，她说：

按西方成语："每一朵乌云都有一道银边。"丙午丁未年同遭大劫的人，如果经过不同程度的摧残和折磨，彼此间加深了一点了解，孳生了一点同情和友情，就该算是那一片乌云的银边或竟是金边吧？——因为乌云愈是厚密，银色会变为金色。常言"彩云易散"，乌云也何尝能永远占领天空。乌云蔽天的岁月是不堪回首的，可是停留在我记忆里不易磨灭的，倒是那一道含蕴着光和热的金边。

这就是杨绛式的善良，她会拨开现实的迷雾，看见人性本质中善良温暖的一面。她会用善良的心去对待别人，对待生活，而别人和生活也会用善良来回馈她。

如果说杨绛是隐形的主角，那么，老王则是显性的主角，一个同样因善良而高贵、因纯粹而美好的人。当善良和善良相遇，世界便是一片温暖光明。

那个世界的模样原本是灰暗阴冷的。因着人性温暖的轻轻照耀，才变得明亮温馨。

从杨绛的一些半藏半露、欲言又止的句子里，我们会发现一些端倪。

1. "常坐"与"不敢乘"

当"乘客不愿坐他的车，怕他看不清，撞了什么"，当有人污蔑瞎眼老王的品行时，杨绛却"常坐"老王的三轮。"他蹬，我坐，一路上我们说着闲话"，一个"常"字，平平常常却振聋发聩。不仅坐，还一路闲聊。她就那么平平静静、踏踏实实地坐了下来，后来却为什么又"不敢乘"了呢？显然不是因为担心人身安全问题，而是政治影响问题。"文化大革命"开始了，杨绛被"揪出"作为"资产阶级学术权威"，坐人力三轮车不就是压迫劳动人民吗？这一坐又会成为一次批斗的借口，所以她不敢坐三轮车，而只能挤公共汽车了。

2. "文化大革命"与"默存的一条腿"

文中说"'文化大革命'开始，默存不知怎么的一条腿走不得路了"，作者杨绛的一句"不知怎么的"，省略了多少艰辛与磨难？前因和后果之间，怎么可能是不可知的空白？

1966年，"文化大革命"爆发，钱锺书、杨绛均被"揪出"作为"资产阶级学术权威"，经受了冲击。有人写大字报诬陷钱锺书蔑视领袖著作，1969年11月，钱锺书作为"先遣队"去了河南省罗山县的"五七干校"。"流亡"期间，钱锺书由感冒引起喘病，输氧四小时才抢救脱险。他因大脑皮层缺氧，反应失常，手脚口舌都不灵便，状如中风，将近一年才回复正常。医生嘱咐千万别让他感冒。杨绛每开一次大会，必定传染很重的感冒。她怕传染他，只好拼命吃药；有一次用药过重，晕得不能起床。

3. "蹬三轮的都组织起来"与"载客三轮都取缔了"

北京解放后，国家要逐步实行社会化改造，对于三轮车夫这类旧社会理论上应该归为个体手工业之类的，不属于工人阶级的一员，把他们联合起来成立一个类似企业的合作组织，就使他们的性质发生了改变，成为了社会主义社会的基础。

从当初的社会环境分析，这一组织除了政治上的需要，对于劳动者本身也是有好处的，它使三轮车夫们劳动有了保障，有工资收入、有养老医疗保障，这些都是旧社会所不能比拟的，因此在当时也受到了工人们的欢迎。但在当时极左思潮的影响下，个人如果没有及时加入集体的"合作社"组织，就是不先进，不积极，等你想入也不给你入了，处理问题缺少人性化的通融。

后来，又取缔了载客三轮，因为觉得载客人力车的存在是等级制度的表现，坐人力车是资产阶级情调，是对劳动人民的压迫与剥削。

当时的中国摸着石头过河，社会体制在种种思潮的冲击下屡屡失衡。

在这样动荡不定的社会里，人们的价值观随着各种思潮而沉沉浮浮，但是，杨绛看老王的眼光，老王看杨绛一家的眼光，都丝毫没有受到外界的影响。当善良与善良相遇，总会有一种温暖的默契：杨绛在乘客不愿坐老王的车的时候，常常会去照顾他的生意；看到老王蹬着三轮进了一个大院，就关心那是不是他的家；取缔载客三轮后，又担心老王的生计……而老王呢，甘愿在给别人家送冰时顺带帮杨绛家送，车费减半；送钱先生去医院看腿，帮忙搀扶，还坚决不肯收钱；在最后的时光里用最后的气力送去最好的礼物……

善良的人们，从来不是用眼睛去看人看世界，而是用心去看。

那样阴冷的社会温度里，那样灰暗的人生色调里，老王的善良与杨绛的善良前呼后应，让读者真切地触摸到一个灵魂在场的生命世界。

南帆说："文本细读就是沉入词语。"

《老王》作为经典的文本入选多个版本的中学语文教材，它的魅力是多方面的。文本值得关注和思考的点很多，而散落在文中的一些词语，星星点点地照耀着我们的眼睛，也照亮了我们的心。

1. "看不清"、"看不见"、"没看透"

老王的一只眼是"田螺眼"，乘客不愿坐他的车，怕他"看不清"，撞了什么。另一只好眼也有病，天黑了就"看不见"，老王是胡同口蹬三轮的当中最老实的，他从"没看透"杨绛一家是好欺负的主顾。他眼神不好，心机全无，他做人做事不凭眼睛，只凭良心。

2. "大瓶的鱼肝油"、"大一倍的冰"、"大鸡蛋"

住在破破落落的大院里的老王是小人物，社会最底层的小人物，然而，他的一生与"大"奇妙结缘。杨绛的女儿说他是夜盲症，给他吃了"大瓶的鱼肝油"，晚上就看得见了。阿圆大大的爱心，给了老王大大的光明。老王回报他们的是价格相等却比前任"大一倍的冰"，还有用最后的气力送去的"多得数不完"的新鲜的"大鸡蛋"……小人物的心里，装满了大爱。

3. "不要钱"、"不是要钱"、"攥着钱"

杨绛在干校负责打扫厕所时，曾经遭遇过这样的一件事：一个小女孩问别人：“她是干什么的？”有人回答说：“扫厕所的。”从此她正眼也不瞧杨绛了。一次杨绛看见她买了大捆的葱抱不动，想要帮她，她却别转了脸不理睬。连亲女儿钱瑗要见父母都要先在院外贴批斗划清界限的大字报，然后才能匆匆见一面又得匆匆离开。杨绛一家是“牛鬼蛇神”，人人避之唯恐不及，老王却不仅不跟他们划清界限，还热心地送钱先生去医院看腿，帮忙搀扶，并坚持“不要钱”，拿了钱还不大放心，担心他们看病钱不够。在他人生的最后时光里，杨绛一家是他最真的牵挂，他送来了最好的礼物，也对杨绛给予了最深的理解：当杨绛转身进屋时，他赶忙止住，说：“我不是要钱。”“不是要钱”不同于“不要钱”，它的内涵比“不要钱”更为丰富，这句话泄露了他内心最深的期待：在自己仅剩的时光，将自己仅有的东西送给仅有的亲人，最后看一眼，才能放心地离去。然而当杨绛善解人意地赶忙解释“免得托人捎”之后，他还是决定了接受，好让杨绛能够心安。他怀着对杨绛平素为人最深的理解，“攥着钱”，攥着那自己已经根本用不着的东西一步一步离开，全只是为了让身后的人坦然、欣然。

4. 抱冰上楼，扶病到家，托人传话，临终登门

当杨绛问他出入的那个大院是不是他的家时，他说，住那儿多年了。他的话语里，浸透了一生漂泊的孤独和凄凉。而当我们看到他抱冰上楼，“代我们放入冰箱”时，我们似乎能够感觉到他如同呵护自己的小家一般的细致和温柔。生病之后，开始几个月他还能“扶病到我家来”，后来就只能托人“代他传话”了，扶病也要来看看才安心，托人传什么话呢？在文中，老王的话是不多的，但每一句都又温暖又实在。最后的临终登门，应该需要耗尽他从天国那里透支来的气力吧？有人说那叫回光返照，我想，应该是他强烈的愿望感动了上天，特许他一天的时光和超然的力量，去完成最后的愿望，创造这样一个爱的奇迹吧。

5. 生得认真，死得庄严

载客三轮取缔了，老王只好把他那辆三轮改成运货的平板三轮。他并没有力气运送什么货物。幸亏有一位老先生愿把自己降格为“货”，让他运送。老王“欣然在三轮平板的周围装上半寸高的边缘，好像有了这半寸边缘，乘客就围住了不会掉落”，“欣然”一词是作者含泪的微笑，老王对生活的认真，近乎一种信仰，无论怎样的境遇，他都可以活得喜乐、感恩和知足。

老王死后“身上缠了多少尺全新的白布”，这“全新的白布”是老王作为回族人对于死所表示的庄严，一个生得如此艰辛的人，却承袭祖宗的律令，恪守自己的信仰，仿佛敬畏天命一样对死亡这一终极归宿表示着自己无条件的遵从和最崇高的敬畏，让人几乎要诘问上天对他的不公和亏欠。

沉定简洁是杨绛作品的语言特色，看起来平平淡淡，无阴无晴，实则在经过了漂洗的苦心经营的朴素中，有着生命最本真最炫目的华丽。在她的文字里，我们能够感受到一种人性的至美：越是被剥夺，越是懂感恩；越是被伤害，越是懂怜恤；越是缺得多，越是要得少。

而那些善良的人们，爱得越多，隐忍就越多，爱得越多，愧疚也就越多。

感性 VS 理性

感性在左，理性在右。

此岸，彼岸……

只有一样不可少

——《我的五样》教学简案及思路解说

【教学简案】

一、认识作者

1. 导入

这篇文章记录了一次心理游戏，被毕淑敏收入了一本心理读物：《心灵7游戏》。书的扉页上写着："书中的每一个游戏，我都曾有兴趣地做过。沉浸其中落下的泪水，已化作我的钻石。"你对这个游戏是否感兴趣？

（学生的回答，肯定和否定都会有。许多老师讲这一课都喜欢让学生也做做这个游戏，但我主张先不要让学生盲目入局。）

2. 这个游戏有何价值和意义？会不会有负面影响？

这个游戏最大的价值和意义就是：以无可逃避的方式直面自己的心灵，从灵魂的深度上认识自己，测知自己的潜意识，明确人生的方向，确立生活的意义。如毕淑敏在书中所说："一个选择，决定一条道路。一条道路，到达一方土地。一方土地，开始一种生活。一种生活，形成一个命运。……如果你不能确定你往哪里走，那么此处就是你的葬身之地。"所以作者描述自己明确了人生方向之后，"我安静下来，突然发现周围此时也很安静。人们在清醒地选择之后，明白了自己意志的支点，便像婴儿一样，单纯而明朗了"，"我细心收起自己的那张白纸，一如收起一张既定的船票。知道了航向和终点，剩下的就是帆起桨落战胜风暴的努力了"。有目标才有动力。当我们走在路上，方向永远比速度来得重要。问题是，人往往容易当局者迷，无法真正认识自己，而游戏就像一个小小侦察兵，帮你探查自己的价值观，并把侦察报告呈上来。

至于负面影响，可以引入一篇文章：《绍兴教育》上曾经发表过一篇《澳洲少女的眼泪折射了什么》，作者系浙江上虞市春晖中学的一名老师。他在一次为16名澳大利亚学生上毕淑敏的《我的五样》一课时，用舍四保一的游戏方式，让学生在最后抉择中接受生命教育，结果发现，其所教的中国学生异常活跃，而澳洲少女则哭作一团。因为她们没法在 God（上帝）和 friend（朋友），God 和 parents（父母）之间做出抉择，只能用眼泪表达她们内心的痛苦和不舍……以假想方式要求学生做出抉择的心灵游戏，一方面侦察出了中国孩子的忍心，不像澳洲孩子的不忍之心；另一方面也反映出了中国传统教育已经成功地奴化了个体的思想：中国孩子不敢不选，既然是老师的命令，就当然必须给出答案。在中国，没有无答案的问题。而澳洲孩子尊重自己的内心情感，尽管在老师的命令面前她们同样感到非做出选择不可。然而结果是，澳洲孩子承受着痛苦的折磨而拒绝选择，中国孩子却听话地给自己的生命做了"截肢手术"，并且沉浸在浅层的游戏氛围之中而浑然不觉深层的心灵痛苦。

游戏主持者对游戏参与者进行权力施压，这种强制的理性不但不能造就生命，反而会扭曲心灵，泰戈尔说："全是理智的心，恰如一柄全是锋刃的刀。它叫使用它的人手上流血。"（《飞鸟集》）而我们看毕淑敏在她的《心灵7

游戏》一书中如何说话：

注意，不是在那样东西旁边打上一个"×"，还保留着它的基本形态，就是说，你还可以透过稀疏的遮挡看清它。丧失绝非这样仁慈。你要用黑墨水，将这样东西缓缓地，但是毫不留情地涂掉，或者用刀子将它剜掉。直到它在洁白的纸上成为一个墨斑或黑洞，再也无法辨识。如果你抹去的是"鲜花"，那么从此你的生活中将不存在春天和芬芳，你将永远辞别灼目的牡丹和美艳的玫瑰，连田野中的雏菊和蒲公英也看不到了。你没资格再进花园，连瞅一眼也不可能。你亲手将一瓣又一瓣花朵扯碎，看着它们融入泥泞。在这个过程中，请你细细体察丧失之感所引发的痛楚。

纵然你可以说经历过这种痛苦体验之后才能够更加懂得珍惜，并且能够明白一切成功都需要付出代价，但我看到的是游戏者在被迫去学习做一件又一件杀害生命、毁灭美好的事情，而这样做的目的就是：去掉生活当中那些次要的东西，直取你的核心目的。

如果每个人都变得如此理性果决，如此目标明确，世界会不会变得很冰冷很坚硬很无趣很可怕？

3. 你觉得作者自己在这个游戏当中的表现是否真实？

对这个问题，一般会有两种意见。

（1）真实

因为她每一次的舍弃都显得很痛苦，可以从一些描写的文字看出。譬如：

当鲜花被墨笔腰斩的那一刻，顿觉四周惨失颜色，犹如黑白默片。

"水"一被勾销，立觉喉咙苦涩，舌头肿痛，心也随之焦枯成灰，人好似成了金字塔里风干的法老。

不断丧失的恐惧，化作乌云大兵压境。痛苦的抉择似一条苦难巷道，弯弯曲曲伸向远方。

我已顾不得探查他人的答案，面对着自己人生的白纸，愁肠百结。

刹那间好像有一双阴冷的鹰爪，扼住了我的咽喉，顿觉手指发麻，眼冒金星，心如擂鼓，气息屏窒……

（2）不真实

首先，作者显得逻辑混乱，概念不清。"生命中最宝贵的五样东西"，当然是在有生命的前提下而言。有了生命，才谈这生命中最宝贵的五样。而她一会儿提到维持生命所必需的自然条件，一会儿又提到构成肌体的器官部件。当然，她自己也觉悟到了这个问题："充满了严谨的科学意识，飘着药品的味道"，"缺乏甄别和实用性"。这个姑且可以看作她真实的心理流程，作家在心灵游戏中偶尔审题不清也不是不可能的事。

其次，矫揉造作，前后矛盾。譬如，对于自己没选择"父母"、"孩子"和"爱人"，作者其实只对后者做出了解释："既然不是同月同日生，也难得同月同日死，彼此已商定不是生命的必需，排名在外，也有几分理由吧？"对于不选择父母和孩子的问题，则不了了之。并且，作者说她正备感为难时，老师的一句话救了她："这生命中最宝贵的东西，不必从逻辑上思索推敲是否成立，只需是你情感上的真爱即可。"于是，她写下了最后一样：笔。这无异于给自己找台阶下却偏巧一脚踩空跌了个大跟头，难道父母和孩子不是你的真爱吗？

很显然，作者写作此文，只是为了表现自己对写作的热爱与追求，胜过生命中的一切，甚至胜过生命本身。就好像作者的长篇小说《红处方》中的人物简方宁。简方宁是戒毒医院的院长，被病人庄羽陷害不自觉中染上毒瘾。当她自查出这个残酷的结果时，她请教权威景教授有关治疗剧毒品感染的方案，权威景教授果断地提出：必须切割"蓝斑"。而"蓝斑"是主管人的痛苦和快乐感觉的中枢，切掉蓝斑，人的心灵也就再也不会产生快乐和悲伤的感觉。简方宁热爱生命、热爱事业，她发自内心深处地拒绝成为一个丧失情感能力的机器，从而选择了以自杀来结束生命。正如她给好友沈若鱼的遗书中写道："我爱生命，但在我不可能以我热爱的方式生存时，我只好远行。"毕淑敏将简方宁那种强烈的内心感情描写得细致入微，撼人心魄。为了自己热爱的事业和所追求的生命状态，不惜放弃自己的生命，正像毕淑敏宁愿选择放弃"象征着生活的美好"的鲜花、生命之水、空气和阳光，也要留下笔。只不过毕淑敏在这篇文章中是以游戏的形式来表达这种内心深处的追求，它类似于一个概念化的寓言，而小说中的人物能够表现得有血有肉，更加真切动人。所以，令我们不能接受的，也许不是她的选择，而是她的表现形式。为言志而言志，为言志而造情设境，失去了自然与真实，文字就令人本能地抵触。

4. 怎样理解作者的最终选择?

联读作者的《嫁给笔》《被老师读作文的时候》,你会理解她对写作的挚爱。

当记者问她《心灵7游戏》是否标志着她在创作上从纯文学到心理读物的转型时,毕淑敏的回答是:"写什么不重要,只要有笔陪伴在我的生命中。"

其实毕淑敏的笔只是一个管道,如果生命里头没有活水,这管道就流不出水来。能够写出文章来的,不是那支笔,而是一颗心。作家李汉荣曾把自己的良知和灵魂晾摆到一双手上来审视和诘问。这双已经"告别了镰刀、锄头,告别了大地上的耕作和收割"而操起了"黑色水笔的手",在主人的连续的反诘之下,发出了令人惊慌的声音:"你握的那支笔写了些什么? 真理? 真情? 真心? 真爱? 因感动而书写? 因忏悔而书写? 因发现而书写? ……你写的那些文字,无关乎真理,无关乎文学,更无关乎永恒,你写的只是一些被人重复过无数次的废话,你排列的只是一具具语言的尸体。如果还要写,就写'手的忏悔'吧。"(《手》)

所以,其实毕淑敏不是用笔在写作,而是用她的生命在写作。笔,只是她耕耘的犁铧,犁铧不能代替她决定方向,也不能代替她付出力量。

生于军营,长于京城,成于藏北,回京悬壶,轰动文坛,重返校园,旅美演说,心理咨询……毕淑敏活出了数倍于凡人的人生。

11年的军旅历练,近20年的行医体验,使她的作品一开始就不同凡响,《女人之约》《预约死亡》《红处方》《血玲珑》……她的每一部小说都引人注目,她始终关注着人的生存状态,她对生命本质的追问,对生命终极的关怀,以及理性、冷静的叙述,都直击读者的心灵深处。而她独具一格的毕式散文,自然、率真、豁达、透明,饱含人生智慧,给人思考与启迪。记者问这一切是否与她的特殊人生经历有关,毕淑敏很肯定地回答,那是她创作的源泉。她一次次挽救了与死神擦肩而过的生命,她也亲眼目睹了许多生命的更迭,她是军属们最受欢迎的妇科、儿科大夫,她把生命中最好的时光奉献给了藏北高原。也是在那里,她与同是军人、老乡的丈夫相遇、相爱、结婚、生子……她为患病的母亲布置玫瑰色的房间,悉心照料,带母亲到处旅行;她看到儿子1岁多的一张照片时,发现儿子有些佝偻,明显缺钙,她当即决定转业,回京后学烹调,学编织,学着给孩子做棉裤;她只要在家就几乎包揽所有家务,偶尔也会顽皮报复让只负责洗碗的老公批量生产……

一个心中充溢着种种真爱的人,才会拥有神奇的彩笔。

二、理解人性

联系下面三则素材，讨论一个人的选择与其需要的关系。

1. 一位数学老教授做这个心灵游戏时，他最后留下的那一样，竟然是"猪"。面对众人的愕然，老教授解释说，"文化大革命"时，他被打成了"资产阶级反动学术权威"，白天批斗，晚上关牛棚，受尽折磨。后来被发配到边疆劳动，分配到山上放几十头猪。造反派对他说，如果你弄丢了一头猪，或是猪跑了猪瘦了猪病了猪死了，你都得以命相抵。他的妻子为了不受牵连，和他离了婚，孩子也和他划清了界限。"每天，我在山坡上孤独地和一群猪在一起，从清晨到黄昏，无数次清点猪的数目，抚摸猪的皮毛，看它们会不会走丢或生病。白天，只有猪吃饱了，我才敢咽下冷糙的干粮；夜里，只有猪打起呼噜，我才能闭上眼睛。慢慢地，我和猪有了很深的感情，在这个风雨飘摇的世界上，只有它们不歧视我，不打我不骂我不侮辱我，它们那么善良和老实，从不会欺骗我揭发我，也不会弃我而去。从那时起，在我心中，猪比我的妻儿更重要。猪甚至比我的事业我的理想更重要，丢了猪，我的命不保了，还奢谈什么事业、理想？有猪就有一切，所以我要留下猪。猪比人仁义可信，不搞打砸抢，不搞逼供信，不会背叛，没有阴谋，你说我这最后一样不留下猪还留下什么?!"（《心灵7游戏》）

2. 天才作家张爱玲是在一间没有家具的公寓的地毯上孤单地死去的，死后七天才被警察发现。如果让她生前做出选择，她会以什么为生命中最宝贵的一样呢？她会和毕淑敏一样选择手中的笔吗？

3. 伊丽莎白·巴莱特自幼天资颖异，母亲早逝，弟弟夭亡，她自己15岁时骑马跌损了脊椎，20余年禁锢在床。她把她的悲哀和希望都写进诗歌里。39岁时，她遇到白朗宁。白朗宁真诚而热烈地爱上了比他大6岁的她，三次向她求婚。从春天到夏天，白朗宁不断地从花园中采集最好的玫瑰给她送去。正月里的一天，她用自己的脚步（而不是像从前一样让她的一个弟弟抱着）走下楼梯，走进了会客室，"我叫人人都大吃一惊，好像我不是从楼梯头走下来，而是从窗口走出去了"。也就在那个春天里，她开始写下献给她情人的《葡萄牙人十四行诗集》，她的诗绪比从前更加饱满，风格更加阳光，形式也越发明晰、完整，她的才华在这里达到了顶点。这本诗集历来被认为是英国文学史上的珍品，可与《莎士比亚十四行诗》相媲美。他把她带出病室，和她结了婚。她41岁时周游了世界，在米兰，她紧跟着丈夫，一直爬到了大教堂的最高处。一位女友这样形容她："这位病人不是有起色了，而是换了一个人了。"婚后第三年，她生下了聪明的儿子，长大后成为一个艺术家。白朗宁夫妇15年幸福相守，从未有一天的分离。1861年6月29日的一个晚上，她正和白朗宁商量消夏的计划，和他谈心说笑，用最温存的话表示她的爱情，后来她感到倦，就偎依在白朗宁的胸前睡去了。她在她丈夫的怀抱中瞑了目，她的容貌，像少女一般，微笑、快乐。消息传来，7月1日早晨，"吉第居"所在的那个市区的商店都自动停止营业，表示他们的哀思。佛罗伦萨的人民感谢白朗宁夫人对于意大利民族独立运动的深厚同情，以市政府的名义，在她生前所住的"吉第居"的墙上安置了一方铜铸的纪念牌，上面用意大利文刻着：

在这儿，E. B. B. 生活过、写作过。她把学者的智慧、诗人的性灵和一颗妇女的心融合在一起。她用她的诗歌铸成了黄金的链环，把意大利和英国联结在一起。

怀着感激的佛罗伦萨谨志　1861

以上素材很容易让我们联想到马斯洛的需要层次理论：人具有多种动机和需要，包括生理需要、安全需要、社交需要（包含爱与被爱，归属与领导）、尊重需要和自我实现需要。

老教授选择的猪，是他能够生存下去的保障，同时也意味着良知和安全，代表着友谊和信任。当一个人的人格尊严已被摧毁殆尽的时候，他往往会降格以求，只求低层次的需要能够得到满足。就像这位老教授，他只求满足生理需要、安全需要和并非真正意义的社交需要，其他，就不敢奢望了。

张爱玲，我相信她不会像毕淑敏一样选择留下笔，如果可能，她一定会选择留下胡兰成——她"低到尘埃里去"的至爱。人生真奥妙，她最想要的，是爱与被爱，和被尊重的需要，然而，童年时父母的离异、生父的威胁、母亲的逃离、太平洋战争的重创以及后来与胡兰成大喜大悲的恋情……种种得不着的苦痛和她内心执着的爱反而成就了她，助她完成了自我实现，正是无心插柳柳成荫。当苦痛成为风景在十字架上高悬，恰是普世间脆弱心灵的圣诞佳音。她是孤独的，但她的文字，让那些孤独的人不再孤独。有人说，人一生的谜底都可以在童年中去寻找，而海明威说，一个作家最好的早期训练就是不愉快的童年。也许这就是上帝的公平——谁被伤害，谁就被造就；谁被褫夺，谁也被赐予。弗洛伊德说："幸福的人从不幻想，只有感到不满意的人才幻想。未能满足的愿望，是幻想产生的动力。"（《弗洛伊德论美文选》）缺失性的人生体验所形成的缺失性动机更易于转化为强大的创作动力。

而毕淑敏的童年阳光灿烂，家庭和美，弟妹尊崇，成绩优良。父亲官至师级将领，为人谦和、幽默，母亲则刚柔并济。我相信，她充沛的理性与她圆满的童年经验有关。一个在各个层面的需求都能够得到满足的人，往往很强大，很刚毅，很果敢，所以她不满17岁就敢于独立出去闯天下，并且一直生活得目标明确。所幸她大量的阅读和丰富的人生体验从另一个角度造就了她，种种丰富的人生体验在她那里转化为丰富的创作动机，创作是她丰富多彩的生活的泛溢，就像那春溪的水流涨满，溢出河床，形成生动的景观。

白朗宁夫人，简直是一个奇迹，爱的奇迹。白朗宁的爱不仅疗救了她的病体，而且喷薄了她的诗情。他重生了她的生命，也浇开了艺术之花。可见当爱发生，自我便会渐渐完成。一个心中充溢着真爱的人，就会拥有神奇的彩笔。

弗洛姆为我们开出的达至人间伊甸园的处方是：自发性的爱与创造性的工作。而只有当一个人心中充盈着爱、被爱或者同时爱与被爱的时候，才可能产生强烈的审美需要和创造的需要。司汤达的墓志铭说："活过，爱过，写过。"活着，爱着，是写作的前提。

钱穆说："人生一切的美与知，都需在情感上生根，没有情感，亦将没有美与知。人对外物求美求知，都是间接的，只有情感人生，始是直接的。无论初民社会，乃及婴孩时期，人生开始，即是情感开始。剥夺情感，即是剥夺人生。"（《人生与知觉》）

所以，无论你最后选择留下什么，其实只有一样不可少，那就是"爱"。有了爱，才可能有多彩的创造。

三、成为自己

尼采有一句警世格言："成为你自己！"

只要你心中有爱，你选择什么，就会成为什么！

用心思考目标，用脚丈量距离。

以"60岁的我"为题，课后完成一篇文章。

【思路解说】

这篇文章极容易被我们极端地解读。要么热热闹闹地效仿它，也来个舍四保一的心灵游戏；要么沸沸扬扬地批评它，因为它在思维逻辑上和语言表达上的确有些问题。而且，这个游戏的做法本身也是颇有争议的，理性得有些残忍，闪耀着手术刀的寒光。虽有意治病救人，但形式令人退避三舍。前不久我在苏州大学为教育硕士班讲座时说过一句话："理性是匕首和投枪，它可能会令你受伤却不一定致命；而感性才是毒药，被毒药浸过的匕首和投枪就一定会见血封喉。"正因为情感具有莫大的威力，才会有四面楚歌的故事流传。心理学家汤姆金斯认为，人类活动的内驱力的信号需要一种放大的媒介，才能激发人去行动，起这种放大作用的就是情感。因此，无论是教育还是其他，感性和理性都不可偏废，二者需要有机地调和。在这篇课文的教学中，我力图调和作者的文字，达到知性的境界。理性是冷的，感性是热的，知性是温的。只是这知性的"温"，并非一壶水烧至半开时候的"温"，也不是凉水一半热水一半调兑而成的"温"，却是沸腾之后降至温和的一种温度，是感性达到最高沸点之后终归于平淡的宁静温和。从深刻认识作者，到理解普遍人性，最后聚焦于自己，从个性到共性再到个性，先入乎其内，再出乎其外，最后回归自我，吐故纳新，重塑生命。"60 岁的我"，应该可以容纳一切憧憬着规划着的人生远景。

一节知性的语文课
——读熊芳芳《我的五样》教学简案及思路解说

苏州中学　黄厚江

熊老师在教学"思路解说"中写道："在这篇课文的教学中，我力图调和作者的文字，达到知性的境界。理性是冷的，感性是热的，知性是温的。只是这知性的'温'，并非一壶水烧至半开时候的'温'，也不是凉水一半热水一半调兑而成的'温'，却是沸腾之后降至温和的一种温度，是感性达到最高沸点之后终归于平淡的宁静温和。"我以为她对自己课堂的定位是准确的，她对课堂的追求也是清醒的。若要我用一个词来概括对这节课的评价，我想最贴切的也便是"知性"。是的，这是一节很知性的课。

什么叫知性呢？并不好说。这个词似乎用来形容女性的居多，一般是形容那些有文化、有内涵、有修养的女性。我是不懂哲学的，据说知性原本是德国古典哲学的常用术语，康德认为知性是介于感性和理性之间的一种认知能力。康德的哲学不好懂，常说一些我读不很懂又很畏惧的话，但这个观点跟我想的倒基本一致。用知性来形容熊老师本人，也是贴切的，但我这里主要是说她的语文课。

从某种角度看，语文课常常也有两种表现：一种很理性，教者的思想大于教学过程和教学活动本身，让人敬而生畏；一种很感性，煽情到我们生理和心理上都承受不起。介于这两者之间的，我们不妨称之为知性的课堂。熊芳芳老师《我的五样》的教学则可以说是这一类。她的知性体现在这样三个方面。

一是明确的教学主张。

一个语文教师是应该有自己的教学主张的，然而这并不容易，这是比较成熟的表现和标志。熊老师年纪轻轻就有了自己的教学主张更是难能可贵。她的教学主张就是"生命语文"。我是粗略读过她的专著的，尽管对她的主张有些不同的想法（一直想和她当面交流，可惜始终没有机会），但却对她有这样的主张极为推崇和肯定。有主张，说明对语文有了自己的思考，而且有了比较深入比较全面的思考。能够系统地阐述自己的主张，能够通过自己的课堂表达自己的主张，这更加不易。而后者就是一种知性的体现。有人没有主张，糊里糊涂地教着语文，不知语文是什么，不知语文课应该做什么，不仅不知而且不想，那是一种麻木——尽管有些人还因此自己很得意；有人似乎有自己的主张，但基本是一堆口号，一堆概念，或者干脆是拾人牙慧，或者全是舶来的东西，根本不能用课堂教学来表达来演绎，这样的主张只是空壳只是符号，用流行的说法，那是"浮云"。我们以为，作为一个语文教学的主张，是必须能够通过课堂来表达的。熊老师的这节课和她的许多课一样，都是她自己教学主张的具体体现。而用这一文本的教学来体现熊老师"生命语文"的主张，似乎是占尽了天时，是最为贴切的，甚至可以说是"必须的"。整节课的教学，熊老师就是站在文本上和学生进行生命的对话。无论是对文本本身的解读还是对引入资料的使用，都紧紧围绕"生命"这个核心概念，一切活动都是为了解读"生命"。

二是清醒的文本定类。

我们前面说过："用这一文本体现熊老师'生命语文'的主张，似乎是占尽了天时，是最为贴切的，甚至可以说是'必须的'。"这样说，除了因为这篇文本的内容，更重要的还指文本的形式特点以及它在教材中的位置（我估计使用的是苏教版高中语文新教材）。读过这篇文章的老师都应该知道，《我的五样》在形式上有什么可以教的呢？作者就是记述了做一个游戏的过程。因此处理这个文本，就必须进行正确定类，即把它作为什么样的文本教。我经常在讲座中说：一个教师处理文本的能力是一项最为重要的基本功。而处理文本的能力包括了多方面的指标，其中一个重要的指标就是恰当的文本分类处理。对文本分类，王荣生教授提出了"定篇"、"样本"、"例文"、"用件"四分法。我提出了"经典篇目"、"一般文本"和"辅助文本"三分的处理方法。王教授的分法在学理上更加严谨，我的分法在实践中更容易把握。其实他的"用件"和我说的"辅助文本"大体上是一致的。所谓"用件"，所谓"辅助文本"，也就是不把它作为一般意义上的阅读教学的文本对待，而是根据既定的教学目的或者教学思路的需要进行处理。简单说，不是立足于这个文本应该教什么应该怎么教，而是让文本服从我们的需要去决定教什么和怎么教。《我的五样》显然就是这样的文本。于是熊老师用它来和学生一起思考、探讨"生命"的问题和"人性"的问题，在学理上或者说在语文教学的理论上就有了依据。如果我们梳理一下熊老师的教学过程，主要就是三个环节：一、认识作者；二、理解人性；三、成为自己。第三个环节其实就是作业。第一个环节在导入之后主要讨论三个问题：1. 这个游戏有何价值和意义？会不会有负面影响？2. 你觉得作者自己在这个游戏当中的表现是否真实？3. 怎样理解作者的最终选择？第二个环节主要是联系三则素材讨论一个人的选择与其需要的关系。不难看出整个教学过程并不是严格意义上的"语文活动"，而主要是讨论"生命"和"人性"的问题（当然这样的讨论对语文学习并非没有意义，但又不可以把两者等同）。如果换一个文本，这样的处理就会另当别论，但对这个文本，自然是恰当的适宜的。我不敢断定熊老师是否是有意识地采用了王教授或者我的文本分类的方法，但至少说明她具有自觉地进行文本分类处理的意识和恰当地进行文本分类处理的能力。

三是冷静的文本解读。

正如熊老师在"思路解说"中所说："这篇文章极容易被我们极端地解读。要么热热闹闹地效仿它，也来个舍四保一的心灵游戏；要么沸沸扬扬地批评它，因为它在思维逻辑上和语言表达上的确有些问题。"事实上，我就亲历过这样两个极端的课堂教学。前一种课，的确热闹好玩；后一种课的确非常"理性"，甚至也很"语文"。但两种教法，无论是对作者还是语文都显得不够严肃。而熊老师的做法相对就显得冷静而成熟。更可贵的是，她还看到："这个游戏的做法本身也是颇有争议的，理性得有些残忍，闪耀着手术刀的寒光。

虽有意治病救人，但形式令人退避三舍。"这样的发现，不仅得力于教者文本解读的功夫，更有赖于她"生命语文"的主张和意识，即具有立足生命去看语文的自觉，于是她能够清晰地采用了知性的眼光比较"温和"地去对待这篇"理性得有些残忍"的文本，不至于学生被这"手术刀的寒光"所伤害，而这种渗透在语文教学中的高度自觉的生命关怀并不是每一个语文教师都有的。

自语 VS 对话

文学原是作者的自语，
却渐渐让我们从中听到人类的声音……

所谓自语，类似于"自说自话"，其实也就是"说自己的话"。如莫言所说："一个写作者所使用的语言，应该是属于他自己的、能够使他和别人区别开来的语言。一个写作者观察事物的视角，应该是不同于他人的独特视角……没有偏颇就没有文学，中庸和公允，不是我心目中的好的写作者所应该保持的写作姿态……趋同和从众，是人类的弱点，尤其是我们这些经过强制性集体训练的写作者，即便是念念不忘个性，但巨大的惯性还是会把我们推到集体洪流的边缘，使我们变成大合唱中的一个无足轻重的声音。合唱虽然是社会生活中最主要的形式，但一个具有独特价值的歌唱者，总是希望自己的声音不被众声淹没。"（《文学个性化刍议》）

加西亚·马尔克斯在巴黎的阁楼上读完卡夫卡的《变形记》后，曾经如梦初醒地骂道："他妈的，小说原来可以这样写！"对此，莫言说："那当头的棒喝，完全是来自卡夫卡小说中那种对于生活或是世界的独特的看法。……每隔些年头，就会有一个具有慧根的天才，从他的著作中，读出一些法门来，从而羽化成仙。"（莫言《清醒的说梦者——关于余华及其小说的杂感》）

所以莫言又说："只有个性化的作品，才是真正的文学；真正的文学必然地会揭示出人类灵魂的奥秘，而揭示人类灵魂的奥秘，不但是东亚文学的共性，也是世界文学的共性。"（《没有个性就没有共性》）"如托尔斯泰、陀思妥耶夫斯基、卡夫卡，他们的作品是从自己的精神世界出发，但也同时反映了广阔的社会。"（《作家和他的创造》）

诚然，自言自语是文学的起点，但它并不是终点。当代散文家刘亮程也曾说过："作家都是通过自己接近人类的，每个作家都希望自己最终发出人类的声音。但在这之前，他首先要发出属于自己的声音，一个有价值的作家要关注的恰恰是生活中那些一成不变的东西，它们构成了永恒。"（《一个人的村庄》）

自语式的言说并不意味着拒绝对话。文字令一个个孤立的个人得以沟通。即使是不同民族和时代的人，也能因文字把书写、阅读的现实性和永恒的精神价值联系在一起。王小波说："人在写作时，总是孤身一人。作品实际上是个人的独白，是一些发出的信。我觉得自己太缺少与人交流的机会——我相信，这是写严肃文学的人共同的体会。但是这个世界上除了有自己，还有别人，除了身边的人，还有整个人类。写作的意义，就在于与人交流。因为这个缘故，我一直在写。"（《与人交流》）

从自语走向对话，不仅是一种客观要求的必需，也是一种主观变化的必然。叔本华曾说："一旦我们的思想找到了文字表达，那这一思想就开始为他人而存在，它就不再活在我们的内在了。就像一个有了自己存在的婴儿一样——它已经跟母体分离了。"（《论写作和文体》）

文学作为一种自语式的言说，其实就是一种"在"的方式，也是对"在"的沉思。我们不仅能够从中听到作者自己的声音，也能听到人类的声音，听到人与人的对话，也听到人类与自然的对话。

在·思·语言
——《云南冬天的树林》生命课堂

【花絮】

我曾经追求完美。我总是只想要最好的（虽然这最好的通常与物质化的东西无关）。这是一种顽固到简直令我抓狂的天性。但我后来发现，完美其实是一群人的拥抱。我自己只是其中的一分子。所以我不必对自己寄予太大的期望，我只需尽己所能，然后安心地仰望上天赐予我们一群人拥抱的契机。当我们在这个美好的契机里拥抱的时候，完美的奇迹就会在瞬间发生。

语文组提前一天通知我第二天上午第2节上课，是督导检查。晚上我略做准备。早读时分，我让学生读了一遍课文：《云南冬天的树林》。文章很长。学生读得昏昏欲睡，我就让他们把喜欢的句子抄写在积累本上。早读结束时我说："喜欢这篇课文的同学请举手！"整个教室没有一个人举手。一个女生在下面嘟囔了一句："通篇都是废话。"

没想到一会儿又接到通知，第3节课才来听我的课（我当天有第2、3两节课）。第2节课正巧是一个女生做当天的课前"三分钟演讲"，一周前几个女孩问我本周以什么为主题，我随口说了句"森林"（当时还未确定讲这篇课文，也许潜意识里我比较喜欢树吧），她今天就带来了一篇极富童话色彩的原创散文，她横溢的才情和奇妙的想象配上班德瑞的《迷雾森林》，让每一个人的心都升至云端，飘向了远古的童话森林。

在这样的情境和氛围中，我顺势借她的音乐为大家的课文接力朗读配乐，让半数以上的同学都参与了朗读，音乐的介入拉近了我们与文字的距离，我明显感觉到了空气当中隐隐弥漫着的甜蜜的亲切。

一节课就这样在朗读中结束。

下面一节课，我直接进入教学。

【课堂实录】

师：同学们好！这节课我们一起来学习《云南冬天的树林》。首先请大家看一段圣经故事（图文幻灯片1：《旧约·创世纪》中巴别塔的故事）。"巴别"就是"变乱"的意思。请问同学们，以现在世界的光景来看，上帝让人类言语彼此不通的目的达到了吗？

生：我觉得没有达到。因为人们都在学习多种外语，各国之间还是可以交流。

师（笑）：好。有不同意见吗？

（生沉默。看起来无异议。）

师：都表示赞同？呵呵，有人不赞同！（图文幻灯片2）

如果人通过他的语言居于在的宣告和召唤中，那么，我们欧洲人和东方人也许是居于完全不同的家中……因而，两家对话仍然近于不可能。

（海德格尔《通向语言之路》）

师：海德格尔所说的"在"，就是"存在"，因为我们活在不同的"存在"里，所以我们各自的言说背后有着不同的蕴含，我们的"可以沟通"，往往是流于表层的。而且，那些言说往往会对我们形成一种"遮蔽"，成为我们的眼睛与世界的本真之间的一种障隔。由于语言的遮蔽而形成的人与人之间真正意义的沟通的不可能性，大约从巴别塔开始，直到现在仍没有结束。就好像作者于坚写的一首诗（图文幻灯片3）：

一匹马跑过草原
被诗人捉住
关进形容词的马厩里
骏马
死掉的马

（于坚《便条385》）

师：谁能告诉我这首诗在表达什么意思？

生：就是说，当诗人给马加上了一些主观的描绘，就将它的形象固定化了，这就会影响和限定我们对于马的理解和感知。

师：非常好！诗人的主观认识让客观事物失去了其原始的本真状态，当我们借着诗人的描绘来认知这一事物的时候，我们的感知就被诗人的主观言说给遮蔽了。希腊人称存在者的无蔽之境为"去蔽"（板书：去蔽），意思是，去除遮蔽，与在的本真状态相遇，到达其澄明之所。我们在这里看到有奇妙关系的三者：在、思、语言。（板书：在 思 语言）"在"经由"思"而成为语言，然而语言反过来又会影响我们的"思"，造成对"在"的遮蔽，使我们看不到"在"的真相。所以海德格尔说："在思中，在成为语言。语言是存在的家。"（《存在与时间》）（图文幻灯片4）

打个简单的比方：当我们需要传递"春天来了"这个讯息的时候，我们就需要"春天"这个语词做这个时令的载体，于是，语言成了存在的家。然而我们在接受"春天"这个语词的同时也接受了它的历史（世界上并不存在真正意义上的私人化语言），而且我们的语言同样可能被别人误读。因此于坚说过一句话：我们离不开语言。这个离不开有正负两方面的含义，从正的方面说，离开了语言，我们无法认识、组织、表达世界，包括表达我们自身。大家猜猜看他怎样解释负的方面？

生：就是说，别人的语言也会影响我们对事物本真的认知，在我们与事物之间形成一种阻隔。

师：非常好。因此，作者于坚在这篇散文中努力去除他者的语言带给我们的遮蔽，甚至尽力去除他自己的语言带给我们的遮蔽。（图文幻灯片 5 出示课文标题、作者）请大家看看文章可以分成几个部分。

（生浏览。确定可分为两个部分：云南冬天的树叶、云南冬天的树林，从第 7 自然段末划开。）

师：好，现在让我们来看看，对于云南冬天的树叶，作者怎样为我们去蔽。说到冬天的树叶，你脑海中会浮现出一些什么词语？

生：枯黄、萧条、败落、凄凉、生命凋零的伤感……

师：这些感受都从哪里来？

生：古诗词凡是写到落叶的意象，基本上都这样。

师：很好。诗人和词人的语言对我们形成了遮蔽，我们由此形成了定式思维和固形认知。然而于坚为我们除去了那些形态和意绪的笼罩，让我们看到不一样的世界。（图文幻灯片 6：云南冬天的树叶）请一位同学为我们朗读第 1 自然段（指名读）。

（一生配乐朗读）

师：云南冬天的树叶是怎样的呢？用文中的词语来回答。

生（齐）："苍绿"、"葱茏"。

师：好。而且这些绿色范围大不大？文中是怎样形容的？

生（齐）："无边无际"。

师：很好。在江南，冬天也偶尔会看到一两棵树或一两种树仍然保持绿色，但在云南，这绿色却是无边无际的！（图文幻灯片 7：一片葱茏）一点冷落的迹象也没有，并且，绿叶一直到三月份也不落去，在树上直接从冬天过渡到春天！而作者也知道，之前在我们头脑中，冬天的概念充满了哪些意象？

生（齐）：乌鸦、雪、棉袄、围巾……

师：在云南，冬天这个概念又是什么呢？

生：教科书上的文化、当地诗人想象的浪漫童话、外省旅人口中的传奇故事……

师：很好，作者如话家常，娓娓道来，一点一点去除别人的言说在我们心中形成的遮蔽，让我们看到云南冬天的树叶与我们想象的完全不同，它充满了绿色的生机。然而紧接着，作者又开始去除他自己的语言对我们形成的遮蔽：虽然云南冬天的树叶一片葱茏，却并不表示它们就不会死去。他怎么说的？

生（齐）："然而，树叶同样会在云南死去。"

师：在江南，季节就是命令。（图文幻灯片8：季节命令）春天来了，树就次第发芽；秋天到了，树就纷纷落叶。云南冬天的树叶的死，是否也是季节一声号令，它们就整装待发呢？

生（齐）：不是。

师：好，我们请一位女同学为我们朗读第4自然段，看看云南冬天树叶的死与我们想象和理解的有什么不同。

（一女生配乐朗读。）

师：谢谢。朗读情绪很在状态。只是有一处重音的处理我觉得有待商榷："每一片叶子的死亡，仅仅是这片叶子的死亡，……它并不指望自己的离去同时也是一整个季节的结束"这一句中的"这片叶子"，她把重音放在了"叶子"上，揣摩一下是否恰当？

生：我觉得不恰当。应该重读"这片"。

师：为什么？

生：因为作者的意思是说叶子的死亡是个体的，仅仅是"这一片"的死，不是全体死去。

师：很好。这一段末尾说"忽然看到一簇色彩斑斓的红叶，人会感到触目惊心、热泪盈眶"，为什么？

生：因为树叶的死亡本身是一种选择。

师：一种自觉自愿的选择！是单个的，是独立的个体的选择！它们拥有生命自主权，连死亡都是个性化的选择！还有其他理解吗？

生：因为"连绵不断的死亡和连绵不断的生命在云南的每一个季节共存，死去的像存在的一样灿烂而令人印象深刻"。

师：很好，落叶的死去非但不令人感到凄凉，反而有一种震撼人心的灿烂的美！很容易让人想起泰戈尔的诗句：生如夏花之绚烂……

生（齐）：死如秋叶之静美。

师：生与死，一样的美，一样的令人震撼、感动和难忘。所以作者说，一片叶子的落下就是一次什么？

生（齐）：辉煌的事件。

师："事件"这个词是小还是大？（图文幻灯片9：落叶事件）

生：大。

师：看起来是大词小用，实际也是作者在为我们去蔽。走在校园里，我们也常会看见一片片的落叶，但有谁会把它当作一个事件呢？"事件"这个词，在历史书当中出现得最多，若非大事，谈不上事件。然而，作者现在对我们说：除去他人的言说对你的遮蔽！一片叶子的落下就是一次事件！而且是辉煌的事件！他不仅细致地描绘了它落下时的全过程，想象了许多美丽的细节，甚至还郑重地记录下这"辉煌的事件"发生的时间——

生（齐）：12月31日下午4点10分51秒。

师：精确到秒！好，请同学们找出你最喜欢的几处描写，体会一下落叶的辉煌！

生：我最喜欢的有两处。一处是"它落下来，从本该为世界所仰视的地方，落到会被某种践踏所抹去的地方。它并不在乎这种处境的变化，它只是在风来的时候，或者雨中，或者随着一只鸟的沉浮，一匹兽的动静，在秋天或者夏天，在黎明或者正午，在它自己的时间内，这片树叶，忽然就从那绿色的大陆上腾飞而起，像一只金蝶"。我觉得这里把落叶写得具有了人的一种美德，很触动人心。它不患得患失，从容随缘，像一只腾飞的金蝶，像金子一样闪光的，不只是它的外形。

师：很好，作者借落叶在诠释一种人生境界。

生：第二处是"一片叶子的死亡令人感动，如果这感动引起了惆怅或怜惜，那么此人就不懂得云南的树叶。他是用北方的心境来感受云南了。实际上，死亡并不存在，生命并不存在，存在的只是一片叶子，或者由'叶子'这个词所指示的那一事物，它脱离了树和天空的时间，进入了另一种时间。在那儿具有叶子这种外形的事物并不呈现为绿色，并不需要水分、阳光和鸟群。它是另一个时间中的另一种事物"。我觉得作者这里写到生与死的时候，境界非常超脱。

师：又是去蔽：不要以北方的心境来感受云南。于坚有庄子"一死生"的思想。正因为庄子认为死生同一，才会在妻子死后鼓盆而歌，庄子认为"无"是首，"生"是脊梁的头，"死"是脊尾，生死是同属于一个整体的。于坚在这里也有类似的认知：树叶的存在不仅仅属于树和天空的时间，它还属于另一个时间和另一种空间。一片叶子落下，叶子的存在并没有消失，只是转换了形式。套用龚自珍的诗说，就是"化作春泥更护树"了。你的发现很有价值，可是为什么前面一节课我请喜欢这篇文章的同学举手时你和大家一样也没有举手呢？

生：读着读着就喜欢了，这篇文章需要静下心来读。这些文字其实是一种沉淀。当我静下心来读的时候，才跟它的灵魂相遇。

师（喜悦）：太好了！灵魂出场的文字需要灵魂在场的阅读！只有灵魂才可能与灵魂相遇！心灵相通才可能有真正意义的语言相通！大家继续说。

生：我喜欢这一处："它从它的角度，经过风的厚处和薄处，越过空间的某几层，在阳光的粉末中，它并不一直向下，而是漂浮着，它在没有水的地方创造了漂浮这种动作，进入高处，又沉到低处，在进入大地之前，它有一阵绵延，那不是来自某种心情、某种伤心或依恋，而是它对自身的把握。"我觉得落叶有自己的生命方向，有艺术创造的灵感，即使有绵延，也不是由于伤心或依恋，而是一种旅行者的姿态。

师：非常好！继续！

生：我喜欢落叶最后的归宿："它们所往不同，一片在山冈斜坡上，一片在豹子洞穴的边缘，有两片在树的根部，还有几片，踩着风梢过了红色沼泽。"让人感觉落叶非常浪漫，它们最后的归宿地都富有美感和神秘感。

师：很棒！落叶不是奔赴一个死亡的坟墓，而是经过一场浪漫的旅行，到达了一个神奇美妙的童话世界！

生：我喜欢这一处："这些被叫作'落叶'的东西，看上去比栖居在树上的年代更为美丽悦目，没有生命支撑的花纹，凝固在干掉的底基上，有鱼的美，又有绘画的美；由于这些美来自不同时间内的单个的死亡，因而色彩驳杂，深浅不一，缺乏某种统一的调子，它们的丰富使'落叶'这个词显得无比空洞。"我觉得作者把我们概念当中的萎败的落叶描绘得很美很丰富。有色彩，有图案，这些色彩和图案赋予了没有生命支撑的落叶以崭新的生命。

师：真好！作者复活了"落叶"的概念，还原了种种细节！把它由一个干枯的名词变得有形有色！相反，在落叶的美丽面前，诗人的言说反倒显得苍白贫乏，像"落叶"这个干枯的词语一样。那么，云南冬天的树林，又是怎样的呢？（图文幻灯片10：云南冬天的树林）

在云南冬天的树林中，是一种怎样的心情？

生（齐）：归家的心情。

师：何谓"归家的心情"？

生：就像第8自然段中说的："生命和死亡，一个在树上，一个在树下，各有自己的位置。在树上的并不暗示某种攀登、仰视的冲动；在树下的并没有被抛弃的寂寞。"无论你的生命处于一个向上走的阶段还是走下坡路，在家里，你都能够得到完全的接纳。

师：很好，就像四季轮回一样，人生总有起落。但在家里，没有任何功利的价值标准，只有爱和接纳。实际作者在这里仍旧想帮助我们"去蔽"：不要落入所谓绿叶象征着繁荣向上，而落叶意味着衰败凋零的俗套，要去除他人言说的"遮蔽"。无论在树上还是在树下，生命都有不一样的美。

生：还有，"内心充满的不是孤独、反抗或期待（期待另一个季节），不是忍受，而是宁静、自在、深思或倾听"。

师：心灵在这里获得了最本真最完整最纯粹最敞开的满足。在这里，人唯一的愿望是什么？

生（齐）：躺下。

师：躺下，这一姿态有哪些意味？

生：是一种观察的视角，也可以看作一种心理姿态，放下万物之灵长的身份，亲近自然。

师：很好，放下万物之灵长的架势，同样是一种去蔽。在自然万物面前，人必须放下自己的优越感，不要想去居高临下指点江山，躺下，平和地看待生死，融入自然，享受自在，安常处顺，随缘自适。现在让我们来看看，躺在那儿，人能做些什么呢？（图文幻灯片11：躺下）第9自然段——

生：享受林中的自然风光。

师（图文幻灯片11：林中的"在"与"自在"）：先是享受着林中的形、色、光、味、音，到最后连倾听也放弃了，物我同一了。真正进入一种"自在"的状态了："你们并不意识到'在'，只是在着，在那儿，冬天，山中的某处。"

第10自然段——

生：看黑蜘蛛。

师（图文幻灯片11：黑蜘蛛的自足自在）：作者形容黑蜘蛛说："自足自在的昆虫，守着它那一份很小的天堂，一动不动。"这种自足自在，是人类所没有的。

第11自然段——

生：看鸟。

师（图文幻灯片 11：鸟的最无作为的自在）：作者说鸟的生活是一种最无作为的自在，鸟的世界里没有功利的价值标准，没有建功立业的雄心，只与自然融为一体。作者甚至嫉妒一只小鸟聆听到的世界，那一定是人类以芜杂的心灵无法聆听到的美妙与澄净。

第 12 自然段——

生：看蚂蚁。

师（图文幻灯片 11：蚂蚁的紧张、勤奋、团结、严密）：一切源于心思的单纯。

第 13 自然段——

生：看光，以及光退去后暗中的景物。

师（图文幻灯片 11：光及暗中的错觉与真相）：在光中，人对眼前的事物产生了丰富而美妙的错觉，心中充满了命名的兴奋和喜悦。与此同时，万物之灵长的感觉渐渐回来，人类的自大同样是人在自然面前对自我的错觉。而到了黑夜，人的真相就暴露出来了：在比自己更强大的生命面前，被恐惧和自卑所占据。人在白天指点江山赞美描述的树林，现在像一个陷阱。而树林的真相此刻却完全隐没了，而且因着人的离去而永远隐没，无以言说。（幻灯片 11：人对树林的错觉，人对自己的错觉；人的真相，树林的真相）但是，树林的真相有没有因着人的无以言说而消失呢？

生（齐）：没有。

师（图文幻灯片 12）：

在

它在着，不需要言说
在世界的念头之外
在明朗的高处
在阴暗的低处
在云南冬天那山冈上的树林上

一个富有诗意的结尾。这仍然是一种"去蔽"：即便人逃离树林，语言逃离了存在，但存在仍然"在着"。它是神秘的自在者，不以人类的言说为转移。

思不能决定"在"，然而，"我思故我在"，"我们全部的尊严就在于思想"。所以，我们的言说就不能人云亦云，而要努力破除他者语言的遮蔽，用我们自己的眼睛和心灵去追求思与在的本质性的、无阻隔的相遇，就像于坚所说的，"竭尽全力去抵近我们的对象"。这样的言说，既是一种自语，也是一种对话。

好，今天的课就上到这里，下课！

生（齐）：老师再见！

师：同学们再见！

【我教我说】

完美是一群人的拥抱
——《云南冬天的树林》教后记

关于时间

这篇长文的教学，至少需要两个课时。但为了让听者了解我的教学层次，我必须将可以听的那个课时留给听者。

第一课时我顺势借班德瑞的音乐为大家的课文接力朗读伴乐，半数以上的同学都参与了朗读，音乐的介入拉近了我们与文字的距离，我明显感觉到了空气当中隐隐弥漫着的甜蜜的亲切。上完公开课我才进一步发现：对朗读的重视，怎样都不为过。要尽量花样百出，人人参与。而且，配乐朗读值得大力提倡。音乐是心灵的语言，能够消融一切隔膜。所以配乐朗读值得大力提倡，不过如何选择合适的音乐，需要音乐素养、对艺术美的敏感，甚至需要好运气。

等到讲公开课的时候，就是我们的第二课时了。用一个课时来进入这么长又这么美的文本，其实仍旧是会感觉仓促的，所以我还是做了适当的取舍：师生共同细读第一部分"云南冬天的树叶"，而第二部分"云南冬天的树林"各段内容都只用一句话概括带过，过后也不想再多讲了，学生自己可以领会的东西就没必要花太多时间。思维一旦打开，后面的理解就会势如破竹。长文教学，要勇于大刀阔斧。

关于目标

这一课的教学内容侧重于哲学思维的培养，文学熏陶是每一堂课都在做的，难得遇到这样一篇诗与思、文与哲完美融合的文章，进行哲学思维训练的机会不容错过。所以这堂课，文学方面的熏陶相对而言稀薄一些。

生命语文教育的目标是赋予学生以丰富的感性体验、精准的理性认知、美好的知性素养，这是一个以生命为轴心的三维空间。不同文体的文本，学生从中收获到的东西是不一样的，但同样都对生命有益：有些文本偏重于感性经验的获得，可锻炼学生的感受力、理解力、想象力；有些文本偏重于理性认知的获得，可锻炼学生的判断力、整合力、解释力；有些文本偏重于知性素养的获得，可锻炼学生的鉴赏力、思考力、创造力。

第一维（"丰富的感性体验"）侧重于文本的素材价值，帮助学生从中获取直接的人生感知与情感体验；第二维（"精准的理性认知"）侧重于文本的工具价值，帮助学生从中获取客观知识与基础能力；第三维（"美好的知性素养"）侧重于文本的生命价值，帮助学生从中获取审美情趣、艺术修养和人生智慧。

一个文本和我们相遇，它能够呈现出怎样的价值和内涵，由三方说了算：源客体、近主体、远主体。

项贤明的"交往的主体观"认为：教育主体既包括学生也包括教师；教育活动就是两类主体共同占有、利用客体的共同操作过程。生命语文认为，教材等教育资源是源客体，学生是近主体，教师是远主体。远主体在参与对源客体的享用和再创造的过程中，最忌成为近主体与源客体之间的一种障碍。远主体必须明确自己的位置，并明确自己负有双重任务也享有双重收获，那就是不仅在一个高度上去占有、利用和不断地发现源客体的已有价值和潜在价值，而且对近主体与源客体之间的关系要有一个艺术化的调控。在三体互动的过程中，源客体本身的意义和价值会不断生成，近主体和远主体的生命也会获得不同层面的生长。三者之间丰富的互动，如同多媒体的交互生成，能够孕育无穷的美好和未知的力量。

关于完美

世上没有完美，但有一个词可以替代完美，那就是：幸福。如果在你的课堂中，你自己和你的学生都能够感受到幸福，那就是完美。获得这种幸福感的频率决定你对这个职业热爱的程度和对人对己的肯定指数。

任何时候，我们都当知道，生命的本质是独特的。任何人的言说都不能取代主体生命的独立思考和独特体验。生命课堂需要对生命足够的尊重，并且，需要有足够的谦卑：也许在这一堂课中，得到帮助的是我。

今天我很好运。如果没有合适的音乐，一定达不到这个效果。我事先没打算用音乐给他们伴奏。我非常喜欢这篇文章，所以以为他们也一样喜欢，便没想运用任何辅助手段。有些事情真的很奇怪。有时候我做了最完善的准备，结果并不如意。有时候我很随意甚至很仓促地去上课和生活，反而会有一些人和力量意外出现，补足我的缺乏，让我感恩莫名。

这样被拥抱着的生活，应该称得上完美了。
在这样的春天，我很满足。

附：

童话森林
苏州新区第一中学高二（3）班　吴鋆昕

每个人都有属于自己的一片森林，也许从未抵达，但它一直在那里。

——题记

当一米半的日光触及三寸的微草，森林醒了。啄木鸟轻轻的叩门声由远及近，由近至远，吵得很安静。但森林里的雾气正悄悄地浮动着不安的小情绪。

有一只揣着怀表、会说话的兔子先生急匆匆地赶着路，快些跟上它，穿过一个兔子洞，就能到达一个神奇的国度。

在开满奇花异草的林荫小道上，穿着红舞鞋的女孩子，轻快地跳着弗朗明戈，系在脚踝处的蝴蝶结幻化成宝蓝色的燕尾，绕着裙摆划着自由的弧线，再翩翩落下，在泥淖里开出一朵蓝莲花。

莽撞的小鹿一脚踩进泥淖，四处迸溅的泥浆弄脏了身上朵朵红梅，它要去找白雪，告诉她猎人要她善良的心脏。走近小木屋，透过干净的玻璃窗，白雪和小矮人们正睡得香甜。你看，爱生气就连睡觉都嘟着嘴，糊涂蛋睡在了爱哭鬼的小床上，难怪爱哭鬼苦着眉呢。一定是刚刚打扫完屋子，锃亮锃亮的口琴还残留着白雪甜美的歌声，木制衣柜的抽屉里，谁破了洞的旧袜子掉了出来，那衣柜的背后，是否还有一个皑皑的冰雪王国，姐姐暖暖的眼泪能融化弟弟眼中的陌生吗？他们还能再在清晨的阳台上数蔷薇吧。

小鹿把自己的心脏交给了猎人，皇后又一次只收获到恼怒，白雪等到了王子，而小鹿的心口正跳动着一颗晶纯的玻璃心。

时间女神换上了绒绒的黑呢子幕布，随手洒了一把星子。有些在深蓝深蓝的夜空中静静闪烁，有些落入小溪荡起层层金亮的水波，有些闪成了萤火，在芦苇丛里尽情穿梭，忽明忽暗，让人寻不到黑夜的尽头。

夜晚的狂欢开始了，你能看到脾气暴躁的红桃皇后抱怨着这个太少，那个不够。神气活现的红桃杰克逗得豌豆公主前仰后合，竟忘记了背后有个豌豆大小、还酸痛着的圆圆青斑。

旋转木马成了孩子们的天堂，晚风把欢笑声送到了天上，吹走了一片快要落雨的乌云。

绚烂的烟火照出每个人幸福的脸庞，真希望时光能永远像这样。

不过，你要小心那盘旋在古堡上的秃鹫，别让它告诉巫婆的水晶球，王子别一不小心就变成了青蛙。

夜渐渐深了，森林里就上演了仲夏夜之梦，精灵们继续着夏至的传说，悄悄地把绿宝石种在了谁的心里，心爱的人会让它结出一只熟透了的红苹果。

十二点的钟敲响了，旋转木马停止了奔跑，留给孩子们一个华美的梦，南瓜马车带走了灰姑娘，只有 17 级台阶上的水晶鞋告诉着王子她的方向。

最后一朵彼岸烟火，在空中孤独绽放，绽放后隐匿了踪迹，有些呛鼻的气味回味着它的留恋。

小溪回到了海洋，海面腾起点点泡沫，像是谁眼角化不掉的泪，在炙热下还反着心疼的微光，每一个都映着王子的脸庞，请让她变成一道光，每日清晨还能守护在他身旁。

树叶上的小水滴落入耳畔，我听见了春天的声响，燕子带回了拇指姑娘，我睁开双眼惊醒了一段梦。

你若丢了自己，去到自己的那片森林，迷失的终将找寻，散离的总会重逢。

【评点】

作者把数不清的童话编织起来，将童年想象中的森林装点得熠熠发光。那不仅仅是森林，不仅仅是童话，也不仅仅是童年，更不仅仅是想象的游戏。她心里种植着一个纯美的世界，无论她的人生延展到何方，她随时都可以轻轻推开一扇柴门，进到那个神奇的林中部落，和最初的自己相遇，和最真实的自己相遇，也和那些童话中最美好的生命相遇。在那里，迷失的，将被找寻；离散的，将会重逢。一个人只要拥有自己纯美的精神家园、纯真的赤子之心，就永远能够找着回家的方向，并从中得着前行的力量。当内在世界的光明照亮自己的眼睛，你就能看见外面世界的美丽。

紧紧抓住语文学科的"独当之任"
——读熊芳芳老师《云南冬天的树林》课例有感

天津市教育教学研究室　龙祖胜

　　于坚以世俗化、平民化的风格作为自己的创作追求，作品平易却蕴深意，是少数能表达出自己对世界哲学认知的作家。苏教版高中选修教材《现代散文选读》所选于坚的《云南冬天的树林》可以说是一篇诗化的哲理散文。对高中生而言，这的确是一篇难以理解的文本，加之又是长文，面对这样不好对付的课文，熊老师却能凭借深厚的文本解读功底，在把握文本深刻内涵的基础上对文本的"教学价值"作了合理的取舍，达到了较好的教学效果。入课前熊老师通过引入圣经故事（巴别塔的故事）和海德格尔、于坚等人的语料引导学生理解"去蔽"——"去除遮蔽，与在的本真状态相遇，到达其澄明之所"。这样就很好地为学生理解全文搭桥铺路。我在这里要提出的是熊老师之所以能这样巧妙地导入课文，或者之所以要这样导入课文，我想这与她备课时对文本深刻内涵的独特理解有关。如果没有她的这种文本解读功底，不能读出对文本的独特感悟，就不可能"有意"设计出这样巧妙的导入，更不可能在课上游刃有余地引导学生走进文本，读出学生的感悟（从课例中看出，在熊老师的引导下，学生的确迸发出了很多智慧的火花）。这就启示语文教师一定要苦练文本解读的内功。这也是本课例给我的第一点启示。

　　本课例给我的第二点启示是，语文阅读教学一定要紧紧抓住语文学科的"独当之任"，让学生主动学习。叶圣陶先生曾说："训练思想，就学校课程方面说，是各科共同的任务；可是把思想、语言、文字三项一贯训练，却是国文的专责。"可见，语文教学的根本任务就是全面提高学生的语言素养，让学生在积累、感悟、品味、运用语言等实践活动中，丰富发展语言，并在语言教育中形成和发展人的精神世界。教师在阅读课上的一项基本任务就是要引导学生进入到文本词句的内在含义中去，吟味把玩文本词句本身的韵味，要通过阅读教学引导学生对所读文本的精要处——一字一词间内涵的幽微意蕴，一句一段中跳荡的节奏张力，乃至语句中的微言大义、言外之意——下一番字斟句酌的功夫。只有这样，阅读课才能上出"语文味"，才能够真正培养起学生良好的语言感觉和语文素养。语文教学只有完成这一步，才能算是真正上了一堂语文课。以此来观照本节课，我们可以看出熊老师在教学内容的挖掘和选取上的确动了一番心思。在第二课时，教师在正式入课后，先是简要地引导学生理清文章的思路和结构（将全文划分为两个部分），之后便进入了本课的核心环节：教师积极引导学生在读的过程中亲近语言，比较、玩味、体悟，逐渐地走进文本，与作者交心。这样一来，整个教学的主要精力就放在文章的语言和全文所表达的哲理思考方面。可以说，教师根据课文的哲理散文文体特征和高中生的实际能力，较好地确定了整节课的教学内容亦即学生学习本文的学点："以文悟道"——把握作者通过"云南冬天的树林"中的景致所要表达的哲理思考；"以道悟文"——结合课文的哲理思考来品味语言，体会本文语言的形象、诗性等特点，体悟作者的表达之妙（如对"事件"、"归家的心情"、"躺下"等词语的品析），从理解文章的哲思中领悟出作者驾驭语言的功底与艺术。整个教学过程熊老师都非常注重引导学生"自己去跟作品打交道"，让学生长时间地沉浸到文本中去，不断涵泳，不断品味，不断感悟。这样的教学对当下很多空谈人文、虚化语言的语文课做了很好的矫正。我认为，语文学习如果缺少了"学生"接触语言、品味语言、运用语言的实践活动，就不可能成为真正的语文学习。

当然，观课的视角不同，得出的结论也会各异。如果从选修教学的角度来看本课的教学，我认为也还有可商榷之处。选修课是在必修基础上的拓展与提高，因此，选修课教学在教学内容上应具有一定的选择性，教学方法上应满足学生个性化学习的需求，在思维的深度和广度上应做适度的拓展和提高。特别是在当前还没有真正完全根据学生的兴趣与个性爱好实现走班选课的情况下，更应凸显选修课的"选"字。这样才能让不同层次的学生都能有所收获，有新的发展。为此，教师应设计不同层次的主问题，安排不同要求的学习任务，让学生在选修课的学习中有学习方法和学习内容的个性选择。而本节课的教学基本上还是必修课的教学方式，学生在很大程度上还是在教师的引导下步调一致地完成共同的学习任务，选修课教学中学生的个性化学习没有得到很好的体现。需要说明的是，选修课程必修化（没有实现学生按需依趣选择课程）、选修教学必修化（选修教学与必修教学同质化）是本次高中语文新课程实施过程中存在的共性问题，选修教学如何"化个为类"、点面结合地处理好单篇和单元、共性和个性、自修和讲读、精读和略读等关系，值得我们研究和思考，也需要广大教师在不断的教学实践中丰富、提高。

"教什么"很重要

天津市河西区教育中心　李玉山

看过一些老师对《云南冬天的树林》这篇散文的教学设计与教学实录，在"教什么"的问题上尽管各有侧重，但基本上仍是沿袭对文本做阐释式解读的老路子：梳理思路，划分文章的层次；每部分写了什么，是怎么写的；概括文章主旨，归纳写作特点。其中大部分内容是《教师教学用书》的克隆（较好的则做了"换言表述"）。这样的教学内容，大部分学生通过阅读能够自己把握，这样的语文课对他们来说就是无所期待与满足的，是没有"可学的"；这样的课，即使教学形式再新颖，方法再多样，课堂再热闹，学生也很难有实实在在的收获。

熊芳芳老师把文本中的哲学思维作为教学的侧重点，无疑抓住了问题的关键。熊老师在教学伊始提到了"去蔽"这个词，我认为，教师备课过程中也要有"去蔽"的意识，即要在不参考任何资料的情况下，教师要"先行进入文本"，获得对文本的独到感知。不是不可以借鉴已有的研究成果，教师要学会对已有的成果进行有机整合，同时考虑到教学对象的学习期待，才可能把文本的教学价值开发到最大。《云南冬天的树林》摆脱了传统散文的抒情、言志的套路，作者笔下的落叶、蜘蛛、小鸟、蚂蚁、光影等，也与人们思维惯性中的形象有所差异，他融合了东西方哲学中关于生命、存在的精华，以自己独特的视角去关注、思考之。而这，恰恰是高二学生阅读时的一大障碍。我想，熊老师以哲学思维为教学重点，应该是有这样的考虑在内的。

"教什么"是核心，决定着教学形式、教学方法等诸多方面。熊老师的导入，从对海德格尔的话与于坚的诗的阐释入手，很自然地将学生的注意力引入到对文本中的哲学思维的分析上。这节课，由于教学内容恰当，详略取舍得宜，加之铺垫、引导得法，课堂上有很多高质量的生成。值得一提的是，对学生的发言，熊老师除了给予较得体的评价外，还常有精妙的点拨，如对"事件"这个词的解析，对庄子"一死生"思想在于坚作品中具体体现的阐发，对于坚笔下落叶象征意义的强调等，在让学生对"去蔽"含义有了形象理解的同时，也将学生的思维引向开阔的高地。

当然，对该文的教学，熊老师的方案是合理的，但不是唯一的。比如，还可以从文章生成的角度引导学生做如下分析：文章题目是"云南冬天的树林"，为什么却把大半的篇幅给了"树叶"？为什么要写到落叶、蜘蛛、小鸟、蚂蚁、光影？还可引导学生对文本做质疑式解读，对文本的内容与写法提出不同于"定论"的看法并展开讨论，如：于坚的散文是否真的如有些评论所言"去除语言的'遮蔽'，避免主观上的想象与夸张，力求客观描述事物的真实状态"，达到了"叙述、描写与议论的完美结合"？文中对树叶等的描写是浓墨重彩还是堆砌繁复？等等。当然，如果学生的基础较差，把教学的重心放在前文所述的阐释式解读上，"难点"内容则以教师的讲述为主，这样处理也未尝不可。

从"'去蔽'之旅"看文本教学的"奉读"
——浅议熊芳芳老师的《云南冬天的树林》教学

天津市滨海新区塘沽紫云中学　苗利军

我阅读了苏教版高中选修教材《现代散文选读》"文字绘出的图画"单元中的《云南冬天的树林》。这篇冗长的散文是诗人于坚的力作，有着诗一般跳跃的感性和哲学意义的知性特征，我猜想这样意识流风格的散文如何做到"文字绘出的图画"这般境界。用中国写意的手法肯定不行，文本的描述太过于饱满，感性和知性的语言交融在一起，让读者迷失在语言的深林里，很难形成简约而不失蕴藉的画面。借助文本的饱满"言语"，倒是可以试一试油画的风格，油画写实的逼真可以实现"光色影形"的表达，但文本的"知性养分"就很难传达。

我第一次读于坚的《云南冬天的树林》，就与熊芳芳老师在教后记中所记述的"女孩"感觉一样——"通篇都是废话"，于是就觉得这个小女孩就像《皇帝的新装》里说真话的"小男孩"一样，以"无忌"之心说了一句"大实话"。后来，我又读了一遍文本，觉得这个小女孩说得有点"过"，应该改成"通篇不全是废话"。于是，我就想起了郁达夫的《故都的秋》，那一幅幅故都的"小写意"，就像中国古典的诗词，言有尽而意无穷，感性的体验与知性的境界借助简约的言语自然调和，根本不用花费太多的气力"去蔽"，我们读者就收获了文字、文学、文化、哲理的精髓。而《云南冬天的树林》的言语之"蔽"太多，让我想起了电视剧《武林外传》中的吕轻侯用玄妙的知性言语对付姬无命一样。

　　我用眼睛和心灵观察了熊芳芳老师的教学实录，不由得对熊老师的教学境界肃然起敬，她的诵读、导读策略，拨云见雾，四两拨千斤，硬是把曾是"昏昏欲睡"的学生，还有我这样对文本的言语绕得不知所以的高中语文老师，从文本的"森林"里引导出来，豁然开朗，较为清楚地了解了作者于坚的文思、情思、哲思。正如熊芳芳老师在教后记文尾所论述的那样："生命语文认为，教材等教育资源是源客体，学生是近主体，教师是远主体。远主体在参与对源客体的享用和再创造的过程中，最忌成为近主体与源客体之间的一种障碍。远主体必须明确自己的位置，并明确自己负有双重任务也享有双重收获，那就是不仅在一个高度上去占有、利用和不断地发现源客体的已有价值和潜在价值，而且对近主体与源客体之间的关系要有一个艺术化的调控。"

　　说到这里，我想说，熊芳芳老师"教"的功夫了得，成功地为学生和文本清除了"障碍"，完成了"去蔽"大业，借助文本的"言语"为学生"去蔽"，让学生从文本的"言语"中重构了"云南冬天的树林"的"真实存在"，而且还建构了"生命哲学的存在"。文本的教学之旅就是"'去蔽'之旅"，精读第一部分，抓住文本摹状"云南树林的树叶"的关键词句，理解"云南树林的树叶"的"生命特征"，师生合作对作者"云南树林的树叶"的知性感受进行了独特的体悟解读，没有纠缠于那些"跳跃"的知性语言。对于"躺"下"看"云南树林的"黑蜘蛛"、"鸟""光"，以及"光退去后暗中的景物"，享受自然的"文本言语"，熊芳芳老师更是"长袖善舞"，化繁为简，"各段内容都只用一句话概括带过，过后也不想再多讲了，学生自己可以领会的东西就没必要花太多时间。思维一旦打开，后面的理解就会势如破竹"。熊老师就是这样进退自如地为学生"去蔽"的。我的确钦佩熊芳芳老师

"长文教学"的"取舍"功夫。

但是，有一点要与熊芳芳老师商榷。明明这篇文本"遮蔽"如此之多、让学生"昏昏欲睡"，却要把"去蔽"之"美德"完全转让给作者于坚，未免太谦虚了。挖掘文本的精华，为学生找到"去蔽"的路径没有错，但是面对文本的"言语"给读者带来的"遮蔽"，却要与学生不遗余力"奉读"文本，就未免失之偏颇。我认为，文本阅读有三个使命：探究文本的未知世界，反思文本的存在世界，创造文本的未来世界。熊芳芳老师在引导学生"探究文本的未知世界"方面做得清、做得精、做得透，可是在"反思文本的存在世界，创造文本的未来世界"方面，则显得有点"谦让"，与其倡导的"长文教学，要勇于大刀阔斧"有些距离。更何况这篇文本真的有"言语缺陷"呢！如果无视文本的"言语缺陷"，而只顾"去蔽"奉读，会对我们的学生产生怎样的影响呢？

间离 VS 重建

文学创造一种生存世界与艺术世界的间离，

却又重建一个丰富、圆满的心灵世界……

法国 19 世纪杰出的文学批评家、文艺理论家、美学家泰纳说过这样一段话："在平地上我宁可碰见一只羔羊，不愿碰见一只狮子，但是，在铁栅后面，我更爱看见一只狮子，不爱看见一只羔羊。艺术便是这样一道铁栅，它消除了恐怖，而保存了情趣。有了这种保障，你可以既无痛苦而又无危险地饱看奇景：猛烈的情欲，伟大的斗争，无情的苦痛。"（《巴尔扎克论》）

这就是文学所创造的一种间离，它将生存世界与艺术世界拉开一个合适的距离，好让我们清晰地看见整个生活世界的全貌，有时我们能够看见一些我们从未看见过的世界，有时我们又能看见别人身上自己的影子，看见历史车辙上现实的足迹。这些，全是因为有了间隔和距离。又因为有了间隔和距离，站在不同角度和距离去欣赏的人，便会看见不一样的风景。

这也就是余华在他的小说的宣言书《虚伪的作品》中所阐述的："人类自身的肤浅来自经验的局限和对精神本质的疏远，只有脱离常识，背弃现状世界提供的秩序和逻辑，才能自由地接近真实。"

奴性生命的"负觉解"

——《一个文官的死》教学实录

师：今天我们一起学习一篇小说。大家拿到文章了吗？

生（齐）：拿到了！

师：告诉我标题。

生（齐）：一个文官的死。

师（板书标题）：作者？

生（齐）：契诃夫！

师（板书作者）：从篇幅来看，这是一篇什么样的小说？

生（齐）：短篇小说。

师：小说的三要素是？

生（齐）：人物、情节、环境。

师：情节一般分为哪四部分？

生（齐）：开端、发展、高潮、结局。

师：这个故事的开端是？

生（齐）：主人公打了一个喷嚏。

师：发展？

生（齐）：为此再三道歉赔罪。

师：高潮？

生（齐）：被将军呵斥，让他滚出去。

师：结局？

生（齐）：死了。

师：一个喷嚏导致死亡？！是不是太夸张了？

生：是很夸张。本来只是一件小事，但因为对方的身份是将军，他就被吓破了胆，惴惴不安，终于备受折磨而死。很讽刺。

师：很好！因为对方是将军！"将军"在契诃夫的小说里面出现过很多次，它成了一个意味深长的权力符号，我们很容易联想起我们初中学过的——

生（齐）：《变色龙》。

师：对，围绕着那条狗的主人是不是将军这一问题，警官奥楚蔑洛夫处理事件的态度出尔反尔，极尽媚上压下之能事。

生：我觉得虽然很夸张，却也有真实性。主人公只是一个小小的庶务官，大人物得罪不起，在当时的社会，他一定承受着巨大的生存压力。

师：说得好！夸张，是为了强化讽刺的效果，是一种艺术的真实。以当时的社会，在强势族群面前，弱势族群不仅活着的时候承受巨大的生存压力，就连死的时候也无立锥之地！1904年，契诃夫的遗体从德国疗养地巴登韦勒运回俄国时的情状，就像是一篇绝妙的"契诃夫式"的小说：到火车站去迎接他灵柩的亲朋好友，在一个军乐队的演奏声中，竟然找不到他的灵柩——那个庄严肃穆的军乐队，原来是用来迎接同车到达的一个将军的灵柩的。一阵忙乱之后，人们好不容易才找到了契诃夫的灵柩——他的灵柩居然混放在一节赫然写着"牡蛎"的车厢里。事后，高尔基愤怒地写道："车厢上肮脏的绿色字迹，就像那些得意洋洋的凡夫俗子在精疲力竭的敌人面前放声狂笑。"小说家人生终点上的这一幕，再度印证了他的那些讽刺小说具有高度的真实性！这篇小说的主人公切尔维亚科夫从一个喷嚏走向死亡，从最直接的原因来看，都是什么惹的祸？（板书：都是_____惹的祸）

生：唾沫星子！

师：很好！唾沫星子！（板书"唾沫"）切尔维亚科夫觉得自己的唾沫星子溅到了将军的身上，所以惶惶不可终日！但——他的唾沫真的溅到了将军身上吗？这件事情是确定的吗？

（大家略感意外，低头看文章，沉默有顷。）

生：不一定。

师：何以见得呢？

生：因为第1段中说他："低下头去，于是……啊嚏！！！"他是低下头去打的，将军坐在他的前一排，不可能溅到他的身上。

师：那将军为什么要用手套使劲擦他的秃顶和脖子呢？

生：可能戏太精彩了，他看得太投入了，出了汗。（生齐笑）

师（笑）：分析得有道理！很会读书，注意到了文中的细节描写。大家再看看还有其他依据吗？

生：我觉得可以从将军的几次答话看出来唾沫根本没溅到他身上。

师：哪几处答话？

生："简直是胡闹。……上帝才知道是怎么回事!"还有后面的:"你简直是在开玩笑,先生!"

师:哦,从对话中发现。对这件事情,他简直觉得莫名其妙!天知道是怎么回事!那么前面为什么他会接受道歉,说"没关系"呢?

生:他可能根本没听清对方在说什么,他聚精会神地听戏,不想被打扰。

师:很好!可怜的切尔维亚科夫本来很有绅士风度地小心翼翼地打了个喷嚏,他本来"一点也不慌",没觉得有任何不妥,然而当他发现前面坐着一位将军,他的安全感霎时消失殆尽,随后便为这样一个并不确定的事故一而再再而三地赔罪,执着地追求得到将军的谅解与宽恕,为此绞尽脑汁费尽唇舌,没料到反而招来了毁灭。所以我们可以说,都是唾沫惹的祸,不仅仅是之前的唾沫星子,更是后来唾沫横飞的解释与赔罪!然而如果我们更深入地去思考,你会发现真正惹祸的不是唾沫,而是因为唾沫犯的错而想用唾沫去纠错这一行动背后的心理,是这种心理惹了祸。这是一种什么样的心理呢?

生:畏惧。

生:卑怯。

生:心虚。

生:生恐得罪。

生:犯罪感。

师:这些心理反映了主人公在将军面前有怎样的自我角色意识?他在将军面前好像什么样的一种身份?

生:奴隶。

师:说得好!奴隶!正是这样一种奴性心理惹的祸!(板书"奴性")那么,从哪些地方可以看出他的奴性?

生:他先前"一点也不慌",看到将军后马上"心慌了"。

师:前后形成鲜明——

生:对比。

师:很好!小小一个喷嚏本来没任何不妥,却被他这种奴性心理弄得无中生有,弄假成真。

生:从他去将军的接待室之前"穿上新制服"和"理了发"可以看出他的奴性心理。即使是去道歉,也要打扮得光鲜体面。

师:外貌描写,很善于发现!说明这件事和这个人在他心目中很重要,即使是这样不无尴尬的会面,于他而言,也是一场隆重的盛会!

生：从第 8 段中"他在看戏，可是他再也感觉不到心旷神怡了。他开始惶惶不安"可以看出他的奴性心理。

师：很好的心理描写，前后也有对比。"一个挺好的傍晚"，"一个也挺好的庶务官"，就这样被毁了。

生：从他觉得他妻子对这件事的态度"似乎过于轻率"也可以看出来。

师：他妻子是怎样一个态度？

生：她先是吓一跳，可是后来知道将军是在"别处工作"的，就放心了。

师：哦，"吓一跳"还不够，"放心"更不对。他觉得妻子的反应似乎过于淡漠了。反衬出这件事在切尔维亚科夫心目中的分量！我有一个疑问：这位将军的身份是作者设定的，作者为什么不把他设定为切尔维亚科夫的顶头上司，而是别的部门的呢？而且此人看来还算为人宽和，为什么不设定为一个气焰嚣张的将军？

生（齐）：这样更能够突出他的奴性心理！别的部门的长官尚且如此令他畏惧，何况顶头上司！若是气焰嚣张的将军，可能让人以为切尔维亚科夫畏惧的是这一个人的性情，而不是对权力的顶礼膜拜。

师（笑）：非常好。继续。

生：还有他对将军的称呼，也可以看出他的奴性心理。他口口声声称将军"大人"、"大人物"。显得——

师：奴颜婢膝，是吧？

生：是。

生：从他跟将军说话时低声下气的语气、断断续续的语速、微弱柔和的音量和诚惶诚恐的神情也可以看出他的奴性心理。

师：非常好！抓住了人物特征，表现了生活，形象生动，语言简练。

生：从第 20 段中他拼命解释自己的来意也可以看出他的奴性。他说："倘使我斗胆搅扰大人，那我可以说，纯粹是出于懊悔的心情！"他怕因为再三的解释打搅了将军而再次得罪将军。

师：好！他需要去为了唾沫而解释，又需要为了他再三的解释而解释。旧问题尚未解决，新问题又已产生，一个漫长的恶性循环，真是苦不堪言！

生：从他欲罢不能的态度可以看出他的奴性。第 23 段中他说："既是这样，我也不想再给这个摆架子的人赔罪了！去他的！"却又马上转变成："我给他写封信就是。"

师（笑）：呵呵，我们刚刚以为他总算有了点骨气，甩手而去呢，谁知他只是改变了一种策略，找到了一个更好的方式。

生：从结局也可以看出他的奴性。将军一声怒吼，竟让他把小命弄丢了。

师：好，让我们一起读一读这个结局。

（生齐读最后一段）

师：怎样理解"切尔维亚科夫肚子里似乎有个什么东西掉下去了"？

生：起先心是悬着的吧，现在才有了个结论了。

师：很好。在他看来，将军不生气是不正常的，"大人不计小人过"是不可能的。将军越是不计较，不理睬，他越是不懂将军葫芦里卖的什么药，他就越恐慌。将军现在这"合乎情理"的态度才终于让他心里的一块石头落了地，然而这块石头的分量又是他生命无法承受之重，所以重压之下，终于死去。将军的一声吼，对他而言无异于死刑宣判。他的故事，是悲剧，也是喜剧。那么我们又该如何评价他的人生呢？哲学家冯友兰说人生有四种境界。有没有读过这篇文章？

生（摇头）：没有。

师：一个人做事，若只是顺着他的本能或社会风俗，就像小孩和原始人那样，他对他所做的事并无觉解（板书"觉解"），这样，他所做的事，对于他就没有什么意义。他的人生境界，就是自然境界（板书"自然境界"）。所谓"觉解"，就是一个人对自己生命的觉悟和理解，就是他了解他在做什么，并且自觉地在做。

第二种境界是功利境界（板书"功利境界"）。就是一个人能够有目的地为了自己而去做事。无论这事的结果是否利人，其动机是利己的。

第三种境界……猜猜看是什么？

生（笑）：不知道……

师：猜！

生（迟疑地）：道德境界。

师：非常好！一个人若能够把自己当成社会整体的一部分，有了这种觉解，他就会为社会的利益做事，超越了个人的功利，就是道德境界（板书"道德境界"）。再猜猜第四种境界！

生（齐笑）：那就应该是神仙境界了吧！

师（哈哈大笑）：真聪明！类似于孟子所说的"天民"，天地境界（板书"天地境界"）！一个人能够意识到他不仅是社会的一员，同时还是宇宙的一员。有了这种觉解，他就会为宇宙的利益而做事。

冯友兰认为自然境界的人是"无觉解"的，我想，我们可以形象地称它为"零觉解"（板书"零觉解"）。那么，功利境界的人是怎样的觉解？

生（齐）：小觉解！

师（板书"小觉解"）：好！道德境界呢？

生（齐）：大觉解！

师：棒极了！（板书"大觉解"）天地境界呢？

生（笑）：超觉解！

师（哈哈大笑）：行！不过我想称它为"至觉解"（板书"至觉解"），就像庄子所言的"至人无己"。看，你的觉解有多大，你的世界就有多大！

现在，我要你们做一道选择题：切尔维亚科夫的人生属于哪一种境界？

生（很为难，迟疑不决）：……功利境界？

师：远远达不到。其实你们也知道没有答案，只是因为我让你们选，所以你们觉得必须从中挑一个。我觉得，如果说自然境界的人是"零觉解"，其他三种境界的人是"正觉解"的话，那么，切尔维亚科夫的人生是"负觉解"（板书"负觉解"）。

（教室里"哇——"声四起，片刻，渐渐漾出心领神会的笑。）

师：我们来看小说第 23 段中的一处文字：

"这怎么会是开玩笑呢？"切尔维亚科夫暗想，"根本连一点开玩笑的意思也没有啊！他是将军，可是竟然不懂！……"

另外一个翻译的版本在这里是这样表述的：

"这怎么是开玩笑？"切尔维亚科夫想，"根本不是开玩笑！身为将军，却不明事理！……"

在这里，我们看到切尔维亚科夫显得很有"觉悟"，只不过，不是对自我生命的觉悟，而是站在大人物的立场上觉悟到小人物为自己哪怕是莫须有的小失误而再三赔罪也实在是理所当然，是合乎礼法规矩的。若不这样，便是大逆不道了。这就是一种奴性生命的"负觉解"。

我这里有一篇鲁迅的文章：《聪明人、傻子和奴才》，想请一位同学帮我朗读一遍。大家推荐一位！

（大家齐声高呼一个男生的名字，他便站到了台前为大家朗读。）

师：谢谢这位同学的朗读！这篇文章当中的聪明人和傻子的形象都是值得鉴赏的，但我们今天只看这个奴才，从文章来看，奴才的本质特征是什么？

生（杂答）：最大的抗争不过是向人诉诉苦，并不敢去改变什么。即使别人帮他改变，只要触及了主人的利益，他仍旧会站在主人这一边，做一条忠实的看家狗。并且，会出卖那帮他改变命运的人，在主人面前邀功请赏。

师：对，他只要做稳了奴隶就行！他会拱手出让自我拥有权，让生命虚化为一个符号，或者扭曲成一只家犬。奴性生命最可悲的是失去了什么？

生（齐）：尊严！

师：对，失去了生存意义上的尊严，失去了人格意义上的尊严，也失去了社会意义上的尊严。失去了尊严的生命，无异于行尸走肉。读过聂华苓的《人，又少了一个》吗？

生：没有。（一位女生点头表示读过，呼应着老师简述故事情节。）

师：这个故事告诉我们，人的定义最珍贵的内涵是什么？

生（齐）：尊严！

师：是，失去了尊严，意志就被瓦解，人格被扭曲，自我被消弭。然而切尔维亚科夫的悲剧，真的是奴性心理惹的祸吗？契诃夫说过一句话："如果黄金掉进了污泥，而变得肮脏的话，那我们也不能责怪黄金，我们应该改造污泥。"是什么意思呢？

生（齐）：是社会造成的！

师：对，是沙俄统治下的极权社会扭曲了小人物的人格，归根结底，是极权社会惹的祸（板书"极权社会"）！建议同学们课外读一读契诃夫的《胖子和瘦子》以及《在钉子上》，你会更加深刻地理解并同情切尔维亚科夫。可是我想问：如果契诃夫活到现在，他还会写类似的讽刺小说吗？

生：照样写。现在的社会，问题也不少。

师：我赞同。任何一个时代任何一个社会，都不可能完全健康。一百多年过去之后，我们今天再来面对任何一个国家的社会状态时，我们都将必须老老实实承认：契诃夫笔下的若干社会病态依然存在。社会的病态源于人性之恶。所以，若要说都是极权社会惹的祸，还不如说都是人性之恶惹的祸（板书"人性之恶"）。荀子认为人之初，性本恶，许多作家也将笔力集中于解剖人性之恶上。譬如契诃夫和鲁迅，很有趣的巧合，鲁迅是弃医从文，而契诃夫是左手利刀右手管毫，身兼双职，他是一个很有声誉的医生，挂有"契诃夫医师"招牌的诊所，曾在"至少十五俄里"的范围内家喻户晓。医生的职业眼光造就了两位作家批判的视角和冷峻的文风。不过鲁迅的文字里面有着更热烈一些的主观情绪，并且他对文学有着更为乐观的希望，而契诃夫基本上是一种不动声色、从不感情用事的"冷静客观"的态度。他对文学的价值期待也比鲁迅更为冷静客观。他知道，有些疾病，医生也许能够诊断，却无法疗救。文学也一样，它也许能够帮助人们看清某些病状，却同样无法疗救。文学与医学一样，不是万能的。文学只是帮助我们达到一种理解，实现一种领悟，养成一种悲悯。有论者说，"契诃夫是为着'小人物'而生活和写作的，直到自己生命的尽头，他都深深感觉到自己对他们的责任。"契诃夫有句经典的话："特等卧车上的旅客——那是社会的渣滓。"这话虽然未免偏激，但作为一个农奴的孙子，他很早就深刻体会并明确意识到他与贵族出身的作家的不同。所以在他冷冷的轻蔑的文字背后，未尝没有怜悯的温情。

面对整个社会，面对亘古的人性，一个人的力量是有限的，但奥地利童话《人鸦》里面说："人类是什么呢？他们是一个人，加一个人，再加一个人……谁改变了自己，谁就改变了世界。"

英国诗人奥登说："相爱，或者死亡。"如果人与人之间不能彼此相爱，就会走向死亡，肉体也许健在，精神却是死亡。而我们这篇小说的主人公，生活在一个无爱的世界里，结果怎样呢？

生（齐）：肉体精神都死亡了。

师：与契诃夫并称为"世界三大短篇小说巨匠"的另外两位——

生（齐）：莫泊桑、欧·亨利。

师：同样写小人物，与契诃夫冷峻的风格相比，欧·亨利的作品相对比较温暖。大家有机会可以多读读这两位作家的作品，做一点比较。下课！

附板书：

一个文官的死

契诃夫

都是＿＿＿＿＿＿＿惹的祸

唾沫　　奴性——负觉解

极权社会

人性之恶

觉解

零觉解——自然境界

小觉解——功利境界

大觉解——道德境界

至觉解——天地境界

对于这堂课，孙绍振先生如是说——

你的课上得很好，师生互动很活跃，这还是表面的，实质上好在有深度，把这个人物悲剧的根源归结为社会：

师：是，失去了尊严，意志就被瓦解，人格被扭曲，自我被消弭。然而切尔维亚科夫的悲剧，真的是奴性心理惹的祸吗？契诃夫说过一句话："如果黄金掉进了污泥，而变得肮脏的话，那我们也不能责怪黄金，我们应该改造污泥。"是什么意思呢？

生（齐）：是社会造成的！

师：对，是沙俄统治下的极权社会扭曲了小人物的人格，归根结底，是极权社会惹的祸。

如果要我提一点意见的话，我觉得有几点，值得注意。第一，这篇小说中的将军，并不是我们想象中的武官，而是一种文官的官阶。第二，这篇小说，是喜剧风格的，其情节艺术逻辑与日常生活不同，是导致荒谬的。这个文官（本来汝龙译为小公务员，其实更恰当）既是卑微的，又是可笑的，同时也是可怜的，是可同情的。这一点，你多多少少有点忽略了。第三，你开头所说，小说的情节为开端、发展、高潮和结局，是一种荒谬而陈旧的理论（来自苏联 1948 年的师范学院的教科书）。西方古典的情节理论，在亚里士多德那里，是一个结和一个解；到了 20 世纪，英国的福斯特把它简化为故事是时间顺序，情节是因果关系。我把它修改一下，变成特殊情感的因果关系。这个因果关系的功能是，把人物打出常规，显示其深层心理状态。请读我的《名作细读》最后一章，还有我的《文学性演讲录》（广西师范大学出版社）。

孙教授所说的"把人物打出常规，显示其深层心理状态"其实就是一种间离。

文学不仅善于制造间离，它更善于重建。它通过文字抵达自我和世界的内部，抵达存在的荒凉地带和模糊地带，从而为人类寻找新的价值坐标，重建一个丰富、圆满的心灵世界。生命语文教育就需要带领学生借助文字进入这样的地带，寻求生命真正的价值，重建人类的精神家园。

下编

栖居——美学的维度

朱光潜说："要求人心净化,先要求人生美化。"(《谈美》)

别林斯基也说过："没有爱伴随着美,就没有生命,没有诗。"

美之于人如此重要,而文学,恰是美的载体——

"一旦诗人、文学家把自己匆匆即逝的感受化为精确、恰当的字词,那这些感受就能在这些词语里存活,历经数千年,并能在每一个敏感读者的内心重又唤起这种感受。"(叔本华《论语言和语言学习》)

借助文学,我们能与万年以前的美重逢,与千年以前的人对话。

文学能够带给我们审美享受,这是一种必然。

罗曼·罗兰在《约翰·克利斯朵夫》中描写了一位苏兹老人读克利斯朵夫根据古老赞美诗谱的曲子时的精神变化,生动地说明了审美情感在完善人格中所发挥的作用。他先是"手索索地抖着,大颗泪珠从腮帮上淌下","浑身打颤,气呼呼地……"此后,"一连几天,他好像出了神了,他再也不想到他的痛苦,不想到冬天,不想到黯淡的月色,不想到自己的孤独。周围的一切都是爱,都是光明。在行将就木的年龄,他觉得自己在一个陌生的朋友的年轻心中再生了。"在这里,老人胸中的审美情感唤起了他对人生的重新审视,帮他树立了新的人生态度。

席勒在《审美教育书简》的第 22 封书简中说:当我们听完一段美的音乐,感觉就活跃起来;当我们读完一首美的诗,想象力就恢复了生气;当我们看完一座美的雕像或建筑,知性就苏醒过来。只有在审美状态中,我们才觉得我们好像挣脱了时间(物质现实)的限制,我们的人性才纯洁而完整地表现出来。因此,审美情感的迸发能够激活人的各种心理潜能,使人保持一个健康、活跃的心灵。

文学具有美学的价值。语文是美,是文化的生活,是鲜活的生命。语文教育就是要在语文(语言、文章、文学)中张扬受教育者的独特个性,激起情感波澜,点燃思想火花,让受教育者置身于生命存在之中去体验世界的活力、丰富和美,鼓励受教育者去创造和追求价值多元的人生。引导学生在充分的思维空间和自由的生命状态中，多角度、多层面地去理解、鉴赏作品，产生对文本的情感美、文体美和语言美的认同与赞赏，并产生强烈的阅读欲、创作欲，这样，在长期的濡染中培养学生的语感和美感，触发学生的灵感，丰富学生的精神世界，涵养学生雍容的博学气质和优雅的文化风度。久而久之，学生的语文能力、语文素养和文化品味、健全人格层次得到了提升，也就意味着具有了获取人生幸福生活的能力和素养。

美的本质与语文教育情投意合。美的本质和人的本质、生活的本质有着密切联系。美的最终根源在于人的自由创造。高尔基说："照天性说，人都是艺术家，他无论在什么地方，总是希望把美带到他的生活中去。"审美判断是人类与生俱来的思维能力，随着环境熏陶和媒介的引导逐渐走向成熟，从而最终形成独立的审美意识。语文教育就是要在自由的生命活动中促成美和审美的生长。

一个人在美的熏陶中所形成的一定的审美情感是一种过滤的净化的情感，它的基本品质是积极向上、健康高尚的。这种升华了的社会情感储存在人的意识中，成为主体心灵的一部分，使它能够自由自觉地与偏离这种情感的副情感发生碰撞，使发生在个体感性中的不符合"美"的要求的冲动、欲望、情绪等消极情感通过审美情感的自觉规范与调节，得以洗涤、澄清、陶冶和塑造，使人的心境得以调适，恢复自然，与外界建立审美的人生态度。因此，审美情感的丰富完善是人的精神生活日益丰富的重要标志，有利于促进人的心理结构的健全和人格的完善。因此，在语文教育中借助文学的审美来让受教育者得到成长和发展，是必需的。

语文教育是一种审美的教育，促进个体生命去享受一种诗意的栖居。

语文课堂要重视文本的美学维度，从自然视野、心灵视野、文化视野、艺术视野、人性视野中去发现美，创造美，让情趣变得纯粹而高雅，让生命诗意地栖居在大地上。

自然视野中的美

什么是生命的意义？

成为一个珍稀标本名扬世界，

还是默默耗损掉美丽终老山林？

——筱敏

致命之美
——《捕蝶者》深度解读与教学设计

一、背景知识：关于作者

筱敏，1955 年生于广州，1969 年初中肄业当工人，在一个小山坳里的通信站中工作了十二年。面对缄默的星空和呼啸的松涛，她开始在值班日志的背面写诗。1983 年调入广东作协文学院工作，主要从事诗歌与散文创作。其作品内容涉及自然、社会、历史、革命、自由、民主、知识分子、家庭和女性等各方面。

二、边缘知识：关于蝴蝶

欣赏图片，提问：在大家的心目中，蝴蝶是一种怎样的生命？关于蝴蝶，你知道些什么？

美的化身，可爱的精灵。李商隐的"庄生晓梦迷蝴蝶"，杨万里的"儿童急走追黄蝶，飞入菜花无处寻"，杜甫的"留连戏蝶时时舞，自在娇莺恰恰啼"，王力宏的"蝴蝶眨几次眼睛才学会飞行"，庄周梦蝶，梁祝化蝶，毛毛虫变蝴蝶，蝴蝶效应……

三、感性认知：关于捕蝶者

美丽的蝴蝶遇到了它的天敌——捕蝶者，这是一个怎样的捕蝶者？

从感性认知的角度，我们会有以下理解和发现。

1. 一个虔诚的、失去自由的捕蝶者

他以美为自己的宗教，并且"坚信这是世上唯一的宗教"。他出去捕蝶时"只为自己备一顶窄边的遮阳帽和一瓶水，甚至连水也不带"，他甘愿为了这一宗教而无私奉献，交付一生。遇到珍稀的蝴蝶时，他"不觉中双膝跪地，如同向造物膜拜"，他"小心得胜过帝王的仆从"，"内心里纯粹得只余下虔敬"。

对美的崇拜，令他成为了美的囚徒："网框和网柄已经成了你的手臂的延长，成了你肢体自如的部分"，"你的捕蝶网在操纵你了"，"无数的珍品在你梦中自由飞舞，你多么歆羡它们的自由，而捕蝶网长在你的手上，你是不自由的，所以，你半世不得安睡"。使蝴蝶失去了自由的捕蝶者，自己也失去了自由。如果说蝴蝶是他的猎物，那么，他自己也成了他的欲望的猎物。因此，我们也可以说，这是一个失去自由的捕蝶者。

2. 一个看重物质美学胜过生命美学的捕蝶者

这是一个爱美并且懂得欣赏美的捕蝶者。"倘是入诗，蛱蝶固然美，但又何不用公推最美的凤蝶？翅表斑斓七彩，且通身闪耀灿烂的金属光泽……飞舞时异彩耀目，体态优雅，尾突飘逸，如飘带，似轻丝，当风起落，若仙若幻。"科学是理性的，然而他在其中发现了诗意。科学是客观的，他却充满了想象与激情："柔软总是比僵硬更愉悦的，更美丽的"、"隔着瓶壁你观赏你的猎物，

如隔着舷窗迎候你的至亲，每一个细部都激起遐想与回忆"。

然而，当他倾心于物质的美学、视觉的美感时，他忽略了生命的美。生命的美，是蒸腾着自由的气息的，是飞扬着蓬勃的动感的。

世上最好的美，是天人合一的境界，是人与其他生命的相和相生。留下失去生命的标本的美，世界便成为了一幅没有生命的图案。我们需要的是"生"，而不是"栩栩如生"。

3. 一个追求声誉、价值与意义的捕蝶者

"什么是生命的意义？成为一个珍稀标本名扬世界，还是默默耗损掉美丽终老山林？"，"这是一个绝好的标本。在你珍藏的标本盒里，它将走遍世界，赢得无尽的惊叹。它将永远栩栩如生。它价值连城。它属于你"，"蝴蝶名称那一栏你空着，空着！午时的太阳穿过林木，在你周边溅起一道道芒，像在布置一个祭典。这是蝶类专家最辉煌的时刻，你感觉自己如同帝王。那一栏空着，那意味着这绝世的精灵将以你的名字来命名"，这个捕蝶者所追求的生命意义就是物质世界里的声誉与价值，他不仅为自己的生命意义做了这样的定位，也将自己的价值定义强加给了蝴蝶的生命。这很容易让人联想到庄子：

> 庄子钓于濮水。楚王使大夫二人往先焉，曰："愿以境内累矣！"庄子持竿不顾，曰："吾闻楚有神龟，死已三千岁矣。王巾笥而藏之庙堂之上。此龟者，宁其死为留骨而贵乎？宁其生而曳尾于涂中乎？"二大夫曰："宁生而曳尾涂中。"庄子曰："往矣！吾将曳尾于涂中。"
>
> （《庄子·秋水》）

存在与意义的关系是哲学家们争论至今的话题，庄子在这里表达了自己的见解：自由的生命，胜过伟大的意义。孟子也曾说："此惟救死而恐不赡，奚暇治礼义哉？"而这位捕蝶者，之所以愿意将生命奉献给他的伟业，其实也是想借助他建立的伟业，让自己的生命成为永恒："这绝世的精灵将以你的名字来命名"。

对于走向永恒的方式，每个人的理解都不同。对于生命存在的方式，每个人的选择也都不同。孔子说过一句话："己所不欲，勿施于人。"其实应该还加上一句："己所欲，亦勿施于人。"

4. 一个爱蝶如命的捕蝶者

"你爱蝶，这毫无疑问，世上或是没有谁比你更爱蝶了……不仅如此。你

自信你是蝶的知己，蝶亦恍惚成了你的生命。你甚至反复地梦过化蝶之梦了。"这是一个自认爱蝶如命、堪比庄周的捕蝶者。他为他的蝴蝶准备了精致的宫殿："瓶底放入氰化钾或氰化钠，上面填入一层细木屑，再覆上一层熟石膏粉，滴上少许清水，摊平那一切，再铺上一层过滤纸，以保持瓶内毒物的透气、湿度和清洁。这一切你做得实在精细，像布置舒适的家居，这将是你那些美丽的精灵暂住的宫殿，你把呵护美丽的一切都想得极其周密，你是受过专业训练的。"他视蝴蝶为帝王，自己甘心做了"帝王的仆从"——虽然这一切都只是为了成就一个蝶类专家的辉煌，最终让自己成为"帝王"。

这很容易让人想到赵鑫珊的一首小诗：

> 上帝爱鱼，
> 造了许多湖泊和小溪。
> 人类爱鱼，
> 造了许多网鱼的工具。

两种爱。一种是给予和成全，一种是占有与猎杀。

5. 一个残忍得不动声色的捕蝶者

他受过专业训练，他的捕蝶工具上闪烁着手术刀的寒光。他的动作越是温柔得细致入微，越是让人感觉残忍得不动声色："手腕轻抖扭转纱网，封死网口，网中的精灵徒然挣扎，在你手中逃脱的可能已经是零"，"你一手轻提网底，小心翼翼取出那只眼蝶或蛱蝶，将它两翅朝后并拢，像它停在叶间歇息时的样子，然后用手指在其胸肌上轻轻一捏，非常之轻，然而必须是致命的，你要保持它外观的完整。你感觉到那里有不可挽回的破裂声，这声音除你与它之外，连片刻之前与它双飞双栖的情侣也不能听见"，"然而有一些蝶你不这样处理，你不要那胸节间的破裂声，你要一个更完整的标本。于是，你并拢了它的双翼之后，轻轻往它的腹部注射一丁点儿酒精。它在你手中战栗了一下，是挣扎吧？世界总是遍布着挣扎的，古往今来莫不如此，你将它感受为愉悦就可以了，因为你此时心境实在是愉悦的"，"你用了一些时间闭目合掌，抑制住双手的颤抖。然后用镊子小心翼翼将那精灵取出，准确地将它的胸腹部安放在展翅板的凹槽里"，"你取出一支细长的钢针，你们专用的叫作昆虫针的，自蝶的胸背中央插入穿透，将它固定在凹槽内的软木条上。蝴蝶有没有心脏？你是专家，这你清楚。如果有，这一针正好就从它的心脏穿过。谁会听到那破裂之声？只有上帝。而根据经验，上帝总是不在场的"，"刚刚羽化成蝶，还没来得及振翅，还没有经风吹拂。鳞片呈砌瓦状密密排列在翅膜之上，洁净，流丽，鲜亮，没有丝毫磨损。在你的展翅板上，你用拨针为它展翅，是它生平第一次的展翅，也是最后一次的展翅，这或许就叫作永恒吧？"，"你用拨针将蝶的触须拨正，左右对称摆在头的前方，轻轻把长纸带压覆过蝶翅的基部及外缘，远远用虫针固定好。这样，蝶翅在干燥的过程中，始终是平整的，不会发生丝毫卷折的遗憾"……即使有悲伤，也仍旧服从于他的"美"的宗教："悲伤是美丽的，还有谁比你更懂得悲伤之美呢？更何况是绝世的悲伤？"绝世珍品的新蝶，以生命的代价成全了他的美的宗教。

6. 一个拒绝平庸却与卓越绝缘的捕蝶者

这是一个拒绝平庸的捕蝶者。"那些庸常的菜粉蝶不会惊动你的捕蝶网，它们因庸常而幸福着，安适着，你的志向，绝不在篱笆菜畦之间，你要的是蝶中珍稀"，有"神助一般的手感"，"很少使用毒瓶，它是为上天赐福准备的，你不是庸常之辈，你坚信上天必会赐福于你，你是有准备的人"。

他拒绝平庸的蝶，也拒绝平庸的自己。却不知，真正的卓越是认识自己，认识生命。

在捕蝶者看来，拒绝平庸的生命才是有价值的生命。而庄子曾经花大量笔墨讨论过"无用之用"：

山木，自寇也；膏火，自煎也。桂可食，故伐之；漆可用，故割之。人皆知有用之用，而莫知无用之用也。（《庄子·内篇·德充符第五》）

庄子还讲过这样一个寓言故事：

匠石有一次带了几个弟子到齐国去，路上看见一个土地庙旁边长着一棵巨大无比的树，这棵树的树荫可以容纳好几千头牛在树下休息，它的树干巨大，直长到半山高以后才开始有分枝，可以用来做独木舟的粗大的分枝数以百计。匠石的弟子和很多路人都聚在路边，好奇地看这棵巨大的怪树，只有匠石看了一眼便掉头而去，继续行路。弟子们感到奇怪，就问师父。匠石说："那是一棵没用的树。用来做船会下沉，用来做棺材很快就会烂掉，用来做器具又不够坚固，用来做门框又会有树汁流出来，用来做柱子又会长蛀虫，总之根本是一棵没用的树。所以才会长得这么高大。"

到了晚上，匠石突然做了一个很奇怪的梦，他梦见那棵大树对他说："你白天说我什么？说我是没有用的散木，我说你才是没有用的散人咧！你怎么不想想看，我如果有用的话，不早就给你们砍掉了吗？哪能活到今天？你再看看：那些楂梨橘柚之类的树，果子成熟的时候常被人家拉拉扯扯，备受羞辱；松柏之类的树常被砍掉，性命不保。世俗的人不也是这样咎由自取的吗？"匠石听了大为高兴，便向大树道歉说："真是对不起，原来您是一棵有大智慧的树呀！"

第二天匠石把梦告诉弟子们说："你们要注意呀！没有用的用处才是最大的用处呢！"

所谓的有价值无价值，都是从世俗的眼光去加以评断，从人的角度来看，这棵大树既不能做船、棺材，也不能做门框或柱子，看似没有任何用处，可是对树本身来说，"活着"才是最重要的，正因为人们觉得它无用，它才能保全生命，对它而言，人们所谓的无用却正是它自己的大用。我们常常执着于生命的"实用价值"，却忽略了生命本身。无论成就怎样的伟业，仍旧未能获得人生的大智慧，仍旧与真正意义的卓越绝缘。

7. 一个获得胜利却可怜可悲的捕蝶者

筱敏两次化身为远方的诗人，与帝王对话，与捕蝶者对话，都是想要谈谈"生与死"。诗人第一次的到来，引出了捕蝶者的"信仰"宣言——"决然的美和决然的虔诚"，还有"生命的意义"。诗人第二次来，"带着很瘦很长的影子"，还是想要谈谈"生与死的问题"，和诗人一样执着的是，捕蝶者也一样仍旧执着于"美、价值或声誉"，执着于自己的信念：

你是胜者。

这事实不再能改变。无论它是什么精灵，你已建立了伟业，它已失去了生命。

由始至终，这个捕蝶者的心灵从未被唤醒。他执于一念，义无反顾。

虽然那些在思想的甬道里被唤醒的人，最后可能反而"无路可走"，譬如凯文·卡特。在苏丹的国内战争和饥荒中，他在一个小村庄发现了一个艰难地挪向救援站的饥饿的小女孩，一只秃鹰尾随其后，似乎随时都在等待她的死亡。卡特完成拍摄后，赶走了秃鹰。1993年3月26日，美国《纽约时报》刊登了这幅照片：《饥饿的小女孩》。照片发表之后，数以千计的读者询问小女孩最后是否得救。编辑解释说，作为摄影师，他并不知道女孩的最终结果。生性敏感的卡特难以接受批评的质疑——尽管这幅照片在 1994 年 4 月获得普利策新闻奖，让他一举成名。在普利策颁奖仪式结束 3 个月后，因为无法忍受外界公众的质疑和自己内心的道德困惑，他终于选择了自杀。他的身旁留着一张纸条："真的，真的对不起大家，生活的痛苦远远超过了欢乐的程度。"他成就了一幅杰作，却承担了沉重的愧疚——对生命，对道义。

鲁迅说："人生最苦痛的是梦醒了无路可走。"也许正因为如此，筱敏才选择了一种非常特别的方式与捕蝶者轻轻地、慢慢地对话，以期唤醒，而非指责。筱敏通篇使用的都是第二人称"你"，既是直面心灵的呼唤，也蕴含着俯视众生的悲悯。筱敏俯察着捕蝶者的不自知、不自由：

你自信你是蝶的知己。

你激动得几乎昏厥，眼窝潮热，倚着树干大口吸气。

你不觉中双膝跪地，如同向造物膜拜。……你小心得胜过帝王的仆从，你内心里纯粹得只余下虔敬。

这山林里寂静的时刻，那孑然的悲伤，有谁与你分享？

无数的珍品在你梦中自由飞舞，你多么歆羡它们的自由，而捕蝶网长在你的手上，你是不自由的，所以，你半世不得安睡。

你一时有些恍惚，分不清那是诗的精灵还是蝶的精灵。

"上帝"的形象频繁出现在捕蝶者的意念里，但只是作为他自己欲望的成全者和赏赐者，而不是一切生命的创造者、见证者和守望者：

你不能让这上帝赐予你的精灵有任何一点儿损伤。

你很少使用毒瓶，它是为上天赐福准备的，你不是庸常之辈，你坚信上天必会赐福于你，你是有准备的人。

蝴蝶有没有心脏？你是专家，这你清楚。如果有，这一针正好就从它的心脏穿过。谁会听到那破裂之声？只有上帝。而根据经验，上帝总是不在场的。

那宽大透明的翅膜何等完美，翅膜内贯穿的纵脉以及横脉，惟上帝之手能创造出来。

而你没想到，上天赐予你的，会远远超过你的梦想。

在筱敏精致、哀婉的文字流中，既有对绝世之蝶遽然失去生命的沉重哀悼，也有对捕蝶者在价值追寻中迷失自我，被野心和欲望辖制灵魂的深刻同情。

他不是真正意义的胜利者，也不是完全意义的刽子手，他的人生恰是一种人质的人生，他把自己作为人质抵押给了科学（或曰"真"）与"美"，却输了"善"与"爱"。最可悲的是最终他也不能确证自己的对错，他时常自我怀疑、自我谴责又自我辩护，他在狂喜和绝望的交替煎熬中履行着使命，或曰宿命。所以他也愿意对话，甚至对峙。他会有偶尔的恍惚，然而最终他仍会用坚定的信念来给予自己底气。生命与美的大困惑、科学与人道的大悖论在读者面前展开，每个人都在这大困惑前驻足凝神，聆听来自生命本质的声音。作者以上帝一样悲悯的眼光俯视着可怜的蝴蝶，也以同样悲悯的眼光俯视着这个深陷欲念浑然不觉、偶尔惶惑却始终无法自拔的人，以上帝一样慈爱的胸怀去拥抱这个迷失的羔羊，希望以温暖的爱抚来唤醒他的灵魂知觉，擦亮他心灵的眼睛，以上帝的视角来认识自己，认识生命，看见真正的美丽，发现真正的意义。

而我们阅读文章时，一般都只会去怜悯蝴蝶，却忽略了作者对捕蝶者的悲悯。

四、理性认知：关于主题

1. 强弱与善恶

联读《捕蛇者说》，我们会发现，同样是面对自然界的生命被人类捕捉，我们同情的对象竟然完全颠倒，我们的立场被完全颠覆。这是为什么呢？

首先，同情弱者是人类的天性。当蝴蝶遭遇捕蝶者，当捕蛇者遭遇毒蛇，我们肯定会同情弱势的一方。因为我们首先关注的是一个生命的生存权，这是生存需要和安全需要。

同时，在我们心目中，蝴蝶是"美"和"善"的化身，而蛇是"丑"和"恶"的化身，当我们看见绝美的蝴蝶无辜地在捕蝶者手下丧生，当我们看见温良无辜的捕蛇者在苛政的逼迫下选择了险象环生的捕蛇生涯，我们当然会选择"美"与"善"。我们关注的不仅仅是生命的生存需要和安全需要，还有审美需要。筱敏不惜笔墨的细节描写和柳宗元曲尽笔墨的心理描写，都强调了弱者生命的美感与善感，而且这种美与善面临着被毁灭的命运，于是唤起了读者强烈的同情。

2. 文学与科学

朱光潜在《谈美》中说，同是对于一棵松树，木商看到的是它的经济价值，植物学家看到的是它的科学价值，画家看到的是它的审美价值，正是"千江有水千江月"。视角的差异，正是身份和学养的定焦，或是性格和情趣的反照，或是彼时心境与思想的映射。

理解本文主题的巨大障碍在于：筱敏以文学的载体呈现了一个关于科学的故事。科学求实求真，文学求善求美，殊途难以同归。

捕蝶者真的是可谴责的吗？生命、意义、爱、美、价值、永恒，都是最宏大的终极问题，一直是亘古未解的人生谜题，面对不同的选择，我们往往很难说对错。即便是蝴蝶自己，究竟是愿意"名扬世界"还是"终老山林"，恐怕也没有定论，就如同"子非鱼，焉知鱼之乐"，子非蝶，安知蝶之乐与不乐？倘从科学的角度来看，我们是没有资格谴责这样一位献身学术、严谨敬业的蝶类专家的，当然，科学与人道的关系肯定也是一个无法回避的问题。但倘从文学的角度来看，我们就应当了解，作者其实只是想要拿它说事儿，文字里面有所寄托而已。

3. 牺牲与信念

文中的捕蝶者，是一个富有牺牲精神和坚定信念的人，对于自己的信仰有一种决然的虔诚。这一点很像筱敏笔下的圣徒罗伯斯比尔：简朴，热诚，严肃，慷慨，崇尚正义，意志坚强（《成年礼》）。

然而，越具有坚强的意志，越偏执地相信自己所相信的是正确的，越热忱地希望别人相信他所相信的一切，甚至为了他所相信的可以不惜一切，那么他就越是可怕。因为不顾惜自己利益的人往往容易给人一种无私与自我牺牲的审美悲壮，这样悲壮的审美可能影响更多的人追随他的价值标准，那么一旦他启动了悲剧的战车，就会造成大规模的毁灭。

捕蝶者将自己的价值观强加给蝴蝶，十分热忱地帮助蝴蝶追求他所认为的永恒的价值，甚至不辞劳苦，甘愿贡献和牺牲，同时也牺牲了蝴蝶，只为了他执着的信念。

有时候，正面的品质用得不对，也会造成负面的结果。

4. 价值与主权

捕蝶者以赋予蝴蝶生命价值的崇高名义，剥夺了蝴蝶的生命，也剥夺了蝴蝶的生命主权。

筱敏经历过那火红的岁月："那些彩旗，彩带，展览成就和演示前景的彩车，满天放飞的气球和鸽子，步伐统一的方队；那些高亢有力的进行曲，万众一心的口号；还有太阳，这个季节总是阳光普照的……像是突然把一个天国花园展现在你面前。"筱敏也曾在那火红的年代里呼啸，奔跑，甚至恐惧——好像因为阅读"毒草"，她在20世纪70年代末期还入过一次狱。此后，筱敏的生存态度便是"拒绝趋附，拒绝从属"。她在关于"文革"的回顾中说："任何一位知识分子，在狂躁的时代里，都有义务摆脱集团思维的模式，回到纯粹的个人立场。"

也就是：我的生命我做主，我的立场我表达，我的价值我定义。

她在《蚁国之镜》一文中同样谈到生命主权和个人价值的问题："蚁国里奉行的是利他主义和绝对的牺牲精神……这一切，是需要信仰支撑的，蚂蚁以部族的延续帝国的强盛为信仰，在此之外，单个的蚂蚁是没有生存理由的。人也同样需要信仰，家族、民族、国家，以及为这一切而建造的种种宗教和主义。所谓个人的价值这种东西，是相当晚近的事情。人类曾拼力——包括强力和暴力——去建立的某种乌托邦帝国，在蚂蚁那里早已建成了……在这面展示蚂蚁帝国戏剧的镜面中，人们却时时照见了人类社会的实像，于是不免震慄，惊惕。"

周国平在他的《人不只属于历史》中这样说：

人们不是献身于抽象的历史，而是献身于大地上活生生的生活。"谁献身于每个人自己的生命时间，献身于他保卫着的家园，活着的人的尊严，那他就是献身于大地并且从大地取得收获。"加缪一再说："人不只属于历史，他还在自然秩序中发现了一种存在的理由。""人们可能拒绝整个历史，而又与繁星和大海的世界相协调。"总之，历史不是一切，在历史之外，阳光下还绵亘着存在的广阔领域，有着人生简朴的幸福。

我领会加缪的意思是，一个人未必要充当某种历史角色才活得有意义，最好的生活方式是古希腊人那样的贴近自然和生命本身的生活。

生命不是历史的附属品，不是科学的附属品，不是政治的附属品。生命也不是欲望的筹码，不是野心的赌注，不是信念的道具。

我想，这也许就是筱敏想要表达的一种对生命的深度呼唤。

寂寞的孩子有最好的想象

——《囚绿记》教学实录及学生话题作文

【背景介绍】

陆蠡是个寂寞的孩子，刘西渭说："寂寞的孩子有最好的想象。"在他的《囚绿记》里，我们可以看见很多有价值的东西。

课文来自粤教版选修教材《中国现代散文选读》第二单元。

学生是广州外国语学校高二学生。

【课堂实录】

师：今天我们学习陆蠡的《囚绿记》。首先了解一下作者（师介绍作者）。

陆蠡，浙江天台人。现代散文作家、翻译家。1932 年在吴朗西和巴金等在上海创办的文化生活出版社任编辑。1937 年 8 月，吴朗西、巴金分别去重庆、广州筹建分社，上海文化生活出版社便由陆蠡负责。几年里，在敌机轰炸中出版的书籍竟达数百种，还有十几种丛书。他不仅是我国现代著名的散文家，而且是宁死不屈的抗日烈士。太平洋战争爆发后，日本进驻上海租界，陆蠡于 1942 年 4 月 13 日被捕，他发往西南的抗日书籍在金华被扣，日本宪兵队追踪到上海，查封了书店，没收了全部《文学丛刊》。陆蠡不顾胞妹的劝阻，亲自去巡捕房交涉，便遭关押。后被解到汪伪政府所在的南京审讯，敌宪问："你赞成南京政府吗？"陆蠡说，"不赞成！"敌人又问："日本人能否征服中国？"回答依然是："绝不可能！"不久由巡捕房转到虹口日本宪兵拘留所，刑审数月，惨遭杀害。7 月 21 日临刑时，年仅 34 岁。

师：刘西渭说他"貌不出众，身体瘦小"，但在生死的考验面前他毫不畏惧，慨然赴死。陆蠡罹难以后很久很久，巴金仍然难以释怀，长念不已。直至新中国成立以后，还念念不忘为亡友编纂遗著。1958 年，巴金在百忙之中和被批判围攻的情况之下，从陆蠡众多的遗作中甄选出佳作，一页页亲手誊录，编成了《陆蠡散文选》。

同学们能从这篇课文的内容看出本文的写作背景吗?

生:"卢沟桥事件发生了"!

师:对,第13自然段第一句话告诉了我们,本文的写作背景是:日本发动了全面侵华战争,"住在北平的一家公寓"里的"我",必须离开了。离开北平,离开公寓,最重要的是,还离开什么?

生:常春藤!

师:非常好。当初,作者是因为什么原因才选择了住在这间公寓?

生:常春藤的绿影!

师:这间公寓环境怎么样?

生:不好。

师:怎样不好呢?你是怎样发现它不好的呢?

生:狭小。作者说它"高广不过一丈"。

师:嗯,很好。还有什么不好呢?

生:潮湿。"砖铺的潮湿的地面"。

生:简陋。"纸糊的墙壁和天花板",窗户左下角的玻璃还被打碎了,有一个大孔隙。

生:炎热。"北方的夏季天亮得快,早晨五点钟左右太阳便照进我的小屋,把可畏的光线射个满室,直到十一点半才退出,令人感到炎热"。

师:读书很细心。很好。狭小,潮湿,简陋,炎热,这样的居室真可谓什么?用一个名词来定义它。

生(齐):陋室!

师:很好!作者本可以做另外的选择,"这公寓里还有几间空房子,我原有选择的自由的",但因着常春藤的绿影,作者还是"毫不犹疑"、"了截爽直"地选择了这间陋室,并且,怀着怎样的心情占据了它?

生:喜悦,满足。

师:好,让我们把课文的第1到第4自然段一起读一遍,体会一下作者与"绿"邂逅的喜悦和满足。(板书:与"绿"邂逅:喜悦、满足)

(生齐读)

师:接下来有"绿"相伴的日子里(板书:有"绿"相伴),作者又是怎样的心情?找一找相关的词语。

生:留恋。

生：欢喜。

师（板书：留恋、欢喜）：作者怎样表现绿影带给他的留恋和欢喜？

生：作者发自内心地直接抒情赞美："绿色是多宝贵的啊！它是生命，它是希望，它是慰安，它是快乐"。

师：很好，继续。

生：用了类比的手法："我怀念着绿色，如同涸辙的鱼盼等着雨水！"

师：对涸辙的鱼来说，雨水意味着什么？

生：生命。

生：还有两处类比的手法："我开始了解度越沙漠者望见绿洲的欢喜，我开始了解航海的冒险家望见海面飘来花草的茎叶的欢喜。"

生：航海的冒险家望见海面飘来花草的茎叶为什么会欢喜？

师：谁能解答这个问题？

生：有了花草的茎叶就意味着附近有陆地了。

师：对，花草的茎叶对于航海的冒险家而言，就像绿洲对于度越沙漠者而言一样，是希望，是生命。

生：还有心理描写："我快活地坐在我的窗前。度过了一个月，两个月，我留恋于这片绿色"。这个宅男有点傻，什么也不干，就呆呆地坐在窗前看着绿色，就能快活地度过一个月，两个月。（生齐笑）

师（亦笑）：非常好。足以见出他对绿影的爱恋了。

生：还有夸张的手法："我急不暇择的心情即使一枝之绿也视同至宝"。再平凡不过的一枝之绿在他眼里却如同至宝。

生：还有，我觉得他不仅把这绿当作至宝，还把它当作了婴孩和恋人。（师生均感诧异）大家看第 7 段的描写，前面一部分："我天天望着窗口常春藤的生长。看它怎样伸开柔软的卷须，攀住一根缘引它的绳索，或一茎枯枝；看它怎样舒开折叠着的嫩叶，渐渐变青，渐渐变老，我细细观赏它纤细的脉络，嫩芽，我以揠苗助长的心情，巴不得它长得快，长得茂绿"，就好像是用宠爱的眼光和甜蜜的心情在欣赏一个刚刚出生的婴儿，急切地盼望着她快快长大。而后面一部分："下雨的时候，我爱它淅沥的声音，小婆娑的摆舞"，又好像在欣赏一个恋人的轻歌曼舞。

师：太棒了！很好的感受力！请你以你所体会到的心情把这一段有感情地朗读一遍！

（生读第 7 自然段）

师：很好！理解了作者的心理，还要了解其表现手法，这一段的前半部分是什么描写？

生：很细致的描写。

师：换一个专业一点的鉴赏术语？

生：细节描写。

师：很好！后半部分用了什么表现手法？

生：视觉和听觉相结合的描写。

师：非常好，表现手法上富有变化。

生：作者还用拟人的手法表现了他对绿的留恋和欢喜："在这古城中我是孤独而陌生的。但我并不感到孤独。我忘记了困倦的旅程和已往的许多不快的记忆。我望着这小圆洞，绿叶和我对语。我了解自然无声的语言，正如它了解我的语言一样"，作者把绿当作了自己的知己，二者心有灵犀，心照不宣。

师：很好！此时无声胜有声，是最和谐美好的境界。"绿叶和我对语"，请问"对语"的前提和基础是什么？

生：平等。

生：自由。

师：很好。此时的"我"和绿叶之间是平等的，双方的生命都是自由的，所以才有了对话的可能，也才有了创造和谐美好境界的可能。可惜这种和谐美好的境界后来遭到了破坏——我做了什么？

生：我"把两枝浆液丰富的柔条牵进我的屋子里来，教它伸长到我的书案上，让绿色和我更接近，更亲密"。

师：用文中词句说，"我"把"绿"怎么样了？

生："幽囚"在了我的屋子里。

师：（板书：囚"绿"入室）对于这样的行为，作者自己有怎样的评价？

生："自私"。

师：（板书：自私）怎样看出这是一种"自私"？

生："我拿绿色来装饰我这简陋的房间，装饰我过于抑郁的心情。我要借绿色来比喻葱茏的爱和幸福，我要借绿色来比喻猗郁的年华。我囚住这绿色如同幽囚一只小鸟，要它为我作无声的歌唱。"反复说拿绿色"来装饰我"的房间和心情，又反复说借绿色来比喻这比喻那的，还让绿"为我"歌唱。

师：一般来说，什么样的人喜欢别人为他"歌唱"？

生：伟人。

师：呵呵，真正的伟人是辽阔而谦逊的。

生：恋人。（生齐笑）

师（亦笑）：不错，恋爱中的女孩是女王。凡是王，似乎都有资格享受别人为他歌唱。恋爱中的女孩、统治者，包括上帝。呵呵。

生：作者就像一个王一样，一切都是以自我为中心，"绿"成了"我"的工具、仆人，甚至囚徒。

师：对，平等被破坏，自由被剥夺，对话便不再成为可能。对比前面"无声的语言"和此处"无声的歌唱"，想想这两个"无声"，意思是否相同？

生：不同。前面"无声的语言"是一种彼此心照不宣的默契与和谐的交流，这里"无声的歌唱"，我觉得是一种沉默的反抗。

师：非常好！鲁迅说，不在沉默中爆发，就在沉默中灭亡。幽囚绿是一种自私，那么，值得思考的是，作者为什么会由最初的爱恋渐渐变得自私？

生：爱得过度了，便失去了分寸。

生：距离太近了，便失去了呼吸的自由。

师：我本想"让绿色和我更接近，更亲密"，结果怎样？

生："它的尖端总朝着窗外的方向。甚至于一枚细叶，一茎卷须，都朝原来的方向"。

师：固执地朝着阳光与自由的方向。

生："它不了解我对它的爱抚，我对它的善意"。

师：回顾前文"我了解自然无声的语言，正如它了解我的语言一样"当中的"了解"，前后形成了什么？

生：强烈的对比和鲜明的反差。

师：心照不宣的默契被破坏了。为了更接近，反而变得更疏远；为了更亲密，反而变得更隔膜。除了默契与和谐被破坏以外，还产生了怎样的结果？

生："它渐渐失去了青苍的颜色，变成柔绿，变成嫩黄，枝条变成细瘦，变成娇弱，好像病了的孩子"。

师："我"呢？"我"自己有没有受到伤害？

生："我为了这永远向着阳光生长的植物不快，因为它损害了我的自尊心。"

师："我"制造了伤害，也承受了伤害。既然如此害人害己，为什么"我"还是会做出这样的选择，并且"仍旧让柔弱的枝叶垂在我的案前"，"仍旧不放走它"？

生：因为"我"喜欢绿。

师："绿"能带给他什么？是什么让他不惜为此而由一个寂寞温良的人变成了一个暴君？能不能从文中找出一个短语来回答？

生："生的欢喜"。

师：非常好！第9自然段中，"生的欢喜"，"超过了任何种的喜悦"。本段还有一处插叙，写作者从前住在乡下一所草屋里不忍剪除床下嫩草的往事，请一位同学为我们朗读一下，大家思考作者这样写有什么作用。

（生朗读第9自然段）

师：读得非常好。作者这样写有什么作用？

生：为了强调他对这种"生的欢喜"的渴求。

师：为什么会如此渴求"生的欢喜"，甚至到达不惜为此而幽囚生命、伤害生命的程度呢？联系前后文想一想。

生：因为"我疲累于灰暗的都市的天空和黄漠的平原"。

生：因为"人是在自然中生长的，绿是自然的颜色"。

师：说得都很好！再联系后文想想，还有没有其他原因？

生：因为时局动乱，社会环境也很黑暗。

师：太棒了！很善于发现！自然环境和社会环境都如此压抑阴沉，"生的欢喜"是支撑人活下去的一种"存在感"、"生命感"。所以，"我"才会不惜以牺牲对方的自由甚至生命来给予自己生存的动力。而且算定了，"在我离开的时候"，才是"它恢复自由的时候"。这不仅仅是一种自私，还是一种残忍。然而"我"无法自拔，所以，"我"把这种自私的念头称为什么？

生："魔念"。

师：对，魔念（板书：魔念），也就是佛家所说的"妄执"，所谓心魔是魔，当事人往往当局者迷，很难放开。只有外因发生人力无法逆转的变化，才能迫使其内因随之转化。譬如，卢沟桥事变发生，"我"不得不离开北平，被幽囚的"绿"才能得以自由。这个时候，"我"对"绿"的态度发生了怎样的变化呢？

生："珍重地开释了这永不屈服于黑暗的囚人"。

生："我把瘦黄的枝叶放在原来的位置上，向它致诚意的祝福，愿它繁茂苍绿"。

师：很好。（板书：释"绿"回归）此时，"我"的"王者"姿态还在不在？

生：没有了。变回了真诚的朋友，甚至对"绿"油然而生一种敬意，赞美它向往光明、追求自由的精神和坚强不屈的性格，并送上由衷的祝福。

师：很好。（板书：敬意、祝福）后来呢？"我"与"绿"分别一年之后的现在呢？（板书：别"绿"一年）

生：仍旧深深怀念，盼望重逢。

师：谁能把这最后一段读一遍，读出这种深深的怀念和热切的期盼？（板书：怀念、期盼）

（生读）

师：非常好！至此，"绿"的形象已经几乎升格为人了，"我"以"绿"为友，正是因为"绿"永远向着阳光自由奔跑的秉性恰是"我"的灵魂写照。作者用优美含蓄的语言咏物抒怀，托物言志，有人说，由于时局黑暗，所以作者用了曲笔来反映主题，大家认为呢？

生：我认为不是因为时局黑暗才含蓄地表达，因为他根本连死都不怕！

师：有道理。陆蠡曾在《〈囚绿记〉序》中这样说："有时我想把它记录下来，这心灵起伏的痕迹。我用文字的彩衣给它穿扮起来，犹如人们用美丽的衣服装扮一个灵魂；而从衣服上面并不能窥见灵魂，……我永远是胆小的孩子，说出心事来总有几分羞怯。"他说的是什么意思？

生：他喜欢含蓄地表达，不喜欢直白。

师：陆蠡的朋友们说："和朋友们坐在一起，即使坐在显目的地方，陆蠡也不会怎么样引起旁人的注意，然而他永远不会自动地坐到一个众目睽睽的地方。他不大开口。""他给我的印象，是一个沉默寡言的人。"沉默的人往往容易沉入自己的内心世界，可以想见，他含蓄的文风与他的性情有关。再想想，除了时局和性情的关系，还会有什么因素？

（生沉默，茫然）

师：应该还与他的创作审美观有关。批评家刘西渭说过一句话："寂寞的孩子有最好的想象。"在陆蠡的散文中，"寂寞"可以说是一个关键词。这种寂寞感在陆蠡的许多散文中都可以找到，越到后期，寂寞的氛围越浓厚。寂寞源于时间或空间的隔离，然而当一个人从很远的时间和空间对往事投去一瞥时，这时空的距离便给它镀上了一层金黄色的光晕；回忆使一切往事变得温暖而美丽。所以陆蠡说"回忆中的生活是愉快的"。他以含蓄为美，以孤独的想象和宁静的回忆为美，所以他的文字也就充满了这样的情调。

好，今天的课就到这里，最后发给大家两段文字，请大家课后阅读，联系我们今天学习的课文进行思考，写一篇以"自然·自由"为话题的文章。

附板书：

囚绿记

陆蠡

与"绿"邂逅：喜悦、满足

有"绿"相伴：留恋、欢喜

囚"绿"入室：自私、魔念

释"绿"回归：敬意、祝福

别"绿"一年：怀念、期盼

阅读材料一：

病梅馆记

龚自珍

江宁之龙蟠，苏州之邓尉，杭州之西溪，皆产梅。或曰："梅以曲为美，直则无姿；以欹为美，正则无景；以疏为美，密则无态。"固也。此文人画士，心知其意，未可明诏大号以绳天下之梅也；又不可以使天下之民斫直，删密，锄正，以夭梅病梅为业以求钱也。梅之欹之疏之曲，又非蠢蠢求钱之民能以其智力为也。有以文人画士孤癖之隐明告鬻梅者，斫其正，养其旁条，删其密，夭其稚枝，锄其直，遏其生气，以求重价，而江浙之梅皆病。文人画士之祸之烈至此哉！

予购三百盆，皆病者，无一完者。既泣之三日，乃誓疗之：纵之顺之，毁其盆，悉埋于地，解其棕缚；以五年为期，必复之全之。予本非文人画士，甘受诟厉，辟病梅之馆以贮之。

呜呼！安得使予多暇日，又多闲田，以广贮江宁、杭州、苏州之病梅，穷予生之光阴以疗梅也哉！

阅读材料二：

平生最不喜笼中养鸟，我图娱悦，彼在囚牢，何情何理，而必屈物之性以适吾性乎！

所云不得笼中养鸟，而予又未尝不爱鸟，但养之有道耳。欲养鸟莫如多种树，使绕屋数百株，扶疏茂密，为鸟国鸟家。将旦时，睡梦初醒，尚展转在被，听一片啁啾，如《云门》《咸池》之奏；及披衣而起，颒面漱口啜茗，见其扬翚振彩，倏往倏来，目不暇给，固非一笼一羽之乐而已。大率平生乐处，欲以天地为囿，江汉为池，各适其天，斯为大快。比之盆鱼笼鸟，其钜细仁忍何如也！

——郑板桥

附 "自然·自由"话题作文展台：

回南天

广州外国语学校高二（1）班 尹一心

回南天又来了。

走廊的瓷砖地滑得每一步都得小心翼翼。玻璃窗，洗手间的镜子，都仿佛覆上了一层砂纸，模模糊糊。清晨的浓雾直至晌午都未散去，空气里漫着黏腻的水汽，连带着肺也在水里泡过一般，迷迷茫茫。岭南的春秋本就如昙花一现，短暂得让人没反应过来便仓皇逃走了，然后响雷滚滚袭来，蝉鸣吱吱不停。或许也没那么短暂，但人的心思全在除湿工作上了。昨天晾的衣服还没干呀，袜子也是鞋子也是，湿湿嗒嗒。睡觉也躺在沾着湿气的床单上，盖着粘凉的被子。

我的学校在郊区，珠江入海口的地界，回南天的厉害自是不用多说了。想必城中也是不大好受的，珠江面上的水汽指不定把我家熏成什么样子。

学校的草地旁有一株矮树，去年的冬天就十分引人注目。不为什么，就是因为它光兀兀的，没片叶子。岭南的冬天啊，湿冷是湿冷，但到底是没有几棵树不穿衣服的。每次从食堂走向宿舍，我都会看它一眼，对这又矮又丑的异类生出些莫名的期待。许是上天不忍见它这般的丑模样，许是百花仙子听见了我心底的期待，到了回南天，它竟是校园里唯一开花的树！花不大，却缀了满枝，粉白粉白的，肚子饿了一上午的我倒想起了糯米糍的颜色。菊花园里氹氹地转吧，阿妈教你歌一歌，炒米饼啊糯米糍，你嘻嘻哈哈地跳。有了这些讨喜的小生灵，那矮丑的树蓦地就赏心悦目了起来，树枝也有了点水墨画的味道，交错盘生，缠绵悱恻，杜鹃在它身上停了脚步，倚着枝干去嗅嗅那花，似是耳鬶厮磨。春呵。

如今又一轮春秋，同是在回南天，这糯米花又开了。在我看来今年这花确是比去年更美了，但一个学生却没有什么知与谁同的痴恨，没有携手游芳丛的回忆，可我还是期待着，明年的糯米花更好。恕这个城里长大的懒孩子吧，花名未闻。

也是这个懒孩子，从周一开始便想着周五回家。我早就打算好这周末要去哪里写生了，就去上下九走走吧。画画那狭长错综的老巷，画画那壁上渗着水珠的骑楼，那些天天在清仓的店铺，那些把身子探出楼外的招牌。或许我还可以坐船，驶过人民桥、解放桥、海珠桥、海印桥，从西关到东山，画那洋楼、高楼，小蛮腰、大烟囱。或许这周末春天就要不告而别，回南天走了落雨天来，或许可以画那落雨大，水浸街。让我用铅和炭，勾勒这一泓春水。

拿起伞，去白云上踏青吧。

【评点】

颇有一些余光中先生《听听那冷雨》的声色光影，文字如粒粒珠玑，细腻圆润，光彩熠熠。记忆与现实交织，人与景相融，心情是缤纷的水粉，将岭南的回南天一点点品味，一次次渲染，自然的生机，跳跃的想象，岭南的画意，曼妙的诗情，在微微潮湿的空气里酝酿出软软甜甜的气息。

痕　　迹
广州外国语学校高二（1）班　郭咏仪

叶子，是不会飞翔的翅膀；翅膀，是落在天上的叶子。——题记

叶子的重量很轻，很轻，任风轻轻一吹，飞舞辗转的翅膀在阳光下显得清亮，随着尘杂飞扬的自由一掠而过，了无痕迹。

秋风尚不算萧瑟，云淡风轻的穹冥透着丝丝缕缕的阳光把手中的朱砂色照得透亮，干净寥落的草书刻画着"林徽因文集"。

"黄水塘里游着白鸭，高粱梗油青的刚高过头。"默默念着，眸里不由得展现出一幅和谐田园图，清塘泛起层层涟漪，白鸭身后的水波延绵不已，透亮

的阳光夺目了水面，波光粼粼，跃入眼球；高粱梗借着八月的阳光肆意生长，"欲与天公试比高"，怎一个高字了得？然而，"这跳动的心怎样安插，田里一窄条路，八月里这忧愁？"在如此闲适、宁静的自然风光下，生命意识的觉悟顿然萌生，无奈理想与现实的差距即如海天相接，近在咫尺，却可望而不可即，这么近那么远。淡淡的情绪这样含蓄，这样内敛。

幸好，林徽因是幸运的。她虽有诉不清的愁绪，却有可恰当传达的载体。这样委婉，诉不尽绘还难的情绪付诸这样淳朴归真的自然，她的情绪得以自由地肆意地无拘束地流露。无心者意在景，不禁感叹其宁静自然的田园风光，有心者醉翁之意不在景，在乎传情之间也。从自然中一步一步迈向作者自由的心境，两种情绪的相见，相识，相知，走向共鸣。此不失为自然的自由、自由的自然的和谐鸣奏。

闭上双眼，白鸭缓缓游去，消失于转角，芳草依旧碧绿成簇，庭院深深深几许，绿荫成片片几寸。"芳草池塘，绿荫庭院，晚晴寒透窗纱。"陌上纤锦蔷薇，曼妙清照透着窗纱，若隐若无，清寒作雾，斜阳已深藏夜幕，暗涌不已，繁衍出一片绿荫朦胧。几许愁思托于塘水，几寸眷念寄于塘水。不得已以芳草自诩，借以含蓄传达自身忠贞贤德之意，对故国之思，对昔友之念，在冷清的自然中得以自由排解。

幸好，李清照是幸运的。她虽有匿藏已久的顾念，却有可触景抒情的载体。这样含蓄，虽可直叙却亦有欠妥的思绪付诸这样冷静清然的自然，她的感情得以无言的理解，虽无言却胜有言，至少有自然相伴，心境亦得以片刻的洒脱，不受羁绊，不受阻挠。从自然中一步一步融入彼此，两者和谐的鸣奏，得以心灵的宽慰。此不失为自由的自然、自然的自由的互勉理解。

冥心细想，自古文人骚客不亦如此？谁不是试图于自然中寻觅片刻的自由，于自由中沉溺永久的自然？若这两者不能和谐鸣奏，互勉理解，诗歌何需象征达意，小说何需景物衬托，散文何需借景抒情？

因此，我们都是幸运的。自然点滴启示人生，奏起翩翩乐章，自由于启示中缓缓伴奏，共奏和谐。乐符跳动，悄然萌发于心间，宽慰或贫瘠或沉溺的心灵，从而觅得思绪的自由。

翅膀的重量很轻，很轻，任风轻轻一吹，纷纷扬扬落于静如镜的水面点起涟漪，一圈一圈往外跳动，繁衍着自然的痕迹。

那，此刻你的思绪呢？

【评点】

灵魂的翅膀是自由的，飞翔在自然的天空中，于是有了盎然的诗情，优雅的意境。是自然养育了自由，是自由诠释了自然。作者选取了两个最美好的女子，向我们呈现了自由与自然的完美和鸣——那纯净如天籁的灵魂的乐音。敏感纤细的笔触，轻轻探入读者心灵的每一个毛孔，草木猗郁的大地上，渐渐传来历史的跫音。

耳机里的世界

广州外国语学校高一（1）班　刁楚翘

与震撼的群舞相比，天使的独舞更招人欢喜，那是舞者灵魂自由的舞动；与喧闹的大合奏相比，银笛的独奏更沁人心脾，那是乐者心弦自由的颤动；与工整有致的勾画相比，肆意的泼彩更令人迷恋，那是画者心灵自由的诠释。那些忘我的杰作，留给我们的，不仅仅是感官上的震撼，还有那无限的自由遐想。

很多人告诫我，不要整天戴着耳机塞着耳朵，既听不到外面的世界，又会损害听力。我又何尝不知道呢？只是无法割舍。耳机里的世界，让我深深地迷恋着。

耳机里的世界，是一个比浩瀚星空还要大的世界，是一个比天涯海角还要远的世界，是一个属于我的世界。也许你的耳机仅仅能向你诉说那一首首比花儿更容易凋谢的歌曲，满足你那闲暇时的娱乐，打发一点点难熬的时间。在我看来，耳机里的世界，没有灯红酒绿繁花似锦，它简单得像一片白纸任凭手中的笔驰骋，普通得像一汪清水任由思绪的游走，平凡得像一粒沙砾随风令心飘落在世界的角落。它是如此的简单，自由。

闲暇时，它为我带来愉悦的心情；嘈杂时，它为我营造宁静的时空；低落时，它为我奏起震撼的乐曲……每时每刻，它一直与我同在，让我领略另一番滋味，独处一片天地。也许这便是它令我着迷的原因。耳机里的世界，孤寂得如史迁著《史记》，澎湃得如贝多芬谱《命运》，睿智得如霍金探宇宙。这神奇的耳机，只有像指头一样的大小，只有一臂连线那样的长短，但为什么你为我创造的世界却没有尽头？是你原本就那么辽阔，还是你给予我的自由足够让我翻越世界的边缘呢？

不要说，戴上了耳机，就与外面的世界隔绝了，除非你想这样。耳机里的世界，是一个充满奇幻的世界，是一个惊喜重重的世界。这里拥有世界上131种语言，装满着一个个等待发现的惊喜；能听到孩童天籁般的欢笑，能聆听爱人贴心的细语。戴着耳机的人们，虽然听不到外面世界的喧闹，但他们的心拥抱着世界，耳机是他们梦想的爬梯，是他们自由奔跑的舞台。耳机里的世界呐，你真如我们所见的那么简单么？你还有多少秘密未告诉我们呢？

在繁花似锦高楼耸立的城市里，视线总是被遮挡；在阡陌纵横车水马龙的城市里，听觉总是被污染；在灯红酒绿人心浮躁的城市里，思绪总是被打搅。在耳机里的世界，我总能寻回那点点安宁，找回丝丝安心，思绪不再套有枷锁。

也许耳机里的世界，就是我们心中的世界；心里有多自由，世界就有多大。

【评点】

耳机里的世界能让"我"超脱于喧嚣的世界之外，获得愉悦与宁静，获得灵魂的自由飞翔："心里有多自由，世界就有多大。"作者从一个独特的角度切入话题，文笔细腻洒脱而充满了飞扬的激情，思想深刻，文字灵动，充满了青春跳跃的活力。

心灵视野中的美

虽然我们走遍世界去寻找美,

但是美这东西要不是存在于我们内心,就无从寻找。

——爱默生

"故事"里的事
——"故事"写作讨论课实录

这是一堂写作讨论课。力求不要太"实",打破写作技巧训练的传统模式;也不要太"虚",杜绝口号式的写作宣言,避免概念灌输。面对井冈山中学初三(1)班的学生,我想让他们在创作中看见艺术,然后才能艺术地创作。

生命语文认为,教材等教育资源是源客体,学生是近主体,教师是远主体。远主体对近主体与源客体之间的关系要有一个艺术化的宏观调控,并充分敞开课堂的生命空间，为一切未知提供不断生成的肥沃土壤，同时将自己也完全抛入这样一个磁场，与源客体、近主体一起充分互动。在"三体"交互作用的过程中，源客体本身的意义和价值会不断生成，近主体和远主体的生命也会获得不同层面的生长。

所以这堂课，我努力追求以情感为引擎，推动学生对别人的文字的思想情感和表现手法的深度理解和敏锐发现，从而激发他们自己的创作动机和表达机智，同时，滋养心灵，修养理性，涵养智慧。教师不以一种"让我来告诉你"的姿态来教授，而以一种"请你告诉我"的邀请来激发。尽量不贴标签，而是精心设计一些难度上有层级、能够拓展学生思维的提问，让学生在争论的乐趣当中去自主感受和发现。另外，"伙伴语言"（学生作品）作为素材的魅力和影响力，会比名家名作更大，不要轻易放弃这一阵地。阅读与写作双翼并举，生命便能凌空飞翔。

【教学步骤】

一、导入话题

今天，我们以"故事"为主题展开一次关于写作的讨论。你是一个有故事的人吗？（一部分同学犹犹豫豫地答"是"）你喜欢听故事吗？（生齐大声："喜欢！"）喜欢讲故事吗？（一部分同学回答喜欢）喜欢写故事吗？（不多的几个同学表示喜欢）好，我们就从大家都喜欢的"听故事"开始。有人听就必得有人讲，谁来给大家讲一个你生命当中经历过或听过的动人的故事？

二、故事热身

一男孩和一女孩各讲一个充满爱的故事。

三、看作者怎么写——听听"我"的故事

1. 教师配乐朗读学生作文《草娃娃的故事》，是以第一人称讲述的"我"的故事。

2. 提问：这算是一个好的故事吗？为什么是好的故事？好的故事有哪些要素？

学生自主鉴赏，归纳得出：语言优美，好的意境，蕴含人生哲理，编织回忆，丰富的情感世界，细致入微的画面，情感的共鸣性、激励性、崇高性、真

实性、复杂性、深刻性、层次性，标点的恰当运用，留白，平中见奇，人文情怀，前呼后应，结构严谨，善用修辞……

教师补充：对比的表现手法。

3. 提问：读了这篇文章之后有没有联想到其他的作品或人物？

学生交流，教师推荐阅读与《草娃娃的故事》主题和风格都非常相似的《夏洛的网》。

四、和作者一起写——猜猜她们的故事

1. 请三位同学为大家朗读《Twins 的故事》，每位同学读一张幻灯片。

2. 点击幻灯片"故事情节猜猜猜"：猜猜故事会怎样发展？

3. 指名朗读原文，故事情节被两位同学料中。

4. 点击幻灯片"故事结尾接接接"：若你是作者，你会给故事一个怎样的结局？

5. 生齐读原文结局，提问：你是否满意这个结局？

6. 发问：抽掉她们互相攻击的情节，结局有哪些是不变的，哪些是会改变的？

7. 追问："Twins"变成了"主播 X 和主播 Y"，到底是好事还是坏事？或者，有好亦有坏呢？

8. 继续追问：这个故事够不够现实？或者说：它的现实主义够不够彻底？

9. 最后一问：《草娃娃的故事》让我们看到了人性的美，这个故事让我们看到了人性的丑，那么，它算不算是一个好的故事呢？

五、我的地盘我做主——说说你的故事

就像硬币的两面，《草娃娃的故事》和《Twins 的故事》让我们从不同侧面了解了完整的人性。能够带给我们感动的故事是好故事，能够引起我们思索的故事同样是好故事。前面我问你们："你是个有故事的人吗？"你们回答："是！"好的，现在，我要给大家布置一个作业："说说你的故事"。学习运用那些你认为好的表现手法，也写一个能够打动我们或者引起我们思考的故事。

【课堂实录】

师：今天，我们以"故事"为主题展开一次关于写作的讨论。老师首先想问你们一个问题：你是一个有故事的人吗？

（一部分同学犹犹豫豫地答"是"）

师（笑）：如果是，请举手。

（大部分同学举手，少数几个犹豫了一下之后也举起手来。）

师：好，请继续回答：喜欢听故事吗？

生（齐大声）：喜欢！

师：喜欢讲故事吗？

（一部分同学回答"喜欢"）

师（略带挑战意味地）：喜欢写故事吗？

（不多的几个同学表示"喜欢"）

师：好，我们就从大家都喜欢的"听故事"开始。有人听就必得有人讲，谁来给大家讲一个你生命当中经历过或听过的动人的故事？长短不限，一两句话就可以成为一篇小小说！

生：我记得有一年我跟我爸到南昌去，在大街上遇见一个老人带着一只猴子，那只猴子向我敬了个礼。但是我们走得太快了，没有给它捐钱，后来我就很后悔，所以我一直记得这件事情。

（大家笑了）

师（笑）：嗯，非常有爱心的一个孩子。

生：我看过一个非常动人的故事：从前有一个盲人，他有一只跟了他很多年的狗。因为他眼睛看不见，所以这只狗帮了他很多。后来这个盲人去世了，他和他的狗一起来到了天堂的门口，天使却对他说："你和你的狗只有一个可以进天堂。看谁最先走到天堂门口，谁就进天堂。"这个盲人就像平时一样慢慢地走，那只狗也跟平时一样亲密地跟着他。到了门口，盲人为了让他的狗进天堂，就决定自己下地狱，没想到狗跟随他来到地狱的门口，狗对盲人说："无论你到哪里，我都要跟你在一起。"

师：真好，这是一个充满了爱的故事。在这个世界上，总有一种爱会让我们泪流满面。下面，老师也要告诉你们一个十分动人的故事。在老师来井冈山的前一天下午，接到一个编辑的电话，她问我："熊老师，您前些时发给我的学生作文当中有一篇《草娃娃的故事》，我很喜欢，不知有没有被其他刊物录用？"我说："没有，你就大胆地用吧，谢谢你给我的孩子们提供舞台！"她说："谢谢您给我们提供这么好的学生作文！"现在，老师将跟大家分享这篇学生作文《草娃娃的故事》。这是一个以第一人称讲述的"我的故事"，让我们一起来听听。（点击幻灯片"听听我的故事"）

（教师配乐朗读全文）

草娃娃的故事

苏州新区一中高一（9）班　韩毅

　　春天里，不知道从哪里掉下来一粒小小的种子。它是如此的小，以至于当它砸到我时没有带动丝毫尘屑的喧嚣。因为谁都不会在意一粒小小的、带着意外的种子，但是我却十分痛苦于它的存在。

　　我是一个破烂的草娃娃，很像乡下小贩手里那些五毛六毛的存在，但又不真像。我没有那些泥人耀眼的色彩，没有老虎糖画生动的表情，甚至没有腿也没有嘴，只是一个被人遗忘的半成品罢了。

　　我是一个用草叶、树枝编制而成的草娃娃，曾经辉煌过一阵儿——被用来取悦那些年纪尚小也还不懂世间美丑的孩子。时间不会刻意遗忘谁，但孩子终究会长大，会突然间觉出身边一切器物的幼稚和无聊来，于是我就做好会被丢弃在某个墙角的阴影处的准备。等待……等待着其他劣质的玩具被带走；等待……等待着其他优质但已陈旧的玩具被带走；等待……等待着，轮到自己的那一天。

　　我一向只是静静地等……

　　孩子一天天高大起来，我一天天渺小起来，令我高兴，令我担忧。

　　我只是一味地静静地等……

　　有时，我会想在等待的同时做些什么，却忘了自己的身份只不过是半成品。与窗外飘然的白云、疾行的风急迫地说上一两个字，不待我说完，他们已走远了，我总是跟不上他们的速度。

　　有时我会冥想，看见过老鼠的起早贪黑，也看见过蜘蛛的不劳而获——他和我一样在等。

　　可是，他等不下去了，最终只留我只身一个继续等，等……

　　日日夜夜里，我用等和想交织成亮丽的银线，穿在时间的缝隙中，补全那光与影的口子，等到迟早会降临的那一天，我也会像无主的蛛网一般消失吧。

　　那粒从天而降的种子打断了我的等与想。

　　我鼓起十二分的勇气怒喝，蛮横地想要他赶快离开。但是之后我才发现，这粒种子正做着春天的梦，他显然把我这早已腐朽的身体当作最舒适的温床，陷入了深度的睡眠之中，只有春风的吹拂才能唤醒他。

于是，我的生活抑或是我的故事中有了这抹绿色的影子，那一丝明媚的色彩、生命的气息降临在我这个早已是死物的身体之上。隐隐地看来，我似乎多了一颗跳动着的心脏。

一切都活了过来。

再后来，我每天拼命追赶着阳光的脚步，虽然没有双腿，无法奔跑，但我用心灵做着最本源的追逐，甚至折断了，折断了支撑自己的最后一根木棒。

"咦？唉！还是坏掉了……小时候外公做的玩具……"

那天，我正如往常一样和阳光玩追逐的赛事，忽地听到了一个既熟悉又陌生的声音。是那个小男孩，不，不，他已经长大了，他变得和他的父亲一样，高大强壮，伴随着嘴角的一抹流光。

等等，他要做什么？那是簸箕和扫帚……我明白了，这一天到来了，我所期待的那一天。可是为什么我的心口，那已经被填满的地方传来一阵阵的痛楚。

种子，种子还没睡醒，他该怎么办，也许他正在萌动，即将发芽。他正在苏醒过来，请等一下，等一下……

师：同学们觉得，这算是一个好的故事吗？

生（齐）：算是。

生：就是！绝对是好故事！

师（笑）：这么肯定？好，你能不能说说，它为什么绝对是一个好故事呢？

生：因为我觉得它语言优美，有好的意境，而且蕴含着人生哲理。

师：概括得非常好！能不能告诉我们，你从中感悟到了什么样的人生哲理？

生：每个人都有一粒心灵的种子，应该相信自己。

师：你觉得草娃娃相信自己什么？

生：相信自己能够帮助这粒种子发芽长大。

师：嗯，它愿意用自己即将毁灭的生命来孕育一个新生命，它相信爱的力量，相信希望可以孕育奇迹。你是被草娃娃的奉献精神打动了，是吗？

生：嗯。

师：好，请坐。还有谁能说说，为什么这是个好的故事？好的故事有哪些要素呢？（点击幻灯片"好的故事"）

生：我觉得文章的情感非常美好，而且文中编织着草娃娃跟那个小男孩的回忆。

师：嗯，小时候，草娃娃是小男孩的玩具，是承载着小男孩的外公的爱的玩具。现在的草娃娃，虽然已经不再被长大了的主人所需要，但它仍然是一个爱的载体，它用它的爱守护着一粒种子。

生：这是一个好的故事，因为它有丰富而细腻的情感，草娃娃丰富的内心世界、情感的前后变化，还有一些美好的回忆，都用了大量的笔墨来充分表现。任何时候，草娃娃都在默默奉献，追求生命的意义和价值，带给我们思索和感动。

师：你说得真好！好，刚才这几位同学已经给我们提炼出了几个"好的故事"的要素，老师把它们写下来。（板书：语言、意境、人生哲理、编织回忆、丰富的情感世界）还有哪些同学有新的发现？

（学生陷入沉默）

师（回放文章7—10自然段）：大家看这个片段，你能感觉到它的哪些好？

生：我觉得这里的描写让我们能够感同身受，如同置身于其中，使我们能够深刻体会它心里在想什么。

师：嗯，感同身受，身临其境，是画面在对我们说话，是吗？

生：是。作者结合了周围的环境和草娃娃的心理，把它们融为一体，并且表现得淋漓尽致，所以带给我很深刻的感动。

师：好，情感的表达不是抽象的言说，而是具体的刻画，借助了具体的画面来表现。（板书：细致入微的画面）我们来看这些画面：它想在等待的同时做些什么，于是跟窗外的白云和疾行的风打招呼，却总是跟不上它们的速度。当它崭新的时候，有小男孩做它的朋友，现在，它老了，小男孩大了，它很寂寞，它需要朋友。除了跟云和风打招呼，它还静静地观察什么？

生（齐）：老鼠和蜘蛛。

师：对。并且在观察的时候，它还会联想：蜘蛛，它和我一样在等。原来，在等待中生活的，不止我一个，所以心中略感安慰。然而到后来，连蜘蛛都等不下去了，草娃娃便更加感觉到一种旷古的孤独。它知道自己也有结局的一天，但究竟在什么时候，余下的生命除了等和想，到底还可以做些什么，它都感觉到……

生（齐）：迷茫。

师：对，迷茫，但是，有没有绝望？

生（齐）：没有。

师：是，它仍旧怀着希望。它努力把自己的生活经营得怎样？

生（齐）：充实。

师：从哪里看出来的？

生："日日夜夜里，我用等和想交织成亮丽的银线，穿在时间的缝隙中，补全那光与影的口子。"

师：这里的"口子"指的是什么？

生：它感觉到生命的空洞。

师：空洞，非常好。草娃娃在有限的时空，用有限的力量做着有限的事情，为着让生命的意义变得相对无限。它不想像无主的蛛网一样空洞着消失。这种种情感和思想都不是直白地说出来的，而是用细致入微的画面悄悄地表现出来。因此，它真算得上是好的故事！好，继续说，好的故事，还应该有哪些要素？

生：我认为好的故事应该像这篇文章一样，作者表达的情感能够震撼我们的心灵，引起我们的共鸣。

师：它为什么会震撼你？

生：因为故事里有一些情节跟我们日常生活中所遇到的很相似。

师：好！情感之所以能够震撼读者，首先因为它有共鸣性（在"情感"下面板书：共鸣性），它与我们的生活是有相通之处的。继续。

生：能够震撼读者的情感还应该有激励人的作用。

师（赞赏地）：好！激励性。（继续在"情感"下面板书：激励性）你觉得它怎样激励你了？

生：草娃娃的坚强、不屈不挠……

师：对，它的身体是柔弱的，内心却是坚忍的。

生：还有它的执着、不放弃，都很激励我。

师：嗯，还有它的奉献精神，它的爱，这些情感，都具有一种崇高感。一种情感之所以能够打动我们，这种情感必定是美好的，是崇高的。（继续在"情感"下面板书：崇高性）如果它只是一种个人灰暗情绪的宣泄，达不到这种震撼的效果。但是，如果草娃娃的情感单单表现为这样一种甘于牺牲乐于奉献的崇高和伟大，文章会不会有这么强烈的震撼效果？

生（齐）：没有。

师：为什么？

生：那就显得太假！任何人都不是永远坚强的，总会有软弱低沉的时候。

（师板书：真实性）

师：很好！只有真实的情感才能打动人心。真实的软弱胜过虚假的强大。而且，草娃娃的软弱表现在对未来不可知的一种迷惘，是对生命意义的一种追问，这种彷徨是我们人类同样会有的。虽然我们人的生命比草娃娃的生命更具主动性，我们似乎比草娃娃更能主宰一些什么，但如果把我们的生命放在宇宙当中，我们同样也会觉得我们是怎样的？

生：渺小的。

师：是，很多东西同样是我们人类所不能主宰和明白的。所以，草娃娃对生命终极问题的追问就触动了我们内心深处的情绪。因此，草娃娃的内心世界，除了爱，除了期待，除了坚忍，还有迷惘、彷徨、怀旧、感伤、空洞，等等，实在是相当复杂的。所以，真正能够震撼人心的情感，它应该还具有复杂性。（板书：复杂性）请大家继续发表意见，好的故事，还有哪些要素呢？

生：我觉得好的故事还需要注意标点的恰当运用。

师（惊奇地笑了）：为什么？

生：比方说：问号，表达一种怀疑的情感；感叹号，表达一种强烈的情感；破折号，表示解释或转折；省略号在这篇文章当中用得很多，有时让人感觉意味深长，有时让人感觉时间的漫长，有时让人回味和想象。

师（欣喜）：你对文字非常敏感！好的故事，标点也很重要！嗯，这个倒是我没想到的。真好！（板书：标点符号）

生：我觉得，好的故事还应该是深刻的，无论是感情还是对问题的思考，都应该是有深度的。比方说草娃娃对生命终点的等待和感伤以及他填充生命运转生命的努力。

师：太好了！（板书：深刻性）还有不同发现吗？

生：好的故事应该有留白，给读者想象的空间。

（师板书：留白）

师：真好！这本来是书画艺术的一种表现手法，在写作当中同样具有魅力。还有吗？

生：好的故事需要有感情的递进，从微弱到强烈，逐渐达到高潮，到最后就会更感动。

师：太棒了！情感，还需要有层次性。（板书：层次性）不是平铺直叙的，而是一步比一步加深，一步比一步丰富，最后达到一个高潮的强烈震撼的效果。还有不同发现吗？

生：好的故事需要从平淡无奇的事物中发现新意。像草娃娃这样被废弃的儿童玩具往往是我们熟视无睹的，但作者却赋予了它人的情感，表达了深刻的主题。

师：好！（板书：平中见奇）罗丹说过，生活中并不缺少美——

生（齐）：只是缺少发现美的眼睛。

师：对，我们要善于发现新异的美，是别人未曾发现的。从一个平凡的事物上，发现一种新异的情感，或者一种新异的哲理。

生：我觉得好的故事还应该富于人性。草娃娃比很多人还要更像人，所以读起来特别温馨。

师：真好！人文的光辉和生命情怀。（板书：人文情怀）

生：好的故事应该首尾呼应，结构严谨，让我们读起来感觉很有条理性。

师：非常好。你会发现这篇文章有一种前呼后应的场感（板书：呼应的场感），有一种磁场的效果。他用一个字贯穿了全文，一个字——

生（齐）："等"。

师：对，"等"。然而，每个时期的等待却又怎样？

生（齐）：不同。

师：它曾经等待主人的到来，等待结局的到来，等待生命中的过客，等待同样等待着的蜘蛛，等待生命中的奇迹和偶然，等待定数中的变数，等待着希望或者失望……然而，最后的等待却是——

生（齐）：等待种子的发芽。

师：不同的"等"在文中簇拥着，呼应着，形成一种生生不息的场感。还有其他发现吗？

生：善用修辞。比方说那三处"等待"，形成排比和反复，特别意味深长。

师：哦，"等待……等待着其他劣质的玩具被带走；等待……等待着其他优质但已陈旧的玩具被带走；等待……等待着，轮到自己的那一天"，通过排比和反复，以及对"玩具"不同的修饰语的替换，形成了层次的递进，让我们感觉到了时间的推移和一种宿命的感伤。还有一种重要的表现手法，大家到现在都没有说出来，老师补充一下：对比。全文充满着很多组对比：草娃娃的静和云以及风的动的对比、草娃娃的残破与种子的新生的对比、草娃娃的平凡外表与美丽内心的对比、草娃娃当初的辉煌与现在的凄凉的对比、等不下去了的蜘蛛和继续等待的草娃娃的对比、曾经用等和想补全生命的空洞和现在种子的降临填充了生命带来了希望与活力的对比、不同时期不同等待的对比……这些对比让故事丰富而深刻。当然，最震撼我们的，还是草娃娃对种子无私的奉献和爱。不知道大家读了这篇文章之后有没有联想到其他的作品或人物？

生：我联想到了雨果的《巴黎圣母院》，那里面有一个长相非常丑陋的形象，叫卡西莫多。他爱上一个美丽的舞女，但是这个舞女思想有点不清晰（众生笑），然而他一直爱着这个舞女，他也和草娃娃一样，是被人遗弃的，但是他还是坚持自己的信念，坚持自己的爱。

师（由衷地欣喜）：非常好，他读过雨果的《巴黎圣母院》，这真太棒了。

生：我想到了《种子的力》，它被压在巨石下，但它努力不放弃，终于从巨石下面钻了出来。

师：啊，这好像是小学时候的一篇课文，是吧？

生：我想到了林清玄的《心田上的百合花开》。百合花生在断崖上，在杂草丛中的她一直梦想开花，大家都嘲笑她，但她坚持自己的梦想，她要完成她作为花的使命。最后终于开出了美丽的花，并一代一代将这种精神传承下去，使这个地方成为了百合花谷。

师：很好，百合花用自己的努力和勇气来实现自己的价值，而草娃娃是用爱来实现自己的价值。用爱来实现生命价值的动人故事有很多，我向大家推荐一个童话。这个童话里有一段话非常美好，我们一起来读一遍（点击幻灯片）。

生（齐读）："你一直是我的朋友，这本身就是你对我最大的帮助。我为你织网，是因为我喜欢你。然而，生命的价值是什么，该怎么说呢？我们出生，我们短暂地活着，我们死亡。一只蜘蛛在一生中只忙碌着捕捉、吞食小飞虫是毫无意义的。通过帮助你，我才可能试着在我的生命里找到一点价值。老天知道，每个人活着时总要做些有意义的事才好吧。"

（读完以后，几位同学恍然大悟，叫出声来："是《夏洛的网》！""蜘蛛夏洛和小猪威尔伯的故事！""夏洛用自己的丝在猪栏上织出了被人类视为奇迹的网上文字，彻底扭转了威尔伯成为熏肉火腿的命运！"）

师（欣喜）：你们读过吗？太好了。夏洛用蜘蛛丝编织了一张爱的大网，这网是为生命而织的，也是用生命织的。当夏洛的生命走到了尽头，威尔伯又反过来帮了它，它守护着夏洛的孩子们出生，成长。这是一首关于生命、友情、爱与忠诚的赞歌！一本诞生于 52 年前的经典，一部傲居"美国最伟大的十部儿童文学名著"首位的童话！我建议没有读过的同学都去读一读！好，刚才我们听过了草娃娃的故事，现在，让我们再来猜猜"她们的故事"（点击幻灯片：猜猜她们的故事）。我要请三位同学来为我们朗读，每位同学读一张幻灯片。

（同学们纷纷举手，老师选定了两个男生和一个女生。）

（男生1读）

Twins 的故事

这一对"Twins"可不是香港那对有名的艺人，而是电视台里的小 X 与小 Y。她们像一对双生花，虽然不是亲姐妹，但当初比亲姐妹还要亲，她们曾经是最好的朋友。两人毕业于同一所大学的广电传媒专业，一同应聘来到电视台。很多人都记得她们并肩走入办公室的时候，给大家的惊艳感觉——她们的发型特意保持一致，衣服穿的是相同的牌子，就连说话的口气也很相似，再加上经常形影不离，所以，大家戏称她们为"Twins"。

（男生2读）

"Twins"努力了半年，渐渐有了些口碑，很快实习期满，两个人顺利留在台里做了记者。当记者是很辛苦的，两个人的梦想都是能当上主播。机会终于来了。台里要上一档新的日播节目，一男一女两位主播。男主播已定，女主播要从新人中间选拔，因为是公开选拔，所以"Twins"都有机会。几轮淘汰赛下来，只剩下这对"Twins"，小 X 与小 Y 条件旗鼓相当，成了对手。最终谁能成为这档新闻节目的女主播，还要看节目筹备结束后的最后一场公开考试，这是最后一关。

（女生读）

成为女主播才算是真正在台里站住脚，这是乌鸦变凤凰的机会。小 X 与小 Y 都想成为镁光灯下那个幸运的宠儿——这档新节目唯一的女主播。这样的竞争让两个人的关系有了微妙的变化。尽管两人相处时笑容还是那么灿烂，但谁都可以看出来，她们已经变得不那么自然。

（曾在一本旧杂志上读到此文，这本杂志现已无处可寻了。——作者注）

师（微笑，点击幻灯片"故事情节猜猜猜"）：谢谢，请坐！好，现在是"故事情节猜猜猜"活动！猜猜故事会怎样发展？

生：我想可能会发生一件什么事情，让她们突然懂得了一些道理，结果两个人都互相谦让，感动了台长，让她们两个都当上了女主播。

师（笑）：很有想象力！还有其他的猜测吗？

生：她们互相谦让，彼此为了对方而放弃了这个机会，后来突然有一天在某个街头相遇，彼此都有了属于自己的精彩人生，多年以后的她们仍旧是好姐妹。

师：嗯，非常美好！

生：我觉得她们在接下来的竞争中会针锋相对，但同时她们也会觉得很尴尬，后来她们在另外的机会中各自都实现了自己的梦想。

生：我觉得小 X 和小 Y 会明争暗斗，然后小 Y 呢，因为珍惜彼此的友情而选择了退出。小 X 顺利当上女主播，小 Y 则另图发展。几年之后，小 X 失宠了，被电视台炒鱿鱼了，而小 Y 已经成为了一家著名造型公司的……（师笑着插话：CEO？）对，CEO，这时候，小 X 就来跟小 Y 套近乎，小 Y 就……（一女生坏笑着接话："一脚把她踹开了！"大家都笑起来。）

师：啊，真像一部精彩的电视连续剧！

生：我觉得她们实力相当，到后来可能分数一样高，最后由观众来投票决定最终人选。

师（笑）：哦，这个主意不错。让我们来看看原文，请一位同学为我们朗读。

（女生读）

那一段时间，小 X 经常请大家吃饭，小 Y 则请大家去卡拉 OK。后来，有一些流言，有人听说小 X 大学时候功课不好，曾经补考过，有一次还涉嫌抄袭，最后因为证据不足未被处分。又有人听说，小 Y 在大学里乱交男朋友，还为了一个有妇之夫自杀过，现在手腕上还留下一道深深的伤痕。没有人说出这些流言的出处是哪里，只是大家发现不知道从什么时候开始，"Twins"已经很久不在一起出现了，当初她们可是形影不离。

那场公开的 PK 赛终于来了。这时候"Twins"已形同陌路，彼此不说话很久了。这场 PK 赛，两人准备充分，都发挥出了最高水平。考试结束，却没有当场宣布结果，因为很难取舍。

师：呀，还真被两位同学料中了！她们果真针锋相对了。这一处情节，很容易让人联想起马克·吐温的什么作品啊？（学生一脸茫然）看来没学过《竞选州长》。（学生回答没学过，各地教材版本不一样）啊，没关系，以后大家自己找来读一读。很有意思的。我们看到，在名利面前，为了自己爬上去，便把别人踩下来，不惜曝光对方隐私，甚至造谣中伤。这是一种现象，也是一个现实。结果又被你们猜中了，果然不分上下，很难取舍，若你是作者，你会给故事一个怎样的结局？（点击幻灯片"故事结尾接接接"）

生：她们经过了这场比赛，都觉得自己颇具实力，然后又因为都很珍惜这种姐妹情，所以决定放弃这种自相残杀，两个人结成一个组合，双双赢得了精彩人生。

师：一个美满的结局！其他同学呢，也说说？

生：她俩的一个朋友从中劝导，于是其中一个女孩就退出了比赛，到了另一家电视台去，也做了女主播。

师（笑）：哦，一山不容二虎。

生：她们争到最后，幡然醒悟，觉得这样做是不值得的，所以都放弃了这种名利的追逐。

师（笑）：呵，大家心中都怀着美好的愿望，我们都希望自己是光明的，是和谐的。让我们来看看故事本来的结局，一起读！

（生齐读）

一周之后的答案出人意料，两个人双双入选，因为节目由最初设定的20分钟增加到30分钟，分为几个板块，主持人由原来的两位增加到四位。尘埃落定，节目如期开播，在节目中"Twins"配合得天衣无缝，对答流利，笑靥如花。节目之外，又可以在办公室听到两人的欢声笑语，一切似乎都回到从前，就像什么都没有发生过一样的云淡风轻。但是两个人还是有些变化的，比如她们曾经总是一样的发型都做了改变，两个人都解释说现在的发型更上镜。两个人都舍弃了曾经誓死捍卫的同一个服装品牌，理由当然也是现在的品牌更适合自己，渐渐地，"Twins"这个称谓也彻底消失了，取而代之的是主播X和主播Y。

师：这个结局还满意吗？

生：不满意。

师：为什么不满意？

生：因为一段美好的友情就这样被毁掉了。友情是最珍贵的，她们却这样扼杀了它。

师：看来你并不在意她们在事业上是否能够大红大紫实现梦想，你看友情胜过事业，对吗？

生（笃定地）：对。

师（欣慰地）：真好。还有其他看法吗？

生：我觉得这个结局还是很好的。因为生活毕竟是现实的。毕竟前面大家都做错了事嘛，能够这样收场，谁都没有因负面影响而毁掉前途，已经不错了，生活总是现实的。

师：嗯，生活总是现实的。这个故事跟前面草娃娃的故事相比，风格完全不同，对吗？

生：对。我觉得草娃娃的故事充满了爱，这个故事就比较现实一点。

师：你可以用两个专用术语来定义这两种风格吗？就好像……雨果和巴尔扎克的区别，就好像李白和杜甫的区别？

生：一个是浪漫主义，一个是现实主义。

师：很好。还有其他意见吗？

生：我也觉得这个结局不错，因为友情固然重要，但事业是一个人实现自己人生价值的重要途径，她们发挥了各自的特长，最终都做了自己。

生（马上接过话头，针锋相对）：我觉得这个结局不好！成功必须靠自己的努力。我觉得这个故事一点教育意义也没有！因为她们前面各自散布流言来影响对方，我觉得电视台如果要公平一点人性化一点，就应该去查清流言的出处，然后取消她们的参赛资格，这样才能给人们以警戒和教育！（台下观众热烈鼓掌）

师（欣慰地笑）：太好了，我在他脸上看到了公义的光辉！

生：一个人需要事业的成功，但也需要真诚的友谊。没有友谊的浇灌，我觉得生命是非常枯竭的。

生：这个故事虽然是很现实的，但和我们所希望的有距离，我们希望它有一个温暖而美好的结局，但这个结局令人对人性有些失望。

生：成功的机会永远不是唯一的，世界上并非只有这一个舞台。感情才是一切的基础，有这样一份美好的友情，在人生当中是非常有意义的。如果是我，我不会伤害这份友情，我会跟我的朋友携手，共同奋斗创造，把我们的才能发挥到极致！

生：如果你选择了一份感情，就必须在行动中对这份感情负责任。感情不是一个符号。

师（欣喜地）：说得非常好！还有其他看法吗？等大家说完了，我再发问。

生（很酷很自信地）：你可以发问了。

师（笑）：我可以发问了？好。如果我们把中间她们互相伤害的情节抽掉，她们没有散布流言彼此伤害，而只是各自努力，充分发挥自己的才能，结局有哪些是不变的，哪些是会改变的？

生：不变的是，她们同样会双双被录取；变化的是，她们之间不会有阴影和隔阂，不会有愧对对方的内疚和自责。如果她们从来没有伤害过对方，都只是正大光明被录取的话，她们还会和从前一样，拥有和谐亲密的友情，她们的笑容不会像现在这样是做给别人看的，而会是像从前一样，是发自内心的。

师：很好。看问题很深刻。我再发问："Twins"变成了"主播 X 和主播 Y"，到底是好事还是坏事？或者，有好亦有坏呢？

生：我觉得不纯粹是坏事。先前两个人形同一体，现在各自独立了。我们知道人都是各有各的优点的，两个人这样黏在一起，各自的自我有可能被埋没。

师：也就是说，自己有可能会成为别人的影子？

生：是，只有各自独立了，才可能散发出自己独特的魅力。

师：好，也就是说，结局并不坏，只是过程不美好。因为这种个体的独立是用伤害的手段来实现的，而她们本来可以选择光明正大的途径。好，我再发问：这个故事够不够现实？或者说，它的现实主义够不够彻底？

生：够，绝对够了。

师：绝对够了？你确定？

生（几个，确定而自信地）：够，够，够！

生（突然恍然大悟似的急忙摇头摆手连声说）：嗯，不够，不够，不够！

师：嗯？为什么你突然又说不够了？

生：结尾说"节目由最初设定的 20 分钟增加到 30 分钟，分为几个板块，主持人由原来的两位增加到四位"，这个太戏剧化了，不现实，不可能。

师：你的意思是作者为了使结局不太令人失望而制造了一个奇迹？

生：我觉得作者在打发读者。（听众会意而赞赏地笑）

师：打发读者，说得太好了！作者在搪塞，在敷衍，在为了有一个比较理想的结局而向现实妥协，跟生活作和平谈判。因为现实并非每一次都可以为我们提供双赢的奇迹。

生：我也觉得这个故事的现实主义还不够彻底，她们钩心斗角，内心如此险恶，结局应该让她们一无所有露宿街头才对，恶有恶报嘛。

师（笑）：我明白了，你真够狠的！我最后还要再问大家一个问题：《草娃娃的故事》让我们看到了人性的美，这个故事让我们看到了人性的丑，那么，它算不算是一个好的故事呢？

（学生略为沉吟）

师：雨果说过："释放无限光明的是人心，制造无边黑暗的也是人心。""人的两只耳朵，一只听到上帝的声音，一只听到魔鬼的声音。"也就是说，人都是会犯错的，我们每个人都不是纯粹的天使，老师也一样。我们会有伤害人的时候，但我们不应该以伤害为终点。其实，小 X 和小 Y 的故事并没有结束。也许在人生的某一个点上，她们还会有交集，她们还有可能会再次碰撞出美好的友情来。我们有可能犯错，但是，我们也可以从头再来。对于人性的弱点，我们可以理解，但不能一再妥协。过程的性质会决定结果的质量，我们需要选择倾听什么声音。就像犹太人说的，人的天性当中有鲜花也有杂草，如果你选择浇灌鲜花，你的人生就会充满芬芳，如果你选择浇灌杂草，你的人生就将是一片荒芜。从这些意义上来说，你觉得，这算是一个好的故事吗？

生：这个故事真实地反映了人性的另一面，给我们以警示的作用，应该算是好故事。

师：因为它真实，所以能够带给我们一些思索。一个能够引起我们思索的故事，算不算是好的故事呢？

生：算。

师：就像硬币的两面，《草娃娃的故事》和《Twins 的故事》让我们从不同侧面了解了完整的人性。能够带给我们感动的故事是好故事，能够引起我们思索的故事同样是好故事。前面我问你们："你是个有故事的人吗？"你们回答："是！"好的，现在，我就要给大家布置一个作业，（点击幻灯片"说说你的故事"）学习运用那些你认为好的表现手法，也写一个能够打动我们或者引起我们思考的故事。写好之后呢，你可以寄信给我，也可以发邮件给我。今天的课就到此结束了，下课！

好的写作指导课有哪些要素
——品鉴熊芳芳老师《"故事"里的事》

"精致语文"首倡者、江苏省南菁高级中学教师　徐杰

熊芳芳老师执教的作文指导课《"故事"里的事》，堪称作文教学的经典之作，熊老师以"一个好的故事有哪些要素"串起了课堂活动的颗颗珍珠，我们在欣赏这堂课的时候，也不由得会发出这样的感想：一堂好的作文指导课有哪些要素？

熊老师告诉我们：好的作文指导课，应该有"互动生成的教学内容"。

这堂课在总体上，呈现出"听故事，评故事，续故事"的预设格局，但是，在具体的课堂活动过程中，我们不难发现，熊老师在不断调整和丰富着教学内容。在"评说好故事的要素"这个环节中，学生一开始比较容易地就得出了"语言、意境、人生哲理、编织回忆、丰富的情感世界"这些要素，它们应该在熊老师的教学预设中；接下来，学生陷入了沉默，老师开始引导，学生相继得出了"细致入微的画面，情感的共鸣性、激励性、崇高性、真实性、复杂性、深刻性"，这应该是教师艺术地引导学生向着预设前行；再接着，熊老师就渐渐地"隐去"了主动性引导，我们也惊喜地看到了老师"点化"以后的精彩："标点，留白，层次，平中见奇，呼应，修辞"等要素就自然地流淌出来，那是被触动，被唤醒，被激发的生成。而且，我们发现，有些生成，是超出熊老师的预设的，但是，熊老师充分利用了这些现场生成的教学资源，将其纳入课堂教学内容中，使得课堂洋溢着生命的律动。

熊老师告诉我们：好的作文指导课，应该有"螺旋上升的层次感"。

作文教学的层次感，既表现在形式上，如本堂课的"听故事，评故事，续故事"的板块格局，也表现在认知规律上，如对于好故事的要素的评说，就遵循着由浅入深，从感性（表达效果层面）到理性（表达艺术层面）的认知路径，更表现在对学生思维品质的培养上，由"认识到好故事的要素"到

"使用好故事的要素"，在续写故事这个环节中，学生对自己的学习成果进行内化，教师进行评点提升，落点在"不同的侧面，完整的人性"，可谓层层深入，渐入佳境。

熊老师告诉我们：好的作文指导课，应该有"虚实相生的教学策略"。

就如熊老师自己所说：作文指导课不能太"实"，要力图"打破写作技巧训练的传统模式"；作文指导课也不能太"虚"，要避免"口号式的写作宣言"和"概念灌输"。

"虚实相生"，就是将"请你告诉我"和"让我告诉你"有效融合。在这堂课上，学生活动很充分，在自由讨论乃至争论中，大胆表达，思维能力和表达能力得到了有效训练。同时，在学生活动窒碍之时，在学生"意会而不能言传"之时，在学生活动由"原初体验"向"提炼规律"过渡之时，熊老师主动参与，艺术地讲析，"让我告诉你"，不是灌输，而是启发。

"虚实相生"，就是将写作能力训练了然无痕地渗透在故事讨论中。对一个故事进行多角度多层次的欣赏，挖掘其"好故事的要素"，不就是在体悟"好作文的要素"？续写故事，不就是在自觉运用这些"好的要素"？在学生的讨论过程中，熊老师不但"就故事说故事"，而且能够在学生讨论的过程中，借助专业的写作知识，与学生的听读感受进行持续的对话，这样的对话越深入，学生的写作能力就越能得到有效提高。

"虚实相生"，就是教师在课堂上要"有所为有所不为"。熊老师在这堂课上的角色是多层次的：有时故意轻描淡写，只是重复或简单归纳一下学生的回答；有时寥寥数语点到即止；有时却泼墨如水大段讲析，意在通过教师的主动介入来点化学生的认识。作文指导课上，教师的角色定位，决定着教师有时是观众，有时是队员，而有时必须是教练和裁判，所有这一切，都以每一个学生的课堂收获与积累为旨归。

熊老师告诉我们：好的作文指导课，应该有"高超的课堂点评艺术"。

作文指导课的推进，比阅读教学难度更大，其原因在于，课堂生成中的不确定因素更多，这给教师的临场处理带来更大的挑战。熊老师在课堂上的游刃有余，得益于她充满睿智的课堂评点艺术。

评判。"生：好的故事应该有留白，给读者想象的空间。师（板书：留白）：真好！这本来是书画艺术的一种表现手法，在写作当中同样具有魅力。还有吗？生：好的故事需要有感情的递进，从微弱到强烈，逐渐达到高潮，到最后就会更感动。师：太棒了！情感，还需要有层次性。（板书：层次性）不是平铺直叙的，而是一步比一步加深，一步比一步丰富，最后达到一个高潮的强烈震撼的效果。"这里，不仅说"好"，还说了"好"的理由，这样的表扬，有学术的含量。

校补。"生：草娃娃的坚强、不屈不挠……师：对，它的身体是柔弱的，内心却是坚忍的。生：还有它的执着、不放弃，都很激励我。师：嗯，还有，它的奉献精神，它的爱，这些情感，都具有一种崇高感。一种情感之所以能够打动我们，这种情感必定是美好的，是崇高的。"这里，教师肯定学生的回答，又相机补充了内容，使得阅读感受更为完整。

追问。"生：好的故事应该首尾呼应，结构严谨，让我们读起来感觉很有条理性。师：非常好。你会发现这篇文章有一种前呼后应的场感（板书：呼应的场感），有一种磁场的效果。他用一个字贯穿了全文，一个字——生（齐）：'等'。师：对，'等'。然而，每个时期的等待却又怎样？生（齐）：不同。师：它曾经等待主人的到来，等待结局的到来，等待生命中的过客，等待同样等待着的蜘蛛，等待生命中的奇迹和偶然，等待定数中的变数，等待着希望或者失望……然而，最后的等待却是——生（齐）：等待种子的发芽。师：不同的'等'在文中簇拥着，呼应着，形成一种生生不息的场感。"这里，教师通过三次追问，穷追不舍，使学生对"呼应"的认识由模糊到清晰。

提升。"师：……《草娃娃的故事》让我们看到了人性的美，这个故事让我们看到了人性的丑，那么，它算不算是一个好的故事呢？（学生略为沉吟）师：雨果说过：'释放无限光明的是人心，制造无边黑暗的也是人心。''人的两只耳朵，一只听到上帝的声音，一只听到魔鬼的声音。'也就是说，人都是会犯错的，我们每个人都不是纯粹的天使，老师也一样。我们会有伤害人的时候，但我们不应该以伤害为终点。其实，小 X 和小 Y 的故事并没有结束。也许在人生的某一个点上，她们还会有交集，她们还有可能会再次碰撞出美好的友情来。我们有可能犯错，但是，我们也可以从头再来。对于人性的弱点，我们可以理解，但不能一再妥协。过程的性质会决定结果的质量，我们需要选择倾听什么声音。就像犹太人说的，人的天性当中有鲜花也有杂草，如果你选择浇灌鲜花，你的人生就会充满芬芳，如果你选择浇灌杂草，你的人生就将是一片荒芜。从这些意义上来说，你觉得，这算是一个好的故事吗？"这里，由两则故事是不是好故事的评价，上升到对完整的人性的认识，教师顺势讲析，既是对前面学习活动的总结，又是对学生文学鉴赏水平的提升。

熊老师还告诉我们：好的作文指导课，应该有"工具性和人文性的统一"。

语文学科是工具性与人文性的和谐统一，作文指导课作为语文教学的一个重要部分，当然也要体现工具与人文的统一。

我们来看熊老师的这堂课：《草娃娃的故事》主人公身上显示的人性之美，无不对学生产生积极作用；《Twins 的故事》主人公身上显露的人性之丑，无不对学生产生警示作用。进一步看，熊老师既是在培养学生的作文能力，也是在培养学生思维的广度和深度，更是在引领学生树立正确的审美情趣和人生观。总之，熊老师是通过实现作文教学的工具性价值同步实现了人文教育的目的。

以上是我从教师"教"的角度，对熊老师的这堂课进行品鉴，当然，我们还可以从学生"学"的角度进行欣赏，这里就不再赘述了。

文化视野中的美

西方是西方，东方是东方，它们永不会相遇。

——英国小说家吉卜林

认识一个真实的孔子

——《〈论语〉十则》教学实录及评点

【执教思路】

（本课执教对象为成都市温江中学初一（9）班学生）

一、两个话题

1. 为人、为学与为政

2. 自我、他者与社会

二、两种方法

1. 以意逆志

2. 以经解经

三、两个视野

1. 生命视野

2. 文化视野

【课堂实录】

师：同学们好！刚刚有同学告诉我，这篇课文已经学过了，是吗？

生（齐）：是的！

师：那么，谁能告诉我孔子是怎样出生的？

（生齐摇头，无人能答）

师：好，有一个问题你们一定能够回答：孔子名什么？字什么？

生（齐）：孔子名丘，字仲尼。

师：很好，孔子的名和字合起来，就是一座山的名字：尼丘山。"仲"是指他在兄弟中排行第二。孔子的出生，就与尼丘山有关。孔子的父亲和母亲年龄相差五十岁左右，他父亲七十岁的时候娶了他母亲，但是很久没有生育。于是两人到尼丘山上去祷告，回来后就有了孔子。所以孔子的名和字就跟尼丘山有关。这个传说意味着什么呢？孔子跟一般人怎么样啊？

生（齐）：不一样。

师：他似乎是谁派来的？

生（齐）：上天派来的。

师：嗯，这个传说好像在告诉我们，他不是凡人。人类有一个轴心时代，在公元前 800 年至公元前 300 年之间，北纬 30 度左右，人类涌现出很多了不起的思想家。古希腊有苏格拉底、柏拉图、亚里士多德，以色列有犹太教的先知，印度有谁？

生：释迦牟尼。

师：对，中国呢？

生：孔子。

师：对，还有老子。在人类的轴心时代，有那么多伟大的思想家出现，他们的思想影响至今。《论语》是一部记录什么的书？

生：记录孔子及其弟子言行的书。

师：嗯，是记录这个不平凡的人的思想的书。人们怎样评价这部书呢？让我们来看一看（点击 PPT）："赵普：《论语》二十篇，吾以一半佐太祖定天下。"所以我们常有一个说法，叫什么？

生（齐）："半部论语治天下"！

师：很好，都知道这个说法。那么下面一种说法知道不知道呢（点击PPT）："梁漱溟：孔子的东西不是一种思想，而是一种生活。"大家喜欢这个评论吗？

生：喜欢。因为孔子的思想是从生活当中来的，而且它能够指导我们的生活。

师：嗯，孔子的思想是透过生活表现出来的，让我们感觉到非常亲切，不是高高在上的，是吧？

生：我觉得孔子的思想是源于生活，但高于生活的。

师："源于生活高于生活"，这句话非常好！咱们温江中学的孩子真是很有智慧！

生：孔子的思想是一种生活态度，有了它的指引，我们就可以少走弯路。

师：非常好！对于《论语》，还有另一种评价（点击PPT）："和辻哲郎：孔子是用最平凡的日常态度来揭示人性的奥秘。"和辻哲郎是20世纪日本著名的哲学家和思想家，怎样理解他的这句话呀？

生：有一句话说："人之初，性本善。"孔子教会我们怎样做人，教会我们怎样做好人。

师：他在引导我们人性当中善的那一面，是吧？

生：是的。

师：而且，这句话告诉我们，孔子是很真实地、很日常化地跟他的学生在一块儿，为我们讲述那些人生最高的智慧。他不是光讲大道理，而是从日常生活中领悟，直面人性的真实。大家都认为孔子是一个了不起的人，他的弟子当然也不例外。他最喜爱的弟子是谁啊？

生（齐）：颜回。

师：对，颜回非常崇拜自己的老师，他曾经这样描述孔子（点击PPT）："仰之弥高，钻之弥坚。瞻之在前，忽焉在后。（《子罕》）"意思是说，我越看他越觉得高大，我越钻研越觉得他钻研不透，明明他就在我前面一点儿的，转眼我就落下很远，追也追不上了。呵，在他眼中，孔子就像是一个神。不仅颜回如此，有个地方官也曾经向子贡打听孔子为什么这样多才多艺，子贡说孔子是天纵之才，但是孔子自己怎样说呢？他说："吾少也贱，故多能鄙事。"（《子罕》）这个"贱"是什么意思啊？

生：低贱。

师：出身卑微，是吧？

生：是的。

师：什么叫"鄙事"呢？

生：就是地位很低、身份很卑贱的职业。

师：对，很好。孔子做过仓库管理员，做过放牛娃、牧羊人。孔子出生时他父亲已经很老了，所以孔子3岁时父亲就去世了，17岁时母亲也去世了，他要照顾有残疾的哥哥，承担了很多的生活重担，所以他学会了做很多事情。他告诉我们，他只不过是一个很平常的人罢了，是少时的贫贱磨炼了他，造就了他。伟人的真实比他的伟大更动人。让我们一起读一读今天要学习的《〈论语〉十则》中的第一则。

生（齐读）：子曰："学而时习之，不亦说乎？有朋自远方来，不亦乐乎？人不知而不愠，不亦君子乎？"

师：我想请问同学们，"学而时习之"的"习"是什么意思？

生（齐）：复习，练习。

师："时"是什么意思？

生（齐）：按时。

师：很好，也有人解释为"常常"。你们觉得可以吗？

生：可以。

师："说"是个什么字？

生：通假字，通"喜悦"的"悦"。

师：很好，学过了知识按时复习，不也很快乐吗？对这句话，你有同感吗？

生：有同感。按时复习，能够巩固知识，有时候还会发现一些新的东西，所以很开心。

生：学了知识之后加以练习，能够掌握一些技能，就会很开心。

生：学了知识之后，能够运用到生活中去，很有意思。

师：嗯，学以致用，很开心！

生：学了知识之后按时复习，就会对一些道理理解得更深刻，也会很开心。

师：咱们温江中学初一（9）班的孩子真可爱，都很热爱学习啊！有没有哪位同学说：哎呀，学了知识还要天天复习，真是又苦又累啊！（学生齐笑着看向一男孩）呵呵，大家好像都在看某一个人？（男孩羞赧地笑着摇头）嗯，咱们温江中学初一（9）班的孩子一定个个爱学习，像孔子一样！好，让我们看他的第二句话："有朋自远方来，不亦乐乎？"为什么有朋友从远方来，他就会很快乐呢？

生：因为他们有共同的话题可以聊，他找到知音了。

生：因为从远方来的朋友在某些方面一定会跟他有分歧，他们的谈话就会有碰撞，他就能够从中学到新的东西。

师：太好了！因为有分歧，有碰撞，才会有新的火花。孔子身边的弟子都把他当作圣人来崇拜，可以想象，能够给他提出反对意见的人多不多？

生：不多。

师：就像颜回，孔子曾说："吾与回言终日，不违，如愚。"颜回对孔子的话从来没有一句反对和违背的，顺从得近乎愚蠢。所以有了从远方来的朋友，就一定会有一些新鲜的学术空气。

生：我觉得远方来的朋友和孔子之间会有一种互补，双方都能从对方那里学到东西。

师：很好！互补，所以能够彼此促进和完善。

生：古时候的人是很讲究"话不投机半句多"和"道不同不相为谋"的，他们需要知音，需要志同道合的人，所以有朋自远方来，一定会很快乐。

师：真好，你的学识很渊博！我们继续看第三句："人不知而不愠，不亦君子乎？"什么叫"愠"？

生（齐）：生气。

师："生气"……完全准确吗？譬如我现在很生气，于是我拍桌子砸板凳，这算不算"愠"？

生（齐）：不算。

师：那怎样才叫"愠"呢？

生：生气但不发泄出来。

师：隐忍着，不表现出来，是吧？

生：是的。

师：如果别人伤害了你，或者误解了你，你很生气但你忍着不表现出来，是不是已经够君子了？

生：是的。

师：但孔子说，"不愠"，连隐忍在心里的不高兴都不要有，对君子的境界和修养是不是要求很高啊？

生：是的。

师：他为什么要这样讲呢？为什么连藏在心里的不高兴都不要有呢？

生：我觉得人不能把自己的感受放在第一位，别人不了解你，你要宽容别人。

师：很好。因为人与人之间是有个体差异的，所以人与人的沟通难免会有不畅通的时候，难免会有隔膜，所以别人不了解我，是正常的。

生：我觉得做大事的人要有广阔的胸怀，要耐得住寂寞。没人了解我，我也不必去人群中凑热闹。

师：很好，要有广阔的胸怀，沉得住气。

生：我觉得别人不了解我，我是可以生气的。被误解而生气是很正常的。

师（笑）：哦，你觉得生气才是正常的！因为被误解而生气是人的一种本能，是吧？

生（点头）：是的。

师：呵呵，没错，这是一种本能，我们人有很多本能，是吧？当我看到一样好东西，我就想把它占为己有，这也是一种本能。但是，我们可不可以让这种本能滋长呢？

生：不能。

师：所以孔子就是在告诉我们，人有很多本能，生气也是一种本能，但是我们要养成一个豁达的心胸，不要去生气。对这三句话，同学们刚才都说得很好，孔子自己也有另外一些话语，正好验证了同学们刚才的见解。让我们来看一看（点击PPT）："叶公问孔子于子路，子路不对。子曰：'女奚不曰：其为人也，发愤忘食，乐以忘忧，不知老之将至云尔。'（《述而》）"叶公就是我们知道的一个成语里面的人物……

生：叶公好龙。

师：对。历史上的叶公其实是一个战绩显赫、为人慷慨的楚国大夫，那个成语里面的叶公是被他的政敌丑化了的。这里说叶公向子路打听：孔子是个什么样的人啊？子路一时答不上来：我的老师，那么伟大的一个人，我该从哪个角度来概括他呢？他回去之后就把这件事告诉了孔子，孔子就说了——"女"读什么音？

生："汝"！

师：很好，通假字。孔子说：你为什么不说，他这个人哪，发愤起来就会怎样啊？

生（齐）：忘记吃饭。

师：读书读到乐处又会怎样啊？

生（齐）：忘记忧愁。

师：嗯，可能下一顿连饭都没得吃，他也不会在意。至于自己的志向无法实现，恐怕也不会令他忧愁了。读书读到乐处时，他会忘记一切忧愁，连自己快要老了也不知道！说明在学习中不知不觉……

生：时间过得很快。

师：因为陶醉其中而不知时光飞逝，这样的人生幸福吗？

生：幸福。

师：嗯，他还说过这样一句话（点击PPT）："子曰：'饱食终日，无所用心，难矣哉！不有博弈者乎？为之，犹贤乎已。'（《阳货》）"这个"不"字怎样读啊？

生：读"否"！

师：太棒了！你们怎么这样聪明呢？在哪里学过这个通假字啊？（生得意地笑）我觉得你们真是太神奇了！孔子说，整天吃得饱饱的，对什么事都不上心，这样的人我真是拿他没办法啊！"不有博弈者乎？""博弈"是什么意思啊？

生：下棋。

师：嗯，难道不能去下下棋做做游戏吗？就算去下下棋做做游戏，也比什么强啊？

生：游手好闲，无所事事。

师：对，你看，孔子不是那种很呆板的人，对不对？他不要我们死读书，他认为每一种游戏活动都是学习。所以在孔子看来，学习是一件很幸福很快乐的事，也是一种很丰富的人生体验。对于"有朋自远方来"，他也有自己的见解（点击PPT）："'唐棣之华，偏其反而。岂不尔思？室是远而。'子曰：'未之思也，夫何远之有？'（《子罕》）""唐棣之华"就是一种叫棠棣的花，"偏"通"翩"，"反"通"翻"，就是花儿在风中翩翩摇摆（这是诗经中常用的"兴"的手法），"岂不尔思"是个倒装句，恢复正常的话应该是怎样？

生：岂不思尔。

师："尔"是什么意思？

生：你。

师：很好！我怎么会不思念你呢？只不过，住的地方离得太远啦！孔子却说这人在找借口：他是没有真的想念，如果真的想念，有什么遥远呢？一个人心里很向往跟谁见面的时候，他就不会惧怕路途遥远，是吧？

生：是的。

师：所以我们可以想象，如果有一个朋友从远方来到这里跟孔子交流切磋的话，至少能够证明一个什么问题呀？

生：他很想见孔子，非常仰慕孔子。

师：对，这样的话，孔子心里又会有什么样的感觉呢？

生：满足。

师：满足，欣慰，有成就感，是吧？

生：是的。

师：那么他们在一起交流切磋又是为了什么呢（点击PPT）："曾子曰：'君子以文会友，以友辅仁。'（《颜渊》）"这句话正好验证了你们刚才说的，用文章和学问来会友，通过和朋友的交流来促进仁道，这就是君子之交。对于颜回，孔子不仅说他"不违，如愚"，还说（点击PPT）："回也，非助我者也，于吾言无所不说。（《先进》）"孔子说，颜回不是对我有帮助的人啊，他对于我的话，没有一句不——最后一个字读什么？

生："悦"！

师：很好，对于孔子的话，颜回没有一句不喜欢。他句句都喜欢，句句都奉行，这样就没有碰撞啊，就没有切磋啊。所谓"他山之石可以攻玉"，从远方来的不同的思想不同的学说，才能促进自己开拓和提升，所以"有朋自远方来"，孔子才会"不亦乐乎"啊！其实同学们刚才都已经说出来了，老师只是用孔子自己的话来印证你们的正确！那么，关于最后一句"人不知而不愠，不亦君子乎"，孔子自己又有怎样的解释呢（点击PPT）："子曰：'君子病无能焉，不病人之不己知也。'（《卫灵公》）"君子怕的是什么？

生：没有能力。

师：不怕什么？

生：别人不了解自己。

师：他还说（点击PPT）："子曰：'不患无位，患所以立。不患莫己知，求为可知也。'（《里仁》）"不怕没有职位，怕的是什么啊？

生：怎样立足。

师：对，凭什么才干和能力来担当这份工作，在这个职位上立足，有所建树。后面还有一句，说不怕——

生：没有人了解自己。

师：我只要去追求——

生：值得被人知道的才能和事迹。

师：非常好！如果我这个人根本没什么值得别人来了解的，那么别人不了解我，我又有什么好生气的呢？我只要做好自己，总有一天别人会了解我的。而且孔子对于这种"人不知而不愠"的君子襟怀，还有更高境界的理解（点击PPT）："子曰：'不患人之不己知，患不知人也。'（《学而》）"这就跳出了一个什么样的角度啊？

生：主观。

生：自我。

师：非常好！跳出了主观的角度、自我的立场，不要过分把眼睛盯在自我上，老觉得我需要别人来了解，老觉得我需要被别人重视，被别人崇拜仰望，我也需要怎样啊？

生：了解别人。

师：对，了解别人。所以，孔子的境界高不高啊？

生：高。

师：这第一则的三句话，反映的是哪几个方面的内容呢？第一句——

生：讲学习方面。

师：对，讲的是"为学"（板书：为学）。第二句呢？

生：既讲学习，也有与他人的交往方面。

师：很好，我们可以说"为人"（板书：为人）。第三句呢？（学生一时无法作答）这一句中的"人"，你觉得主要是指什么样的人？是普通人吗？孔子有学问，有抱负，但屡屡遭到拒绝，理想无法实现，是因为他不被什么样的人了解啊？

生：君王。

生：统治者。

师：非常好！所以这句话讲的其实是"为政"方面（板书：为政）。因为统治者不了解他，不重用他，他无法实现自己的抱负，但他对自己说：不要生气，不要急躁，我还需要做得更好才行。第一则，讲的就是这样三个方面的内容：为学、为人、为政。下面我们看第二则（点击PPT），一起读。

生（齐读）：曾子曰："吾日三省吾身：为人谋而不忠乎？与朋友交而不

信乎？传不习乎？"（《学而》）

师：看看这一则跟我们刚才说的三个方面有关系吗？

生：有！

师：有怎样的关系？第一个方面"为人谋而不忠乎"说的是什么？

生：为人。

师：是吗？再想想。替人出谋划策，到底是什么方面呢？

生：为政！

师：很好！为政。再看第二个方面"与朋友交而不信乎"，是什么？

生：为人！

师：对，跟朋友交往时，与他人的关系，是为人。第三个方面呢？"传不习乎？"——

生：为学！

师：很好，这一则是曾子的话，却与孔子的话如出一辙。我们会发现，真的是什么样的老师就会教出什么样的学生。孔子一生关注这三个方面，曾子也是每天反省这些内容。请问大家，这里的"三"，应该如何解释呢？

生（齐）：多次。

师：嗯，还有没有别的解释呢？"为人谋而不忠乎？与朋友交而不信乎？传不习乎？"曾子每天都从这三个方面来反省自己，"三"能不能解释为"三个方面"呢？

生（信服地点头）：能！

师：嗯，曾子关注"忠"，关注"信"，关注"习"，"传不习乎"呼应了第一则中的哪一句话啊？

生："学而时习之"。

师：非常好！孔子常常用来教导学生的，有这样四个方面（点击PPT）："子以四教：文，行，忠，信。（《述而》）"文，就是文章、学问；行，就是行为、作为；"忠"和"信"，大家都理解。对了，大家有没有读过《西游记》原文？美猴王那个章节有没有看过？

生（把手举得高高的，很兴奋）：我看过，那里面有一句话说："人而无信，不知其可。"

师（我比他更兴奋，他的答比我的问超前了）：太好了！你知道？那你说说怎么回事。

生：就是孙悟空和一群猴子发现水帘洞的时候，约定好了谁敢率先进去，大家就拥戴谁做王。进去之后，孙悟空就要求大家兑现诺言，说了这一句话。

师：非常好，那大家知道这句话的出处吗？

（生摇头）

师（点击PPT）："子曰：'人而无信，不知其可也。大车无輗，小车无軏，其何以行之哉？'（《为政》）"原来啊，这是孔子的一句话！"而"是什么意思？（学生很犹豫，初一学生大概还没接触过"而"的这一义项）能揣摩出来吗？

生（鼓足了勇气）：如果。

师：正确，太聪明了！孔子打了个比方来说明"信"的重要，他说："大车无輗，小车无軏，其何以行之哉？"輗和軏都是古代车上面很关键的部分……

生：是轴？

师：不是轴。輗是古代车辕前端与车衡相衔接的部分，軏是车辕前端与车衡衔接处的销钉，很小，但是很关键，没有它们，车就无法行驶。孔子就把人内在的诚信比作了车上的輗和軏，你有很多学问，有很多才能，如果没有诚信，就走不远。曾子吸收了孔子思想的精髓：忠、信。那么曾子是不是一个讲信用的人呢？

生（很兴奋地）：是的！有一个故事叫"曾子杀猪"！

师：太好了！你来给大家讲讲这个故事。

生：曾子的妻子要上街去买东西，他的孩子吵着要跟去上街，曾子的妈妈……

师（笑）：是曾子的妈妈吗？

生：哦，是曾子的妻子。她对孩子说，你不要跟去了，乖乖待在家里，等我回来给你杀猪吃。结果她回来之后，又舍不得杀猪了。曾子知道后就对他妻子说，不可以对孩子失信，如果不兑现诺言，等于教孩子说谎。于是曾子就杀猪给孩子吃了。

师：很好，曾子是个很讲信用的人，所以他每天反省自己"与朋友交而不信乎"。孔子也很重视"信"（点击PPT）："子路曰：'愿闻子之志。'子曰：'老者安之，朋友信之，少者怀之。'（《公冶长》）"子路问孔子有什么志向，孔子的回答同样扣住了哪几个方面啊？把全社会的老人都安顿好，是什么？

生：为政。

师：对。让朋友们都信任我，是什么呢？

生：为人。

师：很好。让少年人都对我有所感念，少年人为什么会对我感谢怀念呢？

生：因为他教导了他们。

师：很好。所以这句话说的其实就是哪个方面啊？

生：为学。

师：很好，孔子的理想，始终围绕着这三个方面：为学、为人、为政。我们再来看第三则（点击PPT），一起读！

生（齐读）：子曰："温故而知新，可以为师矣。"（《为政》）

师：这一则其实我们在讨论第一则的时候就已经涉及了，大家都已经理解了。孔子的弟子里面，有谁做到了"温故而知新"呢？

生：子路！

师：呵呵，子路是个好勇尚武之人，并不爱读书。

生（笑）：颜回。

师：不错，颜回，孔子最喜欢的弟子。孔子曾经问子贡说："汝与回也孰愈？"就是说，你和颜回谁更——

生：强。

生：好。

师：嗯，也可以说谁更优秀。子贡当然知道，在孔子心目中，颜回是最优秀的，子贡回答说（点击PPT）："'赐也何敢望回？回也闻一以知十，赐也闻一以知二。'（《公冶长》）"子贡很谦虚，他说颜回闻一知十，而自己顶多只能触类旁通略知一二。孔子倒也不客气，他说："弗如也，吾与女弗如也。"比不上啊，我和你都比不上啊！孔子把自己也捎上了，为什么呀？

生：怕子贡受打击。

师：不错，孔子还是照顾了子贡的情绪的，陪着子贡谦虚：我们俩都比不上他啊！孔子是一个很亲切的人，很善解人意的人。他告诉我们，做学问是应该温故知新、举一反三的（点击PPT）："举一隅不以三隅反，则不复也。（《述而》）"就是说，不懂得举一反三的人，就不用再教了。旧与新，是可以互生的；学与思，是需要并举的。一起来读下面一则（点击PPT）。

生（齐读）：子曰："学而不思则罔，思而不学则殆。"（《为政》）

师：好，谁来解释一下？

生：孔子说："只学习却不思考，就会感到迷惑；只思考而不学习，就会对自己有害。"

师：非常好。学与思二者不可偏废，只学习不思考，就会知其然不知其所以然。但孔子又以他的亲身经历作为例证来告诫我们，只思考不学习也是不行的（点击PPT）："子曰：'吾尝终日不食，终夜不寝，以思，无益，不如学也。'（《卫灵公》）"我曾经整天——

生：不吃饭。

师：整夜——

生：不睡觉。

师：用来思考，结果怎样呢？

生：没有益处。

师：不如——

生：学习。

师：对，思考很重要，练习和实践同样很重要啊，孔子非常辩证地阐述了学与思的关系。再看下面一则（点击PPT），一起读。

生（齐读）：子曰："由，诲女知之乎！知之为知之，不知为不知，是知也。"（《为政》）

师：很好，为什么最后一个"知"要读zhì啊？

生：通假字。通"智慧"的"智"。

师：由是谁啊？

生：仲由。

师：仲由又是谁呢？（学生摇头）呵呵，就是我刚才说的那个好勇尚武的子路。子路勇力过人，武艺高强，有了他做孔子的贴身侍卫之后，就没人敢再欺慢孔子了。所以孔子曾经说："自吾得由，恶言不闻于耳。"啊，自从有了子路，就没人敢对孔子恶言相向了。但也正因为子路是个好勇之人，所以他对读书倒不是很上心，所以孔子要跟他谈"知"这个话题。谁来解释一下这一则的意思？

生：让我来告诉你关于知与不知的道理吧！知道的就是知道，不知道的就是不知道，这才是真正的智慧。

师：很好。孔子总担心子路自以为是，所以教导他这个道理。这也是事出有因的，让我们来看这样一段对话（点击PPT）："子路曰：'南山有竹，不揉自直，斩而射之，通于犀革。以此言之，何学之有？'孔子曰：'括而羽之，镞而砺之，其入不益深乎？'子路拜曰：'敬受教。'（《孔子家语》）"谁来翻译一下子路的话？

生：南山有一种竹子，不用去……扳它它也是很直的，砍下来射出去，可以射穿……皮革，这样说来，还有什么好学习的呢？

师：真好，"通"字都能翻译出来。犀革，就是犀牛皮，很坚硬的。"柔"的意思有一点出入，这不怪你，它是一个通假字，通"揉"，是古时候木匠师傅用火烤使木材弯曲或变直的一种工艺手法，你们肯定是不了解的。子路以南山的竹子自喻，觉得人的才能是天生的，没有后天学习的必要。孔子怎样回答他呢？

生：给它插上羽毛……

师："括"是什么意思呢？（生摇头）猜猜看，是箭的某一个部位……

生：箭尾！

师：在箭尾上装上羽毛，有什么用？

生：飞出去的时候能保持平衡，就可以飞得更远。

师：非常好！那么"镞"又是什么意思呢？结合"砺"字来理解。

生："砺"是磨的意思，那么"镞"就应该是箭头了。

师：很好！在竹箭的箭尾装上羽毛，把箭头磨锋利，结果会怎样？

生：射入物体会更深。

师：非常好，孔子顺着子路的话，同样也借竹子来告诉子路一个道理：先天条件好固然有利，但后天还可以进一步加强和完善啊！因为子路不爱学习，又喜欢自以为是，所以孔子必须要告诉他：你不要以为你都知道了，其实你还不是真的知道。这就是孔子的因材施教。下一则，一起读（点击PPT）。

生（齐读）：子曰："见贤思齐焉，见不贤而内自省也。"（《里仁》）

师：谁来为我们解释一下？

生：孔子说："看见贤能的人就想着向他看齐，向他学习；看见不贤的人就要反省自己，看自己有没有和他相同的毛病。"

师：说得非常好，但是，孔子还说过一句话（点击PPT）："子曰：'已矣乎！吾未见能见其过而内自讼者也。'（《公冶长》）""讼"是什么意思啊？

生：审判。

师：很接近了，很好。自讼，就是自己审判自己，自己责备自己，也就是"内自省也"。孔子在这里说："完了呀！"也有人翻译为"算了吧！"，"我从没见过能自己发现自己的错误，并且在内心自我反省自我批评的人"。前面说"见不贤而内自省也"，这里却又说没见过一个能自省的人。这不是自相矛盾吗？

生：不矛盾。正因为自己看不到自己的问题，所以需要以别人为参照，把那些"不贤"的人当作一面镜子，才能看见自己的问题。

师：非常好，也就是说，"吾未见能见其过而内自讼者也"是孔子发现的一个问题，那这个问题怎样解决呢？"见贤思齐焉，见不贤而内自省也"就是一个解决问题的答案。发现问题，然后想办法解决问题，我们发现，孔子是一个怎样的人？

生：一个很爱思考的人。

师：看下面一则，跟刚才这一则有没有关系啊？

生：有。

师：什么关系呢？先让我们一起读一遍（点击PPT）。

生（齐读）：子曰："三人行，必有我师焉。择其善者而从之，其不善者而改之。"（《述而》）

师：哪儿有关系啊？

生："择其善者而从之，其不善者而改之"，就是"见贤思齐焉，见不贤而内自省也"。

师：很好！"三人行，必有我师焉"怎样解释？

生：几个人在一起走路，其中一定有可以做我老师的人。

师：哦，很好。孔子自己就是伟大的教育家啊！他这样说，你会不会觉得孔子很谦虚啊？

生：是很谦虚。

师：是不是最高境界的谦虚呢？

生：我觉得还不是。最高境界的谦虚应该是：每个人都可以做自己的老师。

师：太棒了！最高境界的谦虚应该是认为每个人身上都有自己可以学习的东西，是吧？当然，我们也不必去苛求孔子。他能够做到这样谦虚已经很不错了，他的谦虚源于他的四个原则（点击PPT）："子绝四：毋意，毋必，毋固，毋我。（《子罕》）"谁能解释一下"毋"是什么意思？

生（齐）：不要。

师：不要怎样呢？"意"是什么意思？

生：大意。

生：粗心。

师（笑）：呵呵，粗心大意？有没有其他的理解？

生：得意。

师：哦，看来很难。这里的"意"指的是主观臆断，孔子说，判断事情不要主观臆断。"必"又是什么意思呢？

生：一定。

师：对，孔子说，不要一定预设某一种方向或期待某一个结果，凡事顺其自然，可行则行，不可行则止。"毋固"呢？

生：不要固执己见。

师：很好！"毋我"——

生：不要自我中心，不要自私。

师：很好。只有做到了这四点，才可能真正做到"见贤思齐，见不贤而内自省"，做到"择其善者而从之，其不善者而改之"。好，齐读下面一则（点击PPT）。

生（齐读）：曾子曰："士不可以不弘毅，任重而道远。仁以为己任，不亦重乎？死而后已，不亦远乎？"（《泰伯》）

师：谁能解释"弘"和"毅"？

生：刚毅。

师："毅"是刚毅，"弘"呢？

生：胸怀宽广。

师：很好！"任重而道远"，"任"是什么？

生：责任。

师：什么责任？士以什么为责任？

生：仁。

师：这个"仁"究竟是一个怎样的概念呢？我们来看看孔子的解释（点击PPT）："夫仁者，己欲立而立人，己欲达而达人。（《雍也》）"我想要成功、有所建树，我就帮助别人也成功，有所建树；我自己希望通达，我就帮助别人也通达。呵，自我的使命、他者的使命、社会的使命，他一肩挑了，任务重不重啊？

生：重！

师：嗯，这任务实在够重了。"任重而道远"，"任重"我们明白了，那又为什么说"道远"呢？

生：因为一直到死才能停止。

师：很好，生命结束，才能停步。生命结束，才能下结论。所以《论语》中还有这样的记载（点击PPT）："曾子有疾，召门弟子曰：'启予足！启予手！《诗》云：战战兢兢，如临深渊，如履薄冰。而今而后，吾知免夫！小子！'（《泰伯》）"曾子重病将死时，把弟子们全都召来，对他们说："看看我的脚，看看我的手，《诗经》上说'战战兢兢，如临深渊，如履薄冰'，人一辈子小心谨慎，却不一定能够保证不犯错，保全身体不受刑罚，但是现在我快要死啦，从今往后，我可以避免这种危险啦，孩子们啊！你们知道吗？"人只有到最后才能肯定地说：我保全了父母给的身体发肤，我保全了我的道德没做过什么亏心事。请问，在生命结束的前一个月，前十天，甚至前一天，能不能说这样的话？

生：不能。

师：所以人一生的道路真是遥远啊，在中途我们都不能给自己下任何结论。以仁为己任，并坚持到生命的最后，就是"任重而道远"。再看下面一则（点击PPT），一起读。

生（齐读）：子曰："岁寒，然后知松柏之后凋也。"（《子罕》）

师：孔子谈的是松柏吗？

生：是借松柏来说人。像松柏在严寒中最后凋零一样，人也要经历考验才能显出他的精神和品质。

师：非常好，就像李世民说的（点击PPT）："疾风知劲草，板荡识诚臣。（李世民）"板荡就是动荡，在动荡的时世中才能了解谁是真正的忠臣。又像文天祥说的（点击PPT）："时穷节乃见，一一垂丹青。（文天祥）"在危难的关头，一个人的节操才能显现出来。好，最后一则，齐读（点击PPT）。

生（齐读）：子贡问曰："有一言而可以终身行之者乎？"子曰："其恕乎！己所不欲，勿施于人。"（《卫灵公》）

师："言"是什么意思？

生：一句话。

师：我们学五言古诗，七言绝句，这个"言"是指什么？

生：字！

师：对了，"一言"就是一个字。所以孔子回答说："大概就是'恕'吧！"孔子是怎样解释这个"恕"字的呢？

生：己所不欲，勿施于人。

师：对于孔子的解释，你有怎样的理解呢？

生：就是要能够将心比心，自己不喜欢的事，就不要加给别人。

师：嗯，还有吗？

生：我觉得这也不是绝对的。因为有时候我们自己不喜欢的东西，别人却很喜欢，不适合我的，可能适合别人，不能一概而论，要看情况而定。

师：嗯，非常好！因人而异，是吧？那如果是我喜欢的，认为好的，我就把它给别人，行吗？

生：也要看情况。我认为好的，别人不一定觉得好。我喜欢的，别人不一定喜欢。

师：哦，那，别人认为好的，我就给他，投其所好，这下对了吧？

生：也不对。有些东西是他所喜欢的，但不一定对他有益，甚至可能有害。

师：哦，那可难了，到底要怎样做才好呢？我们来看看孔子是怎样处理这些问题的。他最喜爱的弟子颜回死的时候，发生了一些事情（点击PPT）："颜渊死。子曰：'噫！天丧予！天丧予！'（《先进》）"孔子痛惜颜回的死，说："哎！老天要我的命啊！老天要我的命啊！"老天爷明明是要了颜回的命，但孔子觉得失去颜回，就是要了自己的命。可见孔子对颜回的感情怎样啊？

生：很深厚。

师：再看（点击PPT）："颜渊死，子哭之恸。从者曰：'子恸矣。'曰：'有恸乎？非夫人之为恸，而谁为？'（《先进》）"恸，什么意思？

生：痛苦。

师：嗯，极悲哀，大哭。弟子们劝他节哀，说：您悲伤得太过度了，要节制。您平时不是教导我们凡事要有节有度吗？孔子说："有吗？我有悲伤过度吗？我不为这个人悲伤过度，又能为谁这样悲伤呢？"意思是说，只有他值得我这样痛哭。可见颜回在孔子心目中的地位如何啊？

生：最重要。

生：没有人可以取代。

师：很好。孔子最欣赏最疼爱的颜回去世了，颜回的父亲颜路来向孔子提出一个请求（点击PPT）："颜渊死，颜路请子之车以为之椁。子曰：'才不才，亦各言其子也。鲤也死，有棺而无椁。吾不徒行以为之椁。以吾从大夫之后，不可徒行也。'（《先进》）"颜路可能想，我儿子是夫子最喜爱的学生，现在他去世了，夫子一定肯在安葬方面给我一些援助吧，于是请求孔子卖掉自己的车，为颜回买什么呀？

生：椁！

师：椁是个什么东西呢？呵呵，咱们现在人死了大多要火葬，古时候的人死了基本是土葬，这就要用到棺木。有身份有地位的人死后棺木至少用两重，里面的一重叫"棺"，外面的一重叫椁，就是"内棺外椁"。颜路请求孔子把自己的车卖了为颜回置办外椁。结果孔子怎样回答呢？他说，无论有才还是无才，都分别是各人的儿子。颜回是你的儿子，孔鲤是我的儿子，孔鲤比颜回早两年去世，孔鲤去世的时候，孔子也没有卖掉自己的车来为他买椁，是因为孔子列于大夫之位，从礼仪上来说是必须有车而不可以步行的。我们看到，颜路认为好的，他想要的，孔子有没有给他？

生：没有。

师：所以，人之所欲，也不一定能施于人。不过颜回最后还是被厚葬了（点击PPT）："颜渊死，门人欲厚葬之，子曰：'不可。'门人厚葬之。子曰：'回也视予犹父也，予不得视犹子也。非我也，夫二三子也。'（《先进》）"孔子阻拦不了弟子们厚葬颜回，于是感叹说：颜回把我看作他自己的亲生父亲，我却不能把他看作自己的亲生儿子啊！意思是，我终究做不了主，无法尊重颜回平生的夙志啊！但这也不能怪我，要怪也只能怪他那些师兄弟啊！弟子们厚葬颜回，孔子认为他们做得对不对？

生：不对。

师：为什么不对？

生：物质的形式并不重要。

师：很好，这不只是孔子的看法，也是颜回一贯的态度："一箪食，一瓢饮，在陋巷，人不堪其忧，回也不改其乐。"颜回一生生活是最简朴的，可能营养不良造成疾病，29岁就死了。一个人活着的时候尚且不在意那些外物，死了又怎么会讲究那么多呢？何况颜回秉承孔子的礼法，也不会愿意自己的葬礼过分铺张不合礼仪。所以孔子在告诉我们什么啊？

生：别人认为不好的，就不要给他。

师：对，人所不欲，也勿施于人啊！现在看来，己所不欲，勿施于人；己之所欲，也不一定能施之于人；人所不欲，勿施于人；人之所欲，也不一定能施之于人。那么，到底有没有一个绝对价值，或者说绝对标准呢？（生一时无法作答）好，我们来看看白居易的一首非常通俗的诗（点击PPT）：

鸟

白居易

谁道群生性命微，一般骨肉一般皮。

劝君莫打枝头鸟，子在巢中望母归。

师：看看这首诗里，有没有绝对价值？

生：有。

师：是什么呢？

生：生命。

师：很好！诗人将心比心，推己及鸟。孩子会在傍晚盼望母亲回家，鸟也会在巢中盼望母亲回家。生命存在的权利，就是绝对价值、绝对标准，是毋庸置疑的。没有人能够说：啊，那只鸟本来就很想死，所以我打死它，就是成全了它！这是绝对说不过去的。当我们站在生命的角度来看问题的时候，我们就会知道我们应该做什么，不该做什么，什么可以施于人，什么不能施于人。但是，新的矛盾又来了（点击PPT）："子钓而不纲，弋不射宿。（《述而》）"孔子只用有一个鱼钩的钓竿钓鱼，而不用有许多鱼钩的大绳钓鱼（就是说他只零买，不批发，呵呵）；只射飞鸟，不射归巢栖息的鸟。虽然看起来很节制，但他还是射了鸟，你怎样看？

生：人都有自己的私欲，虽然他不射归巢栖息的鸟，但我觉得不管是什么样的鸟，都是生命，孔子这样做，让我觉得很失望。既然要射鸟，就不要打着"仁爱"的旗号，宣扬那些所谓的主张。

师（笑）：很有爱心，很有思想！中国古时候的早期教育"礼、乐、射、御、书、数"就包含了射箭这样一门课程，孔子也是把射箭当作一种学习和游戏来对待的。人都会有弱点，孔子不是神，他只是一个真实的人，一个在内心深处努力向善的人。他也许做不到绝对完全，但他一直带着弟子们走在这条追求的路上。所以他在另一次跟子贡对话的时候又说过一句看起来完全相反的话（点击PPT）："子贡曰：'我不欲人之加诸我也，吾亦欲无加诸人。'子曰：'赐也，非尔所及也。'（《公冶长》）"在这里，孔子完全倒戈了，明明刚才还拿这句话教导弟子的，现在弟子用这句话来勉励自己的时候，他又说这不是你能做到的啊！这什么意思嘛？

生：他是要告诉子贡，这是非常难的。

师：很好，其实这句话背后还有一句潜台词，我自己——

生：也做不到啊！

师：对！孔子说，这是你做不到的啊，我也做不到啊，是人都做不到啊！这只是我们追求的一个最高标准，不是我们可以完全做到的啊！我们不能停留在动物本能上，我们也永远达不到神的境界高度，但我们必须向着那个高度去走，人的一生就是这样一个在路上的过程。这就是和辻哲郎所说的那个"用最平凡的日常态度来揭示人性的奥秘"的孔子，那个从未把自己摆在神坛上、也绝非道貌岸然的孔子，很多时候他会袒露自己生命当中真实的软弱和困惑，却仍然执着地走在那条追求的道路上。今天的课就上到这里，希望大家课后读一读《论语》，去认识一个真实的孔子。下课！

一个故事，两种思维

——《二十年以后》教学实录

（本课执教对象为上海平和双语学校初二（3）班学生）

师：同学们好！

生：老师好！

师：我想知道大家拿到这两个版本的作品之后都做了些什么？

（学生一片茫然，我一看学生手中的材料，才发现我之前传过去准备进行对比阅读的两个版本只剩下了一个删节后的通用版，而那个真正有价值的全文版被砍掉了！）

师：你们只拿到了一个版本吗？

生：是。

（那一瞬间我简直傻了眼。瞬间之后，我想：遇到什么就是什么吧，先前做的课件是完全用不上了，迅速定下心来，将自己的思路重新进行了调整。）

师：好的。这篇小说的作者，你们在预习的时候有没有去了解？

生：有。

师：谁能告诉我，你知道关于他的什么情况？

生：作者欧·亨利是美国人，是世界三大短篇小说家之一。其他两个是莫泊桑和契诃夫。

师：好。还有吗？

生：他的短篇小说集以幽默为主，表现人性当中的优点，也表现人性的缺点。

师：嗯，很好，既有表现人性的弱点的，也有表现人性之美的。你读他的作品多不多？

生（既自信又想要表现得谦虚一点）：应该还算多吧！

师（笑）：还算多是吧，那么你能告诉我他的作品在表现手法上有一个什么样的突出特点吗？

生：结局往往是突然发生转折，明明读者心里想的应该是这样，结局偏偏是那样，非常出人意料。

师：欧·亨利式的结局：意料之外，又在情理之中。很好，还有什么样的了解呢？

生：好像他在写作之前在一家银行当职员，然后有一次他被诬陷盗用公款，进了监狱，从监狱出来之后他才开始了写作。

师：嗯，他出身卑微，命运坎坷。所以他说过两句话，一句是："人生是由啜泣、抽噎和微笑组成的，而抽噎占了其中绝大部分。"看到这句话，你有怎样的感觉？

生：感觉他的人生很多时候是悲哀的，好像人生中遭遇到很多事情，命运常常将他置于尴尬的处境，让他痛苦难过。生活总是不尽如人意。

师：一个生活在不幸之中的人往往更能理解那些不幸的人。

生：我觉得啜泣是伤心，微笑是高兴，抽噎往往是你被人误解，受到委屈的时候，就好像刚刚那位同学说作者在银行工作时曾经被诬陷嘛。

师：抽噎和啜泣的区别在哪里？

生：啜泣就是低声地哭，抽噎就是很伤心但……（似乎一时想不出什么词语来表述）

师：很伤心但你还得隐忍着，是吧？

生：对。

师：他觉得人生是有苦痛的，但他会隐忍着去活。很好，你非常细心，看到了这一点。好，他说的另外一句话是："我是为面包而写作的。"你怎么看呢？我们现在的作家都不这样说，都说是为了文学，为了精神，为了人类的灵魂，为了世界的良知，等等，没有人这样说自己："我是为面包而写作的。"

你怎样看？

生：他的生活肯定非常艰苦，通过写作赚钱才能谋生。

生：可以看出他做人十分实在，没有任何花哨的理由，他只是为了生存而去写作。

师：他不浮夸，很实在，敢说真话。很多时候他就是靠写作来支撑全家人的生活。靠写作赚了钱，才能用钱去买面包。"为面包而写作"与"为钱而写作"有什么不同？

生：是最基本的生活满足而不是为了追逐利益钱财。

师：很好，这句话背后有着无限的凄凉。他在无奈地坦承他的写作动机的时候，其实也是在说：写作本不该是如此的。写作本来应该是一件最纯粹的事，我却用它来谋生。欧·亨利是一个懂得人生艰辛的人，所以很多人说，他的文字是一种"含泪的微笑"。读这篇小说的时候，你能感觉到"含泪的微笑"吗（重读强调"微笑"二字）？读完之后你的心情如何？

生：感觉结局还是比较令人快乐的，虽然内心也有些矛盾，但毕竟坏人还是被抓到了。

师（笑）：你感觉坏人被抓了，所以大快人心是吧？

生：是的。

生：我感觉这篇文章的结局让我有点哭笑不得。感觉很讽刺，又有点悲伤，两个好朋友20年以后成了完全不同的人。

师：原来是最亲密的朋友，现在是一种对立的关系了，成了警察抓小偷的关系。看来，大家没有看到原版，对作品的理解还只能是这样。好，现在请大家告诉我：这个20年以后的故事，源于20年前的一个什么呢？

生：源于20年前的一个约定吧，朋友之间的一个约定。

师：好，请坐。吉米是否记得这个20年前的约定呢？

生：记得。

师：依据在哪儿？

生：因为他在最后那张便条上写着："刚才我准时赶到了我们的约会地点"。

师：嗯，这是他说的话。我们可以看看他的行动。请看第4段，当鲍勃向他讲述20年前的约定的时候，他表现得完全置身事外，只说了一句"那餐馆5年前就被拆除了"。如果记得，他为什么不跟鲍勃相认？

生：我觉得他只是还在试探，想看看这个人是不是鲍勃。他还是记得这个约定的，因为他这些年一直还在关注着这家餐馆，所以才知道这家餐馆 5 年前就被拆除了。

师：好，看来我必须让大家看看全文版了（关掉那个已经用不着的 PPT，从文件包里找到那个全文版的 Word 文件）。大家手上的这个是通用版，就是经过删节的。全文版和删节版在两人相遇时的对话描写上有一个区别：删节版上是"大约 20 年前，这儿，这个店铺现在所占的地方，原来是一家餐馆……"而全文版上是"大约 20 年前，这家五金店现在的位置上是一家餐馆，叫大个子乔·布雷迪餐馆"。鲍勃说出了这个 20 年前的约定，也说出了这个餐馆的名字，这种事情，只有当事人才会记得。如果吉米还记得这个约定，他的表现就应该是很惊喜："噢，鲍勃！是你！你回来了？"但是他没有。再看后面吉米说的一句话，两个版本的翻译也是不一样的。删节版是："你们分手以后，你就没有收到过你那位朋友的信吗？"全文版却是："不过，我还是觉得两次聚会的间隔未免太长了。你离开这里后，和你的朋友还有联系吗？"吉米觉得"两次聚会的间隔未免太长了"，这说明了什么呢？

生：说明时间太久了，他已经忘了。

师：他没有第一眼就认出他来，也没有通过鲍勃讲述的 20 年前的约定就想起他是谁，而是很官方地告诉他说这个餐馆 5 年前就拆除了，因为他负责这一条街道的治安巡逻，他很了解这一带的一切。对于吉米，全文版的开头还有一些描写的文字，在删节版中是没有的："一位警察正神情专注地沿着大路巡逻。路上行人很少，可见他这种威严的气度并非为了招摇，而是习惯使然。……警察高大健硕，气宇轩昂，边走边挨家挨户地察看。他甩着手中的警棍，灵巧地挥动出各种复杂的动作，目光还时不时警觉地扫视平静的大路，完全是一副和平保卫者的形象。"你们读删节版的时候，对吉米的印象怎么样？

生：一位很有责任感的警察。

师：一位为了正义宁愿牺牲什么的警察？

生：牺牲友情。

师：就像我们中国的一句成语，叫什么？

生（齐）：大义灭亲。

师：对，删节版的作品中，我们看到的吉米就是这样一种伟大形象。但是我们刚才看到全文版中的这些描写文字的时候，又有什么样的感觉呢？

生：傲慢。

生：凶。

生：趾高气扬。

师：嗯，他只是在重复每天都必须要重复的执行公务的途中巧遇了鲍勃，在鲍勃提到 20 年前的约定时，并没有马上回忆起来，说明他已经忘记了这个约定。然而鲍勃却记得清清楚楚。让我们来看看哪些细节表明鲍勃牢牢记着这个约定？

生："男子从口袋里掏出一块小巧玲珑的金表。表上的宝石在黑暗中闪闪发光。'九点五十七分了。'他说，'我们上一次是十点整在这儿的餐馆分手的。'"这个细节说明鲍勃清楚地记得上次分手的时间，所以这一次也是守时而来。

师：非常好！他清楚地记得分手的时间，除了时间，他还记得什么？

生：第 6 段中回忆他们在餐馆聚会，然后约定 20 年后再会的情景，他记得清清楚楚。

师：好，时间记得，地点记得，事件记得，还记得什么？

生：还记得朋友的长相，第 27 段中说 "20 年的时间虽然不短，但它不足以使一个人变得容貌全非"。说明他对朋友的容貌记得很清楚，所以认出了面前的这个人不是自己的朋友。

师：很好，他不仅记得朋友的容貌，还记得身高，前面说 "你的变化不小啊，吉米。我原来根本没有想到你会长这么高的个子"，全文版中他记得更清楚："我总觉得你比原来至少高了二三英寸"。好，除了记得朋友的容貌和身高，他还记得朋友的什么？当他跟眼前这个他以为只是一个普通警察的吉米谈到他记忆中的朋友吉米的时候，他怎样评价自己的朋友？

生：第 8 段，"可我相信，吉米只要还活着，就一定会来这儿和我相会的。他是我最信过的朋友啦"，他觉得吉米是最信得过的人，最诚实可靠的人。

师：很好，我们再来看全文版，看他是怎样评价吉米的："吉米是我最好的朋友，也是世界上最好的人。" "他是这世界上最最忠诚、最最可靠的家伙"，"为人忠厚"，"他绝不会忘记我们的约定"，还有一句话是删节版中没有的："我千里迢迢赶到这里，就是为了今夜能在这个门口见到他，只要我的老伙计能够赴约，跑这一趟就值了。"你感觉这个人怎么样？

生：重情重义。

师：他认定了吉米还是那个 20 年前的吉米，认定了他一定会来赴约，为了见老朋友一面，他千里迢迢赶到这里，在凄风苦雨中一直等一直等，觉得只要能见他一面，跑这一趟就值了。而且，后文我们知道，他是一名通缉犯，那么他此行还冒着什么危险？

生：被抓捕的危险。

师：越是这样写，到后来我们看到吉米找了一个便衣抓捕了他的时候，越是能产生一种什么样的效果？

生：我觉得吉米做的是对的，但是结局还是会让人感到很悲哀。

师：如果没有这些细节，你就会单纯地觉得对，而不会感觉到悲哀是吗？

生：也会有悲哀，因为鲍勃由一个好人变成了坏人。

师：说到好人坏人，文中有一句话这样说："20年的时间却有可能使一个好人变成坏人。"你怎样评价好人和坏人？这两个人谁是好人谁是坏人？

生：我觉得这句话好像双关语，鲍勃从一个过去的好人变成了现在的坏人，而吉米作为警察，他抓了自己的朋友，也好像有点无情。

师：你是不是觉得好人坏人很难评价啊？

生：是的。

师：我们过去看电影，看到警察抓小偷，我们就能很容易地做出判断：警察就是好人，小偷就是坏人。是吧？那为什么今天你同样面对这种警察抓小偷的情节时，你却觉得很难说了呢？

生：因为此时，鲍勃对于朋友来说，他是一个好人；但是对于大众来说，他是一个坏人。

师：对于朋友来说，他忠于友情，信守约定，是一个好人；对于社会和大众来说，他破坏了法律秩序，是一个坏人。是吧？

生：我觉得警察和小偷谁是好人谁是坏人是由作品所选择的角度和画面来决定的。在有些电影里，我们也会觉得警察是坏人，小偷是好人，关键是看作品想要表现什么和怎样表现。

师：说得太好了！关键看作品想要表现什么以及它的呈现方式！呈现方式非常重要，它甚至会决定内容。这就是我之前要给你们发来两个版本对比阅读的原因，一个删节版，一个全文版，它们的呈现方式不同，内容也就有了很大的不同。全文版对吉米的描写，语言啊，动作啊，神情啊，都让人感觉是一个神气活现、趾高气扬的警察，包括他离开鲍勃时的动作："警察甩了甩警棍，向前走了一两步"，"说着，就沿着线路继续巡逻去了，边走边挨家挨户地察看"。这时的他，有没有拿定主意要抓鲍勃？

生：拿定主意了。

师：怎样看出来的？

生：他问鲍勃："十点整你就走吗？"

师：这一问是什么用意？

生：计算时间，看来不来得及找人来抓他。

师：对，他已经拿定主意了，但从他离开时的那些动作来看，他心中有没有一点波澜？

生：没有。他还是例行公事地边走边挨家挨户地察看，习惯性地甩着警棍。如果心中有波澜，行动上总会有表露的，但从他的动作来看，他心中什么不安和波动都没有。

师：很好。这次的相遇，以及自己的选择，都没有对他的内心造成冲击，我们还可以看看全文版中最后的那张便条上的话："我不便自己动手，所以离开，找了一位便衣代劳。"再看看你们手中的删节版中的表述："我不忍自己亲自逮捕你，只得找了个便衣警察来做这件事。""不便"和"不忍"，区别大不大？

生：大。

师：区别很大，再看前面的表述，删节版中是："当你划着火柴点烟时，我发现你正是那个芝加哥警方所通缉的人"，全文版中说："你划火柴的时候我看见的是一张芝加哥通缉犯的脸。"这两种呈现方式有什么区别？

生：前者的说法，让人感觉到他对鲍勃还是有感情的；后者的说法，就完全是冷冰冰的，完全是一副警察面对罪犯时的铁面无情。

师：有没有一点朋友情谊或者哪怕一点怜悯？

生：感觉一点都没有。

师：我们的这个删节版是我们在阅读训练中常常用到的一个阅读材料，是经过了中国人删改的。而这个全文版呢，是忠于欧·亨利的小说原文的一个译本。所以这是两种完全不同的呈现方式，我们看到的也就是两种完全不同的形象。那么现在，我有问题想要问大家：这个鲍勃一定要回来见到吉米，是不是完全出于友情？那个吉米坚定地选择了抓捕鲍勃，是不是完全出于正义？这两个人的动机，是不是都真的如此单纯？

生：我感觉鲍勃回来的时候有点想要向他的朋友炫耀的意思。

师：从哪儿看出来的？

生：他说："当然喽！吉米的光景要是能赶上我的一半就好了。"还有前面写到"男子从口袋里掏出一块小巧玲珑的金表。表上的宝石在黑暗中闪闪发光"。这说明他的穿戴都非常讲究，随身的物品都很昂贵。他想要回来向他的朋友炫耀一番，告诉他自己这些年过得多么多么好。

师：你觉得他有一点炫耀自己的意思是吗？

生：对。

师：很好，或者说，至少他想要向朋友证明他自己的价值，告诉朋友他去西部闯荡是对的，是有成就的。故事的背景是美国的西进运动，就是美国的西部大开发。当时选择去西部的人，有很多发了财，也有一些人命运十分悲惨。鲍勃是一个努力而幸运的人，当然，他自己说自己是很有智慧的，一个空着手走进西部，成功之后衣锦还乡的人，对一个选择留在纽约按部就班安静生活的朋友讲述自己的英雄奋斗史，是不是会特别自豪？

生：是的。

师：所以，作为男子汉的那种尊严啊，荣耀啊，价值啊，这都是他想要见朋友一面的原因。当然我们也不能否认，很大一部分原因是他的的确确怀念儿时的友情。我们知道他在西部闯荡的时候，他面临的是怎样的环境啊？这个删节版当中也没有。我们来看全文版："发财可不那么容易，得和那些最狡猾精明的脑袋钩心斗角。在纽约生活，人们难免墨守成规，只有西部惶惶不安的生活才能磨砺出智慧。"他告诉我们，西部的环境是惶惶不安的，人与人之间是钩心斗角的，与那些最狡猾精明的脑袋斗智斗勇，一方面是富有挑战和值得自豪的事，另一方面他也会觉得怎么样啊？

生：不安。

生：累。

师：很累，是吧？对每一个人，他都要当敌人一样地提防。所以他想要再次见到吉米，其实也反映了他内心的一种什么样的渴求呢？

生：平静安逸的生活。

生：人与人之间友好相处的生活。

师：对纯粹的友情、儿时单纯的美好的渴求，那种人与人之间没有任何的利益冲突，完全无须设防的轻松与释放。所以，他回来的动机应该说是比较复杂的。首先不排除炫耀的心理，其实以他通缉犯的身份来说，打扮得如此招摇对自己是很不利的，但价值、尊严、荣誉对男子汉来说，有时候比生命更重要。其次，他怀念儿时单纯的美好，渴望心灵的轻松憩息。好，请回答下一个问题：吉米坚定地选择了抓捕鲍勃，是不是完全出于正义？

生：他想告诉鲍勃，他去西部是错误的；同时，他现在是一个警察，他想告诉鲍勃，他现在代表的是正义，也向鲍勃证实了他自己的价值。

生：我觉得他对鲍勃是鄙视的，他认为他的那些钱来路不正，是他瞧不起的。他自己虽然不够富有，但他是一名警察。

师：哦，他是说：你那些钱都是不义之财，有什么值得炫耀的？我虽然穷，却是一名代表着正义的警察！其实朋友之间也会有比较，对方比自己混得好，自己就会感觉没面子。其实他对鲍勃的境况是很好奇的，我们看全文版，当他看到鲍勃的那块镶嵌着钻石的怀表之后，他探问对方的情形："看来您在西部混得还不错，是吗？"当曾经站在同样的起点的朋友20年以后突然出现在他的面前，看起来明显混得比自己好，并且毫不讳言地炫耀"那还用说！吉米要能混得有我的一半就很好了"的时候，他心里也会有一种挫败感，就像现在的一句流行语：羡慕——

生（笑，齐）：忌妒、恨。

师：对，这样的心情，他也会有。这是人性的真实，也是人性的弱点。所以听了这一段话之后，他"甩了甩警棍，向前走了一两步"，准备离开，并且下定了决心。鲍勃口中的这个"为人忠厚"、"最最老实最最可靠"、"世界上最好的人"利用了鲍勃对他的绝对信任，精心地设计了这个局，找了一个便衣来轻轻松松抓捕了那个在西部和那些最狡猾精明的脑袋斗智斗勇过关斩将的鲍勃。你说，谁是完全的好人，谁是完全的坏人？你要怎样做出判断呢？我们会发现很难。因为鲍勃对朋友的那份真挚，是我们在吉米身上看不到的。全文版上有一个细节："街上寥寥无几的行人都将大衣领口竖得高高的，双手紧紧地插在兜里，匆忙地闷头赶着路。而就在这家五金店门口，为青年时代定下的几近荒唐的约会而不远千里赶来的男人，依然一边抽着雪茄，一边等待着。"这样的细节令人动容。吉米现在却是一个铁面无情、让人无法看见心灵中有一丝柔软的警察。这与警察的身份无关。不是所有的警察都可以内心毫无波澜地去做出抉择的。欧·亨利还有一篇小说叫《重新做人》，讲的是一个小偷，一个撬锁的高手……

生：哦，我知道！

师：哦？你看过，太好了，你来讲！

生：那个小偷有一套很高端的工具，是个作案高手，在爱情的感召下，他决心放弃旧业，重新做人，过一种平凡但平静的生活，但有一次为了救出意外反锁在保险库中有生命危险的孩子，他冒着失去爱情的危险"重操旧业"，非常灵巧地再次撬开了保险库。

师：后来那些警察对他怎么样？

生（不好意思地笑）：不记得了。

师：你果然读过很多欧·亨利的小说。非常好！后来，面对改过自新的他，侦探班也表现出很人性的一面，放弃了逮捕吉米的念头。不是所有的警察都是那样铁面无情的。两个版本，因其呈现方式的不同，我们看到的东西就不同。欧·亨利怀着悲悯的心，同情着两个人，这两个人都是失丧的人，两个人都是在人世间奔走的时候一不小心跑丢了一些东西的孩子。就好像你跑丢了帽子，而我跑丢了鞋子。吉米丢掉的是一颗纯真本色的心，他的心不再柔软，而鲍勃丢掉的是一些道德标准和美善的原则。每一个人都是被这个世界损坏和改变了的人，每一个人都在这奔走的 10 年、20 年、30 年当中，在渐渐失去那些本性中的美好，所以作者是以这样的一个立场去解读人的。但是同学们拿到的这个版本，纯粹的中国式思维的版本，是一刀切，很清楚地一锤定音，就是吉米是大义灭亲的，他是正义的化身，对于鲍勃，却少有悲悯与关切。这就是中国文化和西方文化的区别所在。关注的对象和重点不同，呈现的方式就会有所不同。呈现的方式不同，我们从中看见的东西就会不同。同样一个故事，中国人一改，就成了这样。就好像我们中国人擅长修改一些名言。譬如爱迪生的那句名言："天才就是 1% 的灵感加 99% 的汗水。"其实爱迪生的原话在后面还有一句，是被我们中国人删掉了的："但那 1% 的灵感是最重要的，甚至比 99% 的汗水都重要。"但是我们中国人把这句话拿过来，切掉了后半部分，完全否定了灵感的意义，而用前半部分来鼓励我们单单去付出汗水。这就是中国式的解读。中国文化与西方文化所关注的点是不一样的。所以我当初想要给大家看两个版本，就是想要让大家去体会，同样一个故事，怎样去呈现，会反映一个民族一个国家的文化、价值观和思维方式，就好像欧·亨利常常引用的英国小说家吉卜林说过的一句话："西方是西方，东方是东方，它们永不会相遇。"（欧·亨利引用这句话时与吉卜林的原意有所不同。欧·亨利所谓的"西方"是指广阔自由、富有浪漫气息的美国西南部各州。在他看来，西部大草原是"美国的希望"、"第二天堂"，它远离东部大都市文明的污染，有清新的空气、芳香的泥土、勃发的活力。离开草原或乡村，人们就会失去人性，而一旦返回大自然，美丽的人性之花便会自由开放。）吉卜林是出生于印度的，后来去英国读书，中学毕业后又返回印度，后来又到英国、美国，他穿梭于东西方文化之间，深深体会到它们彼此之间的难以融合，所以他说东方文化和西方文化很难相遇。

生：我看完这篇文章以后，觉得还可以有第三种理解。我觉得小说中的这位警察根本不是吉米，如果他就是吉米，不可能在鲍勃提到 20 年前的约会之后他还没有记起来。我觉得他只是一位普通的警察，他在听了鲍勃的讲述之后想要照顾一下他的情感才假借吉米的名义写了一张便条给他的。因为鲍勃很重视友情，他不想让鲍勃失望，希望鲍勃能够得到一种情感和心理上的安慰。其实吉米从一开始就根本没出现过，这个警察假托吉米之名留这个便条只是为了满足鲍勃的情感期待。

师：啊，这个理解真的很特别！他只是一个善良的陌生警察，为了要照顾鲍勃思念朋友的心情，才制造了这样一个意外的结局（这真是一个比欧·亨利式的结局更加令我意外的结局！呵呵）。不过这真的是一种安慰吗？还是会更令人伤心呢？课后大家自己去查找一下全文版，自己进行更深入的研究吧，今天的课就到这里了！下课！

附两个版本的作品：

二十年以后（通用删节版）

欧·亨利

纽约的一条大街上，一位值勤的警察正沿街走着。一阵冷飕飕的风向他迎面吹来。已近夜间 10 点，街上的行人寥寥无几了。

在一家小店铺的门口，昏暗的灯光下站着一个男子。他的嘴里叼着一支没有点燃的雪茄烟。警察放慢了脚步，认真地看了他一眼，然后，向那个男子走了过去。

"这儿没有出什么事，警官先生。"看见警察向自己走来，那个男子很快地说，"我只是在这儿等一位朋友罢了。这是 20 年前定下的一个约会。你听了觉得稀奇，是吗？好吧，如果有兴致听的话，我来给你讲讲。大约 20 年前，这儿，这个店铺现在所占的地方，原来是一家餐馆……"

"那餐馆 5 年前就被拆除了。"警察接上去说。

男子划了根火柴，点燃了叼在嘴上的雪茄。借着火柴的亮光，警察发现这个男子脸色苍白，右眼角附近有一块小小的白色的伤疤。

"20 年前的今天晚上，"男子继续说，"我和吉米·维尔斯在这儿的餐馆共进晚餐。哦，吉米是我最要好的朋友。我们俩都是在纽约这个城市里长大的。

从孩提时候起，我们就亲密无间，情同手足。当时，我正准备第二天早上就动身到西部去谋生。那天夜晚临分手的时候，我们俩约定：20 年后的同一日期、同一时间，我们俩将来到这里再次相会。"

"这听起来倒挺有意思的。"警察说，"你们分手以后，你就没有收到过你那位朋友的信吗？"

"哦，收到过他的信。有一段时间我们曾相互通信。"那男子说，"可是一两年之后，我们就失去了联系。你知道，西部是个很大的地方。而我呢，又总是不断地东奔西跑。可我相信，吉米只要还活着，就一定会来这儿和我相会的。他是我最信得过的朋友啦。"

说完，男子从口袋里掏出一块小巧玲珑的金表。表上的宝石在黑暗中闪闪发光。"九点五十七分了。"他说，"我们上一次是十点整在这儿的餐馆分手的。"

"你在西部混得不错吧？"警察问道。

"当然喽！吉米的光景要是能赶上我的一半就好了。啊，实在不容易啊！这些年来，我一直不得不东奔西跑……"

又是一阵冷飕飕的风穿街而过。接着，一片沉寂。他们俩谁也没有说话。过了一会儿，警察准备离开这里。

"我得走了，"他对那个男子说，"我希望你的朋友很快就会到来。假如他不准时赶来，你会离开这儿吗？"

"不会的。我起码要再等他半个小时。如果吉米他还活在人间，他到时候一定会来到这儿的。就说这些吧，再见，警官先生。"

"再见，先生。"警察一边说着，一边沿街走去，街上已经没有行人了，空荡荡的。

男子又在这店铺的门前等了大约二十分钟的光景，这时候，一个身材高大的人急匆匆地径直走来。他穿着一件黑色的大衣，衣领向上翻着，盖住了耳朵。

"你是鲍勃吗？"来人问道。

"你是吉米·维尔斯？"站在门口的男子大声地说，显然，他很激动。

来人握住了男子的双手。"不错，你是鲍勃。我早就确信我会在这儿见到你的。喷，喷，喷！20 年是个不短的时间啊！你看，鲍勃！原来的那个饭馆已经不在啦！要是它没有被拆除，我们再一块儿在这里面共进晚餐该多好啊！鲍勃，你在西部的情况怎么样？"

"噢，我已经设法获得了我所需要的一切东西。你的变化不小啊，吉米。我原来根本没有想到你会长这么高的个子。"

"哦，你走了以后，我是长高了一点儿。"

"吉米，你在纽约混得不错吧?"

"一般，一般。我在市政府的一个部门里上班，坐办公室。来，鲍勃，咱们去转转，找个地方好好叙叙往事。"

这条街的街角处有一家大商店。尽管时间已经不早了，商店里的灯还在亮着。来到亮处以后，这两个人都不约而同地转过身来看了看对方的脸。

突然间，那个从西部来的男子停住了脚步。

"你不是吉米·维尔斯。"他说，"20年的时间虽然不短，但它不足以使一个人变得容貌全非。"从他说话的声调中可以听出，他在怀疑对方。

"然而，20年的时间却有可能使一个好人变成坏人。"高个子说，"你被捕了，鲍勃。芝加哥的警方猜到你会到这个城市来的，于是他们通知我们说，他们想跟你'聊聊'。好吧，在我们还没有去警察局之前，先给你看一张条子，是你的朋友写给你的。"

鲍勃接过便条。读着读着，他微微地颤抖起来。便条上写着：

> 鲍勃：刚才我准时赶到了我们的约会地点。当你划着火柴点烟时，我发现你正是那个芝加哥警方所通缉的人。不知怎么的，我不忍自己亲自逮捕你，只得找了个便衣警察来做这件事。

二十年后（译林出版社全文版）

欧·亨利

一位警察正神情专注地沿着大路巡逻。路上行人很少，可见他这种威严的气度并非为了招摇，而是习惯使然。虽然时间还不到晚上十点，但阵阵凛冽的寒风，夹带着雨意，早就把街上的行人驱逐得一干二净。

警察高大健硕，气宇轩昂，边走边挨家挨户地察看。他甩着手中的警棍，灵巧地挥动出各种复杂的动作，目光还时不时警觉地扫视平静的大路，完全是一副和平保卫者的形象。这一带的店铺都是早早就关门的，只是偶尔还能看见一两家烟铺或是二十四小时营业的餐馆还亮着灯，绝大部分店铺则都已经打烊熄灯了。

巡逻到一个街区中部时，警察忽然放慢了脚步。一家已经熄灯关门的五金店门口，一个男人斜靠着大门站着，嘴里还叼着一根没有点燃的雪茄。看见警察向他走过来，这个男人抢先开了口。

"没事，警官，"他保证说，"我只是在这儿等一位朋友，这是二十年前我们定下的约会。您觉得听起来有点奇怪？如果您想知道，我就把事情的来龙去脉讲给您听。大约二十年前，这家五金店现在的位置上是一家餐馆，叫大个子乔·布雷迪餐馆。"

"这家餐馆五年前才被拆除。"警察说。

靠在门口的男人划着了一根火柴点燃雪茄。火光映照出一张苍白的脸，这张脸下巴方正，目光炯炯，右眼眉附近有一块白色的伤疤。他的领带扣上镶着一颗大钻石，看着觉得古怪。

"二十年前的这个晚上，"这个男人回忆道，"我在大个子乔·布雷迪餐馆跟吉米·威尔斯一起吃饭。吉米是我最好的朋友，也是世界上最好的人。我和他都在纽约土生土长，从小就亲如手足。我那年十八岁，吉米二十。第二天一大早我就要出发去西部闯荡，而吉米呢，谁也说不动他走出纽约半步。他认定了纽约就是世上唯一一块净土。于是，在那天晚上我们约好，二十年后的此时，无论我们处境如何，也无论身处何地，都要到这里会面。我们当时觉得，二十年后不管前途如何，命运已成定局，我们也都该打下一些基业了。"

"听着倒是挺有意思，"警察说，"不过，我还是觉得两次聚会的间隔未免太长了。你离开这里后，和你的朋友还有联系吗？"

"嗯，有。我们有一段时间保持了书信往来。"他说，"但一两年后我们就失去了联络。您知道，西部可是一片广阔的天地，我又四处奔忙，行踪不定。不过我相信，只要吉米还活着，他就准会到这儿见我的。他是这世界上最最忠诚、最最可靠的家伙，他绝不会忘记我们的约定。我千里迢迢赶到这里，就是为了今夜能在这个门口见到他，只要我的老伙计能够赴约，跑这一趟就值了。"

这个等朋友的人掏出一块精美的怀表，表盖上镶嵌着细碎的钻石。

"差三分十点，"他说，"我们在这家餐馆门口分别的时间是十点整。"

"看来您在西部混得还不错，是吗？"警察问。

"那还用说！吉米要能混得有我的一半就很好了。不过，他虽然为人忠厚，却是个只知道埋头苦干的家伙。而我呢，发财可不那么容易，得和那些最狡猾精明的脑袋钩心斗角。在纽约生活，人们难免墨守成规，只有西部惶惶不安的生活才能磨砺出智慧。"

警察甩了甩警棍，向前走了一两步。

"我要继续巡逻了，希望你的朋友能够赶来赴约。十点整你就走吗？"

"不会的！我至少会再等他半个小时。只要吉米还活在世上，到时候他肯定会来的。再见，警官。"

"晚安，先生！"警察说着，就沿着线路继续巡逻去了，边走边挨家挨户地察看。

这时，天上下起了蒙蒙细雨，先前似有似无的风也不停息地呼呼吹着。街上寥寥无几的行人都将大衣领口竖得高高的，双手紧紧地插在兜里，匆忙地闷头赶着路。而就在这家五金店门口，为青年时代定下的几近荒唐的约会而不远千里赶来的男人，依然一边抽着雪茄，一边等待着。

大约过了二十分钟，一个身材高大、穿着长外套的男人，从马路对面急匆匆地走了过来，径直走到等待已久的男人身旁。他的大衣领子翻起来，直至耳边。

"是你吗，鲍勃？"他迟疑地问。

"你是吉米·威尔斯？"站在门口的人叫了起来。

"上帝保佑！"刚来的人欣喜地紧紧抓住对方的双手，"真是鲍勃，千真万确！我就知道只要你还活着，我肯定能在这儿见到你。好啊，好啊，二十年可真漫长啊！原来的餐馆已经没有了，鲍勃，我真希望它还在，那样的话我们就可以再大吃一顿了。你在西部的日子过得怎么样，老伙计？"

"那是相当好啊！我想要什么都能弄到手。吉米，你变了不少啊。我总觉得你比原来至少高了二三英寸。"

"哦，'二十三，蹿一蹿'嘛。"

"吉米，在纽约混得还不错吧？"

"还算过得去。我在市政部门有一个职位。来吧，鲍勃，我知道有个地方，我们到那儿好好聊聊，说说以前的时光。"

于是，两个男人手挽手，走上马路。西部来的这位因为成功而得意忘形，开始滔滔不绝地讲起这些年的所作所为。另一个则缩在外套里，津津有味地听着。

街角有一家药店，灯火通明，两人走到亮处，不约而同地抽出胳膊，盯着对方。

"你不是吉米·威尔斯，"他惊叫一声，"二十年确实漫长，但还不至于把一个高鼻梁变成扁平鼻子。"

"可还是可以把一个好人变成坏人。"高个子答道，"鲍勃，你已经被捕十分钟了。芝加哥警方推测你可能溜到我们这里，发电报说要跟你谈谈。老实点儿，明白吗？对，这才明智。有人托我给你带了张便条，趁我们去警局之前，你先看看。就在那扇窗户下看就行了，是威尔斯巡警写给你的。"

西部来客打开了递到他手里的小纸条。刚开始读的时候，他的手还稳稳地抓着纸条，但读完之后，他却忍不住颤抖起来。纸条上只有寥寥数语：

鲍勃：

  我准时到了约定地点。你划火柴的时候我看见的是一张芝加哥通缉犯的脸。我不便自己动手，所以离开，找了一位便衣代劳。

吉米

艺术视野中的美

王维的物质人生、艺术人生和宗教人生
——王维诗文专题教学设计

【单元整合】

王维诗歌在哲化的禅境思维中，蕴藏着人类高远的宗教情怀和对理想主义的纯真证悟，他用纯洁的心灵养育了纯净的诗歌，他对生命的大圆满和人生的艺术化的追求，反映了他独特的生命美学。

粤教版选修 1《唐诗宋词元散曲选读》开卷就是王维的四首诗，选修 2《唐宋散文选读》中也有王维的一封书信《山中与裴秀才迪书》。讲唐诗不能

不讲王维，在明明白白的李白和杜甫之外，王维是一个让人感到有点为难的人——难在给他的性情下一个哪怕只是模糊的判断。与李杜的丰富而明朗相比，王维，是一个丰富而复杂的人。王维字摩诘，佛教有一部《维摩诘经》，是记录维摩诘向弟子们讲学的书，这是王维的名和字的由来。梵文里"维"是"没有"之意，"摩"是"脏"，合起来即为"无垢"。而"诘"即"匀称"。王维果然够纯洁，够匀称，够完美，诗书画乐无一不精，他几乎是一个找不出缺点的人，然而，仔细考量，我们便会发现，恰恰是这完美，或曰追求完美，构成了他的缺点，同时也使得王维成为了唯一的"这一个"。

以王维为专题，组合一个单元的诗文进行教学，应该是一种有价值的尝试。

可以组合粤教版选修2《唐宋散文选读》中的《山中与裴秀才迪书》和选修1《唐诗宋词元散曲选读》中的四首诗，再精选一部分能够代表王维不同时期不同风格的诗作。

【文本研读】

"景气和畅"与"雪中芭蕉"——王维的灵府视域和审美观照

王维的诗文中找不到现成的关于审美的直接论说，最能为我们提供其客观唯心主义美学思想的是他的散文《山中与裴秀才迪书》。

王维的《山中与裴秀才迪书》开篇即言："近腊月下，景气和畅……"

书上注释说："现在正是农历十二月的末尾，气候温和舒畅"，有一些解释却说，"景气"之"景"释为阳光，十二月底，日光已经开始变暖，而敏感的王维如同"春江水暖鸭先知"一般，最先发觉早春的温度。

然从后文多番出现"清"、"寒"以及"当待春中"的憧憬来看，这里的"景气和畅"并非纯粹客观的自然气象，而更多是出于灵府视域的主观感受。

很容易让人联想起王维留在中国绘画史上的一桩千年公案——"雪中芭蕉"，即《袁安卧雪图》。他在大雪里画了一株翠绿芭蕉，大雪是北方寒地才有的，芭蕉则又是南方热带的植物。一棵芭蕉如何能在大雪里不死呢？这是历来画论所争执的重心。张彦远批评王维画物"不问四时，桃杏蓉莲，同画一景"。王士禛《渔洋诗话》说他"只取远神，不拘细节"。又有人说，以芭蕉喻人"虚空之身"，是佛教惯用的比喻，笃信佛教的王维是有所寄托的。沈括在《梦溪笔谈》中为王维辩护说，"此乃得心应手，意到便成，故造理入神，迥得天意"，并进一步指出："书画之妙，当以神会，难可以形器求也。"

无论是有所寄托还是以神会而不可以形器求，我都比较赞同。诗人是用"心灵俯仰的眼睛来看空间万物"（宗白华语），因为王维物在灵府，而不只在耳目，这样的灵府视域和审美观照，使他感受到了常人感受不到的东西。

老子云："道之为物，惟恍惟惚。惚兮恍兮，其中有象；恍兮惚兮，其中有物。"佛禅的第一要义也认为，美是虚幻的影子。《山中与裴秀才迪书》的第2段，可谓实中有虚，而第3段又可谓虚中有实，虚虚实实，亦真亦幻。

王维在《荐福寺光师房花药诗序》里说："心舍于有无，眼界于色空，皆幻也。离亦幻也。至人者不舍幻，而过于色空有无之际。"以"不舍幻，而过于色空有无之际"的审美态度观照和消解自然山水，其所见之物皆呈镜花水月之幻。诗人不是对外物作忠实逼真摹写，其"山水"便显现出超越客体属性的有无不定的空幻灵动。

王维肯定了自然山水本身的美，人的心灵活动是"应物现形"的形象演绎，不泛说理，不空论道，托物以起兴，这是客观唯心主义区别于主观唯心主义的最根本之处。蓝田辋川的冬夜所以让王维觉得美，不仅仅因为诗人的"物在灵府"，也因为其本身具有美的质素：玄灞、清月，明暗相衬；水光、月光，上下相合；寒山远火，冷暖相调；寒犬深巷，动静相宜；疏钟杵臼，天人相应……如同一首小夜曲，又如同一幅水墨画，"是一种向情感和思想发出的呼吁"（黑格尔语），是一个众声响应的宁静、神秘而又丰富的生命场。

而蓝田辋川的春日，因着诗人的无限憧憬和浪漫想象，则又更觉灵动斑斓："草木蔓发，春山可望，轻鲦出水，白鸥矫翼，露湿青皋，麦陇朝雊"，每一个画面都具有清新明丽的色彩与生命踊跃的动感。有声有色，有远有近，有动有静，有高有低，有明有暗，诗人以他惯用的无处无之（意即"到处可见、俯拾即是"）的二元视角表现线条细腻、层次繁多、富有诗情画意的图景，其中的无限"深趣"、玩味不尽的美的意蕴，正是由于诗人"物在灵府"的审美视域和心灵投射的生命观照。客观的美的价值，正在于以其感性的形式呼唤审美主体自由灵魂的出席。如柳宗元《邕州柳中丞作马退山茅亭记》中所说："美不自美，因人而彰。兰亭也，不遭右军，则清湍修竹，芜没于空山矣。"

王维的山水诗正是凭借主观思维把来自客观的映象做重新组合而形成"心造的幻影"的艺术范型。诗人重视自然山水之实景的触发，但更重视澄淡情怀对自然山水的酿造。"心借物以表现情趣"（朱光潜语），辋水蓝田具有客观的本然之美，而由于诗人能"澄怀观道"、"澄怀味象"（六朝山水画家宗炳语），才真正地进入美的观照之中，才真正体验到自然山水与自己的玄心美感冥合为一的"深趣"。

王维几乎所有的田园山水诗都看得出其"取境"的精心考究和不同凡响，他几乎所有的田园山水诗又都是他审美体验的记录，其每一具体的物象，几乎都是有生活原型的艺术幻象，达到有限中呈现无限的极致。

所以，"景气和畅"并不全然是自然景象，更多的，是诗人的物在灵府的主观体验。

僮仆、裴迪与山僧——王维的物质人生、艺术人生和宗教人生

除自己以外，诗人的书信中出现了三个人物：僮仆、裴迪与山僧（其中裴迪未真正出场）。

这三个人物，折射出诗人三个层面的追求：物质人生、艺术人生、宗教人生。

附会一点的话，也可以按照弗洛伊德的理论，将其表述为这样三个角度：本我、自我和超我。

居有辋川别业，行有僮仆相随，这样的物质条件，让今天许多文人望尘莫及。

"九岁知属辞"，15 岁时已有过人才名，21 岁时进士及第，始任太乐丞，王维的多才多艺开启了他的仕途生涯，同时也给他带来了苦闷、坎坷和失意。

"晚年唯好静，万事不关心"的王维在少年时也是豪情满怀、踌躇满志的，他的笔下有"红豆生南国，春来发几枝"的纯情，也有"孰知不向边庭苦，纵死犹闻侠骨香"的豪气。

年轻的王维有儒家经世济时的理想，所谓"济人然后拂衣去，肯作徒尔一男儿"（《不遇咏》）。然任太乐丞后，随即因伶人舞黄狮子一事受到牵连，贬为济州司仓参军。王维常劝孟浩然归庐隐居，自己却无法忘怀仕途，他曾献诗中书令张九龄，盛赞张九龄"所不卖公器，动为苍生谋"（《献始兴公》），并向张九龄求荐："贱子跪自陈，可为帐下不？"随后隐于嵩山待机而出。次年被张九龄擢为右拾遗，又为朝官，做了两年右拾遗，又为监察御史，后迁殿中侍御史。就这样在闲居和官职变迁中度过了许多年的时光，进而中年，或隐或官，总不得意。

开元二十四年，张九龄被贬为荆州长使，李林甫任中书令。李林甫排斥异

己，又宠用番将，王维时感沮丧，在《记荆州张丞相》中也表示有退隐的意思："方将与农圃，艺植老秋园。"但他旋即奉使赴河西节度副大使崔希逸幕，后又以殿中侍御史知南选，天宝中，王维的官职逐渐升迁。安史之乱前，官至给事中，他一方面对当时的官场感到厌倦和担心，另一方面却又恋栈怀禄，不能决然离去。

安史之乱中，他被贼军捕获，被迫当了伪官，却因此在战乱平息后被交付有司审讯。按理投效叛军当斩，幸其在乱中曾写过思慕天子的诗，加上当时任刑部侍郎的弟弟王缙（曾跟随皇帝出逃）请求削己官职以赎兄死罪，才幸免于难，仅受贬官处分。其后，又授予他太子中允之职，后又迁太子中庶子，中书舍人，转尚书右丞，这是王维一生所任官职中最高的官阶，也是最后所任之职，所以后世称他为王右丞。

虽历经坎坷，王维的物质人生仍可谓基本圆满，但这并未能让他满足。虽有世外桃源似的蓝田辋川，亦有唯命是从的贴身僮仆，但胜景当前，"僮仆静默"，诗人只好感喟独坐，空忆往昔。这是一种知音难觅、衷情难诉的审美孤独。

除了审美孤独，诗人还遭遇了审美疲劳。

文章第 1 段说本想邀裴迪同往山中，但"足下方温经，猥不敢相烦"，便独自前往山中，结果欣然而去，索然而返。自诗人去往山中之后，略无写景，亦全无抒情，只淡淡记一笔："憩感配寺，与山僧饭讫而去。"

未写与山中僧人在一起谈禅论经，更未写与僧人一起欣赏山光水色，只是休息、吃饭这样最最日常的事情。而且，饭一吃完马上拔腿走人，是不是有些不合情理？

据王维《请施庄为寺表》记载，王维的母亲师事普寂三十余年，一生"褐衣蔬食，持戒安禅"，这对事母至孝的王维产生了莫大的影响。他经营蓝田的辋川别业，一方面为了方便自己的母亲宴坐经行修道之用，另一方面也为了自己追求自然淡泊、清静无为的生活。他在母亲仙逝之后，也曾向皇帝上表，将自己最为钟爱的辋川别墅施作僧寺，供"名行僧""精勤禅诵，斋戒住持"之用，并且不止一次上状，恳求朝廷允许将自己所得的职田献出，作为周济穷苦、布施粥饭之用。

《旧唐书》说他"居常蔬食，不茹荤血；晚年长斋，不衣文彩……在京师日饭十数名僧，以玄谈为乐。斋中无所有，唯茶铛、药臼、经案、绳床而已。"为何笃爱佛学的王维此次与山中僧人相见会感觉如此索然无味，匆匆而返呢？

如果说僮仆与他文化差异太大，无话可谈，那么僧人恰好是他的同道，又何以如此呢？

想来，应该就是一种审美疲劳吧。

人仅仅有物质生活是不够的，再加上宗教生活，还是不够。钱穆说：

人生最真切的，莫过于每一个人自己内心的知觉。知觉开始，便是生命开始。知觉存在，便是生命存在。知觉终了，便是生命终了。

人类在谋生之上应该有一种爱美的生活，否则只算是他生命之夭折。

（《人生与知觉》）

爱美的生活，就是艺术人生。王维的物质人生、艺术人生和宗教人生并没有很清晰的分水岭。

这一点，与同样早慧多才最后却遁入空门的李叔同很不相同。李叔同的学生丰子恺在《我与弘一法师》中说："我以为人的生活，可以分作三层：一是物质生活，二是精神生活，三是灵魂生活。物质生活就是衣食，精神生活就是学术文艺，灵魂生活就是宗教。'人生'就是这样的一个三层楼。……弘一法师，是一层一层走上去的。弘一法师的'人生欲'非常之强！他的做人，一定要做得彻底。他早年对母尽孝，对妻子尽爱，安住在第一层楼中。中年专心研究学术，发挥多方面的天才，便是迁居在二层楼了。强大的'人生欲'不能使他满足于二层楼，于是爬上三层楼去，做和尚，修净土，研戒律，这是当然的事，毫不足怪的。"

李叔同的人生是明显的三级式，每上升一层，就舍弃并超越了一层，他的生命直奔当下的唯一目标，所以，他的生命线条单纯而简洁，少却很多负累。而王维不一样，他的人生是三栖式的，他的三种追求始终是纽结在一起的，只不过每段时期其比重有别而已。

从《山中与裴秀才迪书》来看，对于四十岁的王维来说，物质生活让他产生审美孤独，宗教生活让他产生审美疲劳，物质的体验和宗教的体验都无法构成完整的人生。

如是，审美体验，也即艺术人生，自然就必不可少。在中国，是"爱美之心，人皆有之"。在西方，则是另一种表述："自从爱神降生了，人们就有了美的爱好，从美的爱好诞生了人神所享受的一切幸福。"（《柏拉图文艺对话集》）

然而，一切的审美体验，都根植于情感。没有情感就没有美。朱光潜在《情与辞》一文中说："一切艺术都是抒情的，都必表现一种心灵上的感触，显著的如喜、怒、爱、恶、哀、愁等情绪，微妙的如兴奋、颓唐、忧郁、宁静以及种种不易名状的飘来忽去的心境。"而李斯特威尔在《近代美学史述评》中这样说道："广义的美的对立面，或者反面，不是丑，而是审美上的冷漠，那种太单调、太平常、太陈腐或者太令人厌恶的东西。"

这就是王维面对山中僧人会感到审美疲劳的原因。王维信佛，尤好《维摩诘经》。其中的"无生"观念对他的影响尤为深远，所谓"观世间苦，而不悲生死"，也就是"无我"、"无情"，"对境无心"、"无住为本"，不生忧喜悲乐之情，不尘不染，心念不起。然而生之体验恰恰需要有真实而丰富的情感，这就有了矛盾，甚而至于成了悖论。就如钱穆所言：

人生一切的美与知，都需在情感上生根，没有情感，亦将没有美与知。人对外物求美求知，都是间接的，只有情感人生，始是直接的。无论初民社会，乃及婴孩时期，人生开始，即是情感开始。剥夺情感，即是剥夺人生。

人类只有最情感的，始是最人生的。只有喜怒哀乐爱恶欲的最真切最广大最坚强的，始是最道德的，也即是最文学的。

转而他又说：

情感的要求，一样其深无底。千千万万年的人生，所以能不厌不倦，无穷无尽，不息不止地前进，全借那种情感要求之不厌不倦，无穷无尽，不息不止在支撑，在激变。然而爱美与求知的人生可以无失败，重情感的人生则必然会有失败。因此爱美与求知的人生不见有苦痛，重情感的人生则必然有苦痛。……母爱子，必要求子之同情反应。子孝母，也必要求母之同情反应。但有时对方并不能如我所要求，这是人生最失败，也是最苦痛处。你要求愈深，你所感到的失败与苦痛也愈深。母爱子，子以同情孝母，子孝母，母以同情爱子，这是人生之最成功处，也即是最快乐处。你要求愈深，你所感到的成功与快乐也愈深。

人生一切悲欢离合，可歌可泣，全是情感在背后做主。夫妇，家庭，朋友，社团，忘寝忘食，死生以之的，一切的情与爱，交织成一切的人生，写成了天地间一篇绝妙的大好文章。人生即是文学，文学也脱离不了人生。只为人生有失败，有苦痛，始有文学作品来发泄，来补偿。

这就是矛盾。这就是悖论。

也就是说，人生的快乐是必须以痛苦为底色的，就像我们不可能选择一个只要顶楼不要底楼的空中楼阁一样。

无悲则无喜，无悲无喜则无生。佛教根本无法解决王维的问题，它只是一个与王维的现实世界相对的另一边。王维能够做的，也就只是从一边的痛逃向另一边的寂灭；等到厌倦了，又从那一边的寂灭逃向这一边的痛。一边用来感受生，一边用来安抚生。从人的天性来说，王维是更"爱"能让他感受到生之疼痛的这一边的。只是，他又非常"需要"那一边的安抚。

那是一个可供他喘息和复原的时空。

所以，蓝田辋川不过是年届四十的王维安顿自己心灵的一个驿站，早在18岁前后，年轻的王维就曾与好友祖自虚隐居长安终南，翩翩作神仙之游："念昔同携手，风期不暂捐。南山俱隐逸，东洛类神仙。"（《哭祖六自虚》）

而40岁的王维，还不能完全安于寂灭。他崇尚心灵的主观体验，却也并不抹杀客观世界的本质美。他追求宗教的神圣体验，但他更追求宗教体验向审美体验的转化，也就是说，他追求人生的艺术化。朱光潜说过："情趣愈丰富，生活也愈美满，所谓人生的艺术化就是人生的情趣化。"（《谈美》）

于是，裴迪适时地出现了。

他让王维看见另一个自己，比孟浩然、储光羲等人更像自己的另一个自己。

在很多方面，他都足可让王维引为莫逆之交甚至最终成为生死之交。

1. 境遇的相似，性情的相合

裴迪的哥哥裴回患病不治身亡。临终前，裴回嘱咐裴迪去请求王维为其撰写墓志铭。此时正逢王维回终南别业休年假，裴迪跋山涉水至终南山中，他谈吐不俗，令王维刮目相看，欣然命笔写下了《裴回铭》，并留宿长谈。

裴回死后，裴家老小生活无着，顿时陷入困境。包括王维在内的朝中好友向朝廷奏请获准，特补22岁的裴适为"清庙郎出身"入仕，以解燃眉之急。按情理而论，这个机会应该首先考虑给年长的裴迪，大概裴迪认为自己考取科举的希望较大，故而把这个机会让给了其弟裴适。而王维呢，同样有着强烈的家庭责任感和长兄情怀，如果不是为了家中的弟妹，他也许早就脱掉那恼人的乌纱，离开喧嚣的官场了：

日夕见太行，沉吟未能去。问君何以然，世网婴我故。

小妹日成长，兄弟未有娶。家贫禄既薄，储蓄非有素。

（《偶然作》其三）

王维得辋川别业后，常"与裴迪游其中，赋诗相酬为乐"（《新唐书·王维传》）。在王维与裴迪唱和的诗中，多称迪为"秀才"，《辋川闲居赠裴秀才迪》云："复值接舆醉，狂歌五柳前。"以佯狂遁世的接舆喻裴迪，可见天宝年间，裴迪有较长时间未居官，隐逸山水之间。而裴迪在《青雀歌》中说："动息自适性，不曾妄与燕雀群。幸忝鹓鸾早相识，何时提携致青云。"他何尝不想跻身青云，但又洁身自好，不妄与燕雀同群。在隐居中，他逐渐接受佛教思想，从中获得精神安慰，《游感化寺昙兴上人山院》说："浮名竟何益，从此愿栖禅。"内心的渴望与骨子里的矜持，乃至最后对佛教的皈依，与王维何等相似！

2. 志趣的相投，创作的相得

裴迪今存诗 28 首，全都是同王维的赠答、同咏之作。而王维集中同裴迪的赠答、同咏之作，则达 30 余篇，其数量超过王维与其他任何一个作者的这类作品。由此可见两人之间交往的密切。《辋川集》的流传，使裴迪声名显著，为世人所知晓。但他在科举考试中却屡试不第，未能金榜题名。

事实上裴迪的诗无论从哪个角度来看，都不可与王维相提并论，其优劣分明的对比曾让不少人发出疑问：难道王维有意要拿裴迪做陪衬？日本学者入谷仙介对此做出的解释颇符合情理，"裴迪诗与王维诗的关系，我想可以比喻为纺织品花样和面料。花样和面料与其用毫无关系的色调，不如用同一色调的浓淡两色，或者强烈和不显眼的两种色彩配合，更来得和谐。"显然，同调的相互映衬构成的是整体的和谐美，不可能每个个体都平均着墨，这是审美的规律，也是自然的规律。显然双方已经对此心照不宣，各得其所且相得益彰，于是有了这高山流水知音相惜和甘心为护花而化作春泥的产物。

3. 失意中相慰，患难中相助

在官场生活的浮光艳影中，王维仅仅是一直心力交瘁地维持着应有的礼数，寻找同气相求之人的尝试往往以失望告终，而裴迪这样一位志同道合者的出现，可以说是对他疲累挣扎的一个适时的安慰。正因为如此，裴迪短暂地离开长安，也会令王维牵肠挂肚：

不相见，不相见来久。日日泉水头，常忆同携手。

携手本同心，复叹忽分襟。相忆今如此，相思深不深？

（王维《赠裴迪》）

也正因为如此，在后来的安史之乱中，才会有五品官员给事中王维被囚洛阳菩提寺、山野布衣裴迪舍生忘死偏向虎山行的佳话。王维作诗《菩提寺禁裴迪来相看说逆贼等凝碧池上作音乐供奉人等举声便一时泪下私成口号诵示裴迪》云：

万户伤心生野烟，百官何日更朝天。秋槐叶落空宫里，凝碧池头奏管弦。

裴迪告别时，王维又作《菩提寺禁口号又示裴迪》诗云：

安得舍罗网，拂衣辞世喧。悠然策藜杖，归向桃花源。

这两首诗表明，王维虽然身陷贼军，却始终心向大唐朝廷，表面上说"拂衣辞世喧"、"归向桃花源"，实际上是暗示他不愿接受伪职。裴迪将王维这两首诗带回去向友人广为传播，终成为王维日后得以脱罪的有力证据。

面对王维，裴迪才情的光华也许相对黯淡，但心灵的光辉丝毫不会逊色。

华子冈的美是心灵纯粹的人才可以感觉到的美。王维特特邀请裴迪，正是因为他知道裴迪"天机清妙"，可识得其中之"深趣"。使自己的美学观成为马克思主义的直接前提的费尔巴哈说过："如果我的灵魂在审美方面低劣不堪，那我怎么能够欣赏一张绝美的绘画呢？"王维周围的诗人朋友不少，或许有几个正闲着无聊，但他独独想要邀请正苦心温经的裴迪一人，只因为他与裴迪灵魂的同构、情趣的契合，他相信在华子冈，只有裴迪能够和自己有相同的审美体验，只有裴迪能够和自己看到同样的世界。

朱光潜说："我们可以说，每人所见到的世界都是他自己所创造的。物的意韵深浅与人的性分情趣深浅成正比例，深人所见于物者亦深，浅人所见于物者亦浅。诗人与常人的分别就在此。同是一个世界，对于诗人常呈现新鲜有趣的境界，对于常人则永远是那么一个平凡乏味的混乱体。"（《诗论》）

王维和裴迪，都是"深人"，所以才能识得"深趣"；他们都不是只能看

艺术视野中的美 | 227

见平庸世界的"常人"，他们是最好的诗人。所以，他们互相引为同调，在那个远离尘俗的蓝田辋川，共同经营他们的艺术人生。

让我们继续欣赏几首代表王维不同时期不同风格的诗作。

1. 游子有柔情

十五岁就在两京开始了游宦活动的王维，早早地就体验到了游子的酸楚，作品中常有体现。

《九月九日忆山东兄弟》：王维十七岁时写作此诗，"独在异乡为异客，每逢佳节倍思亲"的诗句，至今仍会引起人们的共鸣，这首诗的力量超越了历史，超越了国界，成为了人类心灵共同的声音。

《相思》（红豆生南国）：这是一首又干净又温暖的诗，像是一缕从天国吹来的熏风。没有抒情，却无处不是深情脉脉；不用描写，却无处不是动人画卷。用平和的叙述来表达相思，托物寄情，明为劝君多采红豆，暗为作者相思意浓，妙在不言自明，人人自醉。

《杂诗》（其二）（君自故乡来）：全诗仅仅二十个字，计白当黑，虚实相生，不愧是画家写的诗。"寒梅著花未？"颇有以一当十之功效，将抒情主人公交集的百感一一芟除，只留下一点情怀，将他灵视中所映现出的故乡种种景物意象尽量删减，只留下窗前那一树梅花，正是在这净化得无法再净化的情思和景物的描写中，透露出无限情味，引人生出无穷遐想。

王维还有一些著名的送别诗，用柔情给予游子祝福。譬如《渭城曲》和《送沈子福归江东》，前一首被谱成《阳关三叠》的送行乐曲，后一首把对朋友惜别的心情，比作遮拦不住的江南江北的春色，想象新颖，柔情浓郁。

2. 壮心多豪气

像盛唐许多诗人一样，王维前期也写了一些关于游侠、边塞的诗篇。这些诗或写少年的豪迈，或写大将的英武，或叙征戍之苦，或写凯旋之乐，都表现了那个时代人们的英雄气概和爱国热情。例如《少年行》（新丰美酒斗十千），写少年游侠的昂扬意气，很有浪漫主义的气息。还有《观猎》，写的虽是日常的狩猎活动，却栩栩如生地刻画出将军的骁勇英姿，借以表达自己渴望效命疆场，期盼建功立业的雄心壮志。《从军行》《燕支行》等诗也是有浪漫豪情的边塞诗，《使至塞上》（单车欲问边）更是气势恢宏，"大漠"两句写景尤为壮丽。《出塞作》的"暮云空碛时驱马，秋日平原好射雕"，气象也很开阔。

3. 空灵生禅意

《辛夷坞》（木末芙蓉花）：辛夷花自开自落，生命灿然亦寂然，心境坦然亦寞然，诗人淡淡隐去心绪的复杂，让自然说话。不遇亦能自美，是自在，是自得，是自处，是自许。无论遇与不遇，再灿烂的花期最终都会离去，意在象外，暗含了禅宗一个深刻的哲理：这些随时间、岁月流逝而变化的万事万物，皆好景不长。好景不长的东西自然不是永恒的东西，不是永恒的东西，就如同梦幻一般虚假不实。何必偏执一念？宜将这些缘生缘灭的东西放下，去追求永恒的、不生不灭的真理。

这一类的代表作还有《鸟鸣涧》（人闲桂花落）、《鹿柴》（空山不见人）等。在王维的诗歌里，绝少看见时代的疮痍，他用他体悟到的禅意，用生命之泉洗涤一切污浊，过滤出一个又一个令人沉迷的清凉世界。读王维的诗，看到的是一幅幅高山流泉、溪水叮咚的画面，听到的是余音绕梁、三日不绝于耳的音符，品出的是甘露般清凉醇香的氛围。譬如《田园乐》（桃红复含宿雨）、《终南别业》（中岁颇好道），又如《积雨辋川庄作》（积雨空林烟火迟），在这首七律诗中，诗人把自己幽雅清淡的禅寂生活与辋川恬静优美的田园风光糅合一起，给我们勾画了一幅物我相惬，随缘任遇，适彼乐土、与世无争的生活图景。

4. 寂灭见法理

柳晟俊《王维诗研究》一书中曾统计王维诗集"空"字使用的频率，高达九十四次之多，有人说，王维心静，其诗有深味。但从禅的角度来说，心缚于静则性不活，无法超脱。所以，他的诗灵变飞动不如李白。从儒的角度来说，心住于静则气不充，没有深情。所以，他的诗沉郁顿挫不如杜甫。

我想，这说的是他晚年作品的风格。经安史之乱惨痛的遭遇之后，王维除饭僧施粥外，"退朝之后，焚香独坐，以禅诵为事"。（《旧唐书》）有两首诗最能表现他晚境的心迹，一首是《叹白发》："宿昔朱颜成暮齿，须臾白发变垂鬓。一生几许伤心事，不向空门何处销。"另一首是《秋夜独坐》："独坐悲双鬓，空堂欲二更。雨中山果落，灯下草虫鸣。白发终难变，黄金不可成。欲知除老病，惟有学无生。"此时的王维，万缘烟散，万念俱灭，唯以佛法自励，文字间全是生之寂灭，而法理乃见。

王维生命的最后一刻也如辛夷花瓣一样寂然零落，没有生的喜悦，没有死的悲哀，《旧唐书》写道："临终之际，以缙在凤翔，忽索笔作别缙书。又与平生亲故作别书数幅，多敦厉朋友奉佛修心之旨，舍笔而卒。"这样的死亡，犹如一次从容的远行，他终于艺术地完成了他的宗教人生。

【方法策略】

1. 合作学习，了解王维的人生历程和心灵历程。

2. 重点交流，发现王维诗文创作中的生命感和审美追求。

3. 深入探讨，研究王维的生命美学。

【设计策略】

1. 学生大量搜集资料，在不同背景下展开关于王维不同时期不同风格诗作的专项研究和小组探讨。（参考角度：时代背景、家庭背景、宗教背景、文化背景、交游背景等）

2. 结合作品，深入解读王维的生命世界和审美追求。每位同学自选一篇或几篇王维的作品写鉴赏文章。

3. 全班交流，师生一起从哲学、佛学、诗学、美学的角度，进行深入探讨。

4. 以"王维诗歌书画作品大赛"来结束本专题的教学，在创作中深入体会王维作品"诗中有画，画中有诗"的特点。

若爱，深深爱
——刘若英作品《易副官》教学实录（上）

【花絮】

偶然读到刘若英的《易副官》这篇文章，很感动，也很惊奇。想不到刘若英作为一个艺人，能够有这样好的文笔。当时我教的是广州外国语学校高三（1）班的学生。广州的孩子对演艺圈特别感兴趣，很多学生很早就确定了奋斗方向：编导、主播、记者、演员。这些方向，都需要有良好的文学素养，所以我决定给他们讲一讲这篇文章，让他们感受一下一个有文学素养的艺人，和普通艺人有怎样的不同，并感受一下文学与艺术的血缘关系，从而促进学生对文学的重视与热爱。（本课所讲《易副官》一文出自《中华活页文选（高一年级）》2009 年第 3 期）

【课堂实录】

（PPT 导入）

如果你爱上了这无数星星中盛开的唯一花朵，只用凝望这些星星，就足以让花儿感到幸福。

——《小王子》

师：有没有看过这句话？这是我读了《易副官》之后想到的一个句子。读过《小王子》的举手。（一部分同学举手）对这句话有印象吗？（几个学生点头）好，今天我们要一起来学习刘若英的这篇文章——《易副官》。

大家拿到这篇文章之后是不是感到有点奇怪啊？刘若英家里怎么会有副官呢？（生笑答"是"）那与她的祖父有关。刘若英应该算是一个有显赫家世的人，真正的将门之后。她的祖父刘咏尧是国民党陆军上将、国防部代理部长。与胡宗南、杜聿明、徐向前等同为黄埔一期的同学。1925 年入莫斯科中山大学第七班（该班被称作"理论家班"，共 20 人，云集后来国共两党的重要成员，邓小平任班长），与聂荣臻、叶挺同为黄埔三期教员。文中所说的公公，就是她的祖父；而婆婆，就是她的祖母。（生讶然，释然）

这篇文章讲的是一个什么故事？能否用一句话概括出来？

生：讲的是易副官陪伴刘若英长大的故事。

师：很好，如果要用一个字概括呢？

生（不好意思地笑）：两个字行不行？

师（亦笑）：你先说来听听。

生：忠诚。

师：嗯，不过，"忠诚"是不是只能单方面地反映易副官对刘家一种情感啊？如果用一个字进行全面的概括，可以怎样说？

生（齐）：爱。

师：非常好。（点击 PPT）这个看过吗？

我爱你，
不光因为你的样子，
还因为，
和你在一起时，我的样子。

我爱你，

不光因为你为我而做的事，

还因为，

为了你，我能做成的事。

我爱你，

因为你能唤出，

我最真的那部分。

——罗伊·克里夫特《爱》（节选）

（有几个学生说在一本诗集中看过）

师：一首非常美的诗，我这里只节选了前面一部分。读了《易副官》之后，很容易地就让我联想到这首诗。现在我请两位同学来为我们朗读这几句诗。一位男同学，一位女同学。呵呵，我们只有三位男同学（生齐笑）。谁上？

（生配乐朗读）

师：好，谢谢，请坐。刚才两位同学好像有点不好意思，其实是因为，你们对这个"爱"的理解……太怎样了啊？

生（笑）：太狭隘了。

师（亦笑）：对，太狭隘了。这个"爱"，我们可以把它推而广之。世间有许多爱，我们不能仅仅局限于男女之间的爱情。前几天我在电视节目上看到舞蹈演员杨丽萍，记者问她为什么很少谈到自己的婚姻家庭，是不是因为这方面不够美满幸福。她回答说：我并不缺少爱，爱一朵花的开放，爱一棵小草的成长，爱我的舞蹈，这都是爱。那些一定要在家庭中两个人拴在一起才能获得幸福感和安全感的人，恰恰是最缺少爱的。所以其实爱，可以很广泛。这篇文章讲述的就是刘若英和易副官之间的爱。这首诗开篇说："我爱你，不光因为你的样子，/还因为，/和你在一起时，我的样子。"那么，易副官到底是什么样子，而跟易副官在一起时的刘若英又是什么样子呢？我们先来看一看易副官的样子，我们的视觉所接触到的形象。（PPT呈现一张老照片，为刘若英小时候与姐姐及易副官的合影）

师：这是一张老照片。你觉得照片上的易副官跟你读了文章后心目中的易副官的形象有什么差别吗？

生：感觉照片上的年轻一些，胖一些。

师：啊，这个时候刘若英还小嘛，文中说到他们的年龄差距时是怎样说的？

生："我三岁，他六十八岁。"

师：好，这是我们的眼睛所看到的易副官的样子，那么在刘若英的心中，他又是什么样子呢？首先我们看外貌（点击PPT：外貌），找一下，刘若英对他的外貌的记忆。她是怎样描述的，用最简洁的词告诉我。

生（齐）："很瘦，又黑，三分头，却掩不住灰白交错的发色。"

师：能不能用名词告诉我？

生（犹豫，然后笑着齐声说）："猿人"。

师（亦笑）：呵呵（点击PPT：猿人），你会觉得这是一个有点污辱性的称呼是吗？

生（齐笑）：是。

师（亦笑）：所以不敢说是吧？这是刘若英小时候取笑他的一个称呼，因为亲昵，才会没大没小地胡闹。易副官还像什么呢？还是用一个名词告诉我，根据第一段的描述。

生（几个人犹犹豫豫地）：狗。

师：为什么想到狗？

生："竖着耳朵等着我公公的指令"。

师：哦，"竖着耳朵"，所以像狗。还有前面说他住在什么地方啊？

生："我家前院的那间小房间里，一进大门，穿过院子，进来的第一间"。

师：嗯，所以"什么人来来去去、进出我家，都必须经过他的窗口"，他就像是"我家"的一个什么？

生（几个人犹犹豫豫地）：看家狗。

师（笑）：也许你们会觉得这样说更具污辱性了。其实，我们有时候说某某简直是个"禽兽"，这样的说法往往是污辱了禽兽。（生大笑）看到这段文字，我就想到了一个词（点击PPT：忠犬）一个忠心的看家狗。当我想到这个词的时候，我突然就想起了我们班一个同学的一篇文章，猜猜看是谁的？

生（齐）：吴梦洁。

师：对，这篇文章已经发表了。让我们来看一下其中的一个片段。我们请吴梦洁自己来读好吗？（点击PPT）

（吴梦洁伴乐朗读）

我渐渐明白，原来"忠"这个字，不仅仅是什么为主人牺牲，而是长久的陪伴，不抛弃，不放弃。无论寒冬酷暑，小八每天都趴在花坛里等候，凝视，一天，两天，一年，两年……十年！直到那个寒冬的夜晚，小八在梦中与主人相见后死去，他在那个小花坛整整等待了十年。

我时常在想，人与人之间的羁绊到底是脆弱还是坚固？有时候，好像无论什么艰难险阻都不能将两个人分开。然而有时候，也许只是一次争吵，你厌烦了，你和别人之间的羁绊也就断了。最后我下定结论，其实时间才是最无情的杀手，它无时无刻无处不在，慢慢地腐蚀着每个人，再怎样美好的感情也会随着时间的推移消散。然而八公给了我一种强烈的震撼，让我耸然动容。我无法想象一只狗是怎么做到连人也做不到的事情，可是我又觉得好像只有狗，或者其他的一些动物才能做到这样的事情。因为人活在世界上，有太多干扰的因素在，只有动物才能拥有最纯粹的情感，而这种情感是无敌的，没有任何东西能让它动摇，包括时间。

——吴梦洁《一次的相见，一生的时光》

师：这段文字曾经深深地感动我，也深深地感动了杂志的两个编辑，最后发表在了《求学·高分作文》上。然而当我看到易副官的故事，我又觉得比这个故事更动人。易副官和八公还不是最相像的，八公太聪明。倒是另一个故事，让我觉得跟易副官的形象更为契合。(点击PPT)

我们都是晚上杀人抢钱，白天踩好点。如果见这家养着本地土狗，他家再有钱我都不去。因为土狗只忠实于自己的主子，你要尽手段它也不认，只是不住声地叫。狼狗就不一样，狼狗看着凶，其实好哄得很，你一到，它准要大声叫，但你不用怕，叫几声主人也不会醒，因为它耳朵太灵，鼻子太尖，生人一到它家院跟前，它就叫唤，这样叫得多了，主人就不在意。但如果它一直不停地叫，而且越叫越凶，主人肯定会起来。但是这儿的人不知道，我只要拿一根竹竿，在狼狗开始扑咬的时候，把拴着它的铁链子拨拉一下，它就以为这家主人把它转卖给我了，我就成了它的新主人，任凭我在这家做甚，它都一声不吭。它家里的人都被我们杀光了，钱也拿走了，我们走的时候，它还对我摇尾巴。

师：这是一个真实的故事。灵宝市是有名的黄金产地，当地的千万富翁很多。那里的有钱人都选择或凶残或敏捷的藏獒、黑贝、牧羊犬等名犬作为家庭警卫。而千百年来在黄河流域看家护院的狗被鄙夷为本地土狗，大部分上了人们的餐桌。有段时间，灵宝和陕西交界的小秦岭产金区出现了一个盗窃团伙，那些养着狼狗的人家一般都被洗劫，而那些公认凶残暴烈机敏无比的狼狗却都毫发无损。最后，窃贼被公安干警逮住了，这段文字就是主犯交代的作案情节。狼狗聪明，所以很容易见异思迁；土狗笨拙，一根筋，认死理，它绝对忠诚。所以，易副官给我的感觉是（点击PPT）："像土狗一样笨拙而忠诚"。"猿人"只是外形的描摹，像土狗一样笨拙而忠诚，才是易副官心灵的样子。让我们再来看看易副官的身份（点击PPT：身份），在这个家里，他有哪些身份？

生（齐）："他是家仆，是书童，是副官，是管家，是保姆，是大厨，是我永远的亲人和老师。"

师：这是他的身份。他在这个家服务几代人？

生（齐）：四代。

师：四代人。在这个家里，他的身份一直在变，哪里需要他，他就去哪里。这家人需要什么身份的人，他就变为什么身份的人。刘若英用了一个什么样的短语来形容这种改变？

生："摇身一变"。

师：这个短语很容易让我们想到什么？

生：孙悟空。

师：能够"摇身一变"的，是神仙类的，总之不是普通人。你们想到的是孙悟空，我想到的却是耶稣，我觉得他（点击PPT）"像耶稣一样全能而慈爱"。他什么都能做，什么都会做，他几乎是全能的，他甘心做所有人的仆人，付出他生命中全部的爱。耶稣也是这样，他会为他的门徒洗脚。好，我们再来看看易副官的性格（点击PPT：性格）。他是一个什么样的人？如果要你用一个名词来概括他，你会选择哪个词？

生：好人。

师：好到什么程度？从哪些地方看出他是个好人？

生：他把零钱故意放在糖罐里，让孩子们去偷。

师：嗯，成全孩子们小小的梦想和冒险的情趣。还有吗？

生：12段和13段。他为刘若英把风，让她背着婆婆去吃摊上的小吃，结果被婆婆抓到，易副官追着车子跑，满头大汗。

师：嗯，他成了刘若英冒险的同盟。还有吗？

生：船长爸爸回来了，刘若英本来很开心，但爸爸突然为了自行车的事情训斥她，这时候易副官就站出来替她说话。

师：嗯，文中用的词是"大怒"。要知道他只是一个仆人哦，为了刘若英，他敢于向他的主人大怒。原来，"好人"也有大脾气！（点击PPT：好人的大脾气）这是因为他对刘若英的爱，给了他勇气。这样写，更加能够表现他对刘若英的宠爱和呵护。我们前面说到易副官的笨拙，文章哪里在写他的笨拙？

生：打羽毛球的时候，他没能把球打到刘若英面前，惹她生气地摔球拍，过去踩他的脚。

师：嗯，还有吗？

生：追着婆婆的车子跑，明知赶不上，还是想要给刘若英报信。

生："我"跑着回家，易副官跟不上，被刘若英在公公面前故意"陷害"。

师：嗯，这都是写他动作的笨拙。再看看他的语言，他的话多吗？

生：不多。

师：对，刘若英对着窗外发呆的时候，他只是陪着她坐在那里，安静无话。"最多抽根烟，然后咳嗽"。他不是一个会说话或者爱说话的人，显得笨笨的。但就是这样一个笨拙的人，有时候却爱耍点儿小聪明，只为了讨刘若英的喜欢，哄她开心。看看哪里在写他的小聪明？

生：他故意把零钱放在糖罐里，让孩子们去偷。

师：故意的，这样做，孩子们得手之后就会非常兴奋，以为神不知鬼不觉。还有吗？

生（齐）：他"把包糖的纸仔细地折起来，中间打一个结，做成一个个穿蓬蓬裙的小公主，然后逗我说，那就是我"。

生："用两根大拇指各自弯曲，然后接起来，跟我说他的大拇指可以分开"。

师：可是刘若英的反应却是"觉得他无聊透了"，"鬼才相信"。比较一下，一个天生幽默、很会哄人开心的人来哄"我"开心，和一个笨拙的人努力哄"我"开心，却又无法把我哄笑，两种写法，哪种更感人？

生：后一种。

师：很好。愚人的小聪明（点击PPT：愚人的小聪明）恰恰表现了他对刘若英的宠爱，他愿意为她做一切力所能及和力不能及的事情。好人的大脾气、愚人的小聪明，都让我们看到易副官性格当中的矛盾，还有其他的矛盾吗？

（生沉默）

师：前面我们说到他的忠诚，他真的从未背叛过主人吗？

生：他背叛过婆婆，违背了婆婆的命令，帮助刘若英突破禁忌，体验小摊上的小吃。

师：这样看来，他是曾经背叛过他的主人的，然而他是因为什么而背叛的啊？

生（齐）：因为爱。

师：对，因为爱刘若英而背叛（点击PPT：为爱而背叛）。这样的一个好人，看起来非常完美，每个人都会希望自己身边有这样一个"易副官"。然而他有没有辜负过什么人？

生：有，他在大陆的妻子。

师：对，他虽然攒了一大笔钱，期待着将来回去跟她一起过好日子，但是这个愿望根本没有实现的可能。如果他的背叛是为了爱，那么他的辜负又是为了什么？

生（齐）：忠诚。

师：如果要用一个字说呢？他13岁就来到这个家，为这个家服务，也在这个家里长大，他觉得这个家是他的一份责任、一个港湾、一种牵挂，他愿意将自己的一生献给这个家，全都是为了一个字，中国传统文化最注重的一个字。

生（齐）：义。

师：对，为义而辜负（点击PPT：为义而辜负）。同时，他的辜负中也还有坚持，刘若英家里还有一个萧副官，就是到台湾后重新组建家庭了的。但易副官选择了守住一份记忆，守住一份哪怕令他歉疚的记忆。这正是他人性中的极致的美。这样的人性美，表现在他生命中的所有选择上。也就是这样一个性格当中看起来充满了矛盾的人，恰恰也在矛盾中张扬了人性的极致的美。用刘若英自己的话来说就是什么？

生（齐）："极致的忠诚和美"。

师：对，这就是刘若英眼睛和心灵里面的易副官的样子。（点击PPT）

师：当个人幸福与忠诚道义无法两全时，他选择了完全的舍己。这让我想

到了法兰西斯的一段祷告词。（点击PPT，请两位同学伴乐朗读）

> 让我爱而不受感戴，
> 让我事而不受赏赐；
> 让我尽力而不被人记，
> 让我受苦而不被人睹。
> 只知倾酒，不知饮酒；
> 只想擘饼，不想留饼。
> 倒出生命来使人得幸福，
> 舍弃安宁而使人得舒服。
> 不受体恤，不受眷顾，
> 不受推崇，不受安抚；
> 宁可凄凉，宁可孤苦，
> 宁可无告，宁可被负。

师：法兰西斯的这段祷告词，用中国的一句话来说就是只求什么不求什么？

生（齐）：只求付出，不求回报。

师："若爱，深深爱"既是易副官的人生原则，也是刘若英的生命宣言。刘若英无论是对艺术，还是对爱情、亲情，都是全情投入，倾心付出。那么在易副官的面前，刘若英的样子又是怎样的呢？（PPT呈现一张刘若英的照片及文字"文艺范儿——粉丝眼中的她"）

师：粉丝眼中的她，是"文艺范儿"。这张照片是不是很像我们班的一个人？

生（齐）：是！

师（笑）：哦，你们也看出来了，真的很像。刘若英的文艺范儿与她的家庭有关。刚才我们说过她的祖父是国民党陆军上将，她的祖母是一代名媛，大家闺秀，她的父亲是海军高级军官，远洋舰长。同时，她的父亲也是一个浪漫的人，他曾经辞去有着大好前程的职务，拿了十万元的退役金，回台北开了一家咖啡屋，所有和他一样爱好文学创作的朋友来到这里，都可以享受他的免费咖啡，直到他的咖啡屋破产（生笑）。他后来又和朋友一起创建影视公司，写剧本，拍电影，曾经投拍过前卫电影，女主角是归亚蕾。刘若英的母亲是一名韩国华侨。但在刘若英两岁的时候，父母就离异了，刘若英3岁的时候就跟着祖父母生活。她的出身，她的家庭，就决定了她的文艺范儿，她的师傅陈升说，刘若英是台湾艺人中读书最多的。她写的书也不少：《一个人的KTV》《下楼谈恋爱》《单身日志演唱会记录书》《我的不完美》，还有收录《易副官》这篇文章的集子：《我想跟你走》。媒体眼中的她又是什么样子呢？有这样一段话我特别喜欢（点击PPT）：

　　这是一个让男人女人共同喜爱和心疼的女子，在蜚短流长的娱乐圈像一个不染风尘的好孩子。她孤单，但不孤傲；她聪明，但不尖锐；她温婉，但不沉郁。听过她歌的人赞叹她的朴实淡定，读过她书的人赞叹她的简练细腻，看过她戏的人赞叹她的刻画入微。

　　（默然《刘若英找到幸福"钟"点》，《人物周刊》2011年第10期）

　　师：大家知道她的生日是哪一天吗？
　　生：6月1日。
　　师（欣喜）：你怎么知道的？
　　生：我看过她的《我想跟你走》这本书。
　　师：哦，你读过，太好了。她是6月1日出生的，似乎是上天注定了她是一个永远的孩子。柏邦妮说过一句话："天真是一种力量。"是用来说赵薇的，我觉得用在刘若英身上也非常合适。"她孤单，但不孤傲；她聪明，但不尖锐；她温婉，但不沉郁。听过她歌的人赞叹她的朴实淡定，读过她书的人赞叹她的简练细腻，看过她戏的人赞叹她的刻画入微"，这段话，让我们感觉刘若英真的非常什么？一部电影的名字。
　　生（齐）：非常完美。
　　师：是，非常完美，然而刘若英自己说：我不完美。还专门写了一本书，名字就叫《我的不完美》。大家都说她是好孩子，但她说，不，我是个坏孩子，因为"我"怎么样啊？她在文中两次使用一个短语来评价自己，是什么？
　　生："不单纯"。
　　师：对，在她自己心目中，她是个不单纯的坏孩子（点击PPT："在自己心中：不单纯的坏孩子"），她叛逆，娇气，爱捉弄和欺负易副官。然而在爸爸的面前，她却努力想要表现得怎样？看看她爸爸回来的时候，她是怎样一个样子？

生："每每听说他要回来，我就会穿上我最喜欢的衣服坐在院子里，呆呆往门口望着。"

师：为什么刘若英要穿上她最喜欢的衣服坐在院子里呆呆地等待？

生：期待爸爸回来。

师：期待爸爸回来看到一个又漂亮又可爱的"我"，一个完美的好孩子，是吧？

生（点头）：是。

师：在自己心中，她是个不单纯的坏孩子；但在爸爸的面前，她努力想做好孩子（点击PPT："在爸爸面前：努力想做好孩子"）；只有在谁面前，她是最真实的样子？

生（齐）：易副官面前。

师：对，在易的眼中，才是刘若英最真实的样子（点击PPT："在易的眼中：最真实的样子"）。

在易的眼中，刘若英最真实的样子，是个什么样子？请大家概括一下。

生：叛逆而可爱。

师：很好。因为易副官懂得，她的叛逆只是出于孩子对外面世界的好奇：别人都吃小摊上的小吃，我也想吃。还有对自由的渴望：别的小朋友都是自己背书包，为什么我不可以？易副官不仅理解她的叛逆，也理解她在爸爸面前努力想做好孩子的心意，所以他才会在她穿上最喜欢的衣服在院子里呆呆等待时，走过来替她做什么啊？

生："无声地拍拍我的衣服，帮我把皱褶拉平"。

师：对，他理解"我"内心深处对父爱的期待，也理解"我"骨子里的孤独和脆弱，所以他才会在爸爸突然翻脸无休止地大发雷霆的时候，大怒地站出来勇敢还击。只有他能够完全读懂刘若英的内心世界，刘若英也只有在他的面前，才表现出最真实的样子。就像罗伊·克里夫特的那首诗中所说（点击PPT）：我爱你，/因为你能唤出，/我最真的那部分。

只有在易的面前，她才能够做最真实的自己，这是她对易一直念念不忘的重要原因。其实在《我想跟你走》这本书中，她还写过他们家的一个萧副官，文字远远比不上这篇那么感人，因为她没有像这篇这样全情倾注。有机会大家可以找来读一下，比照一下。是易副官的爱成全了她，在一个破碎的家庭中，安抚了一个孩子的孤单与脆弱，使得她在后来的人生中，能够比别人多一份细腻与敏感，也多一份朴实与淡定。正因为她对易副官的爱和念念不忘，让她萌生了一个什么样的愿望？

生（齐）："也许我有幸，哪辈子也能当上他的保姆。"

师：对。(PPT呈现：我爱你，/不光因为你为我而做的事，/还因为，/为了你，我能做成的事。 他是家仆，是书童，是副官，是管家，是保姆，是大厨，是我永远的亲人和老师。也许我有幸，哪辈子也能当上他的保姆。) 曾经有人为了表达对母亲的爱和感激，说过这样一句话：如果有下辈子，我希望做你的母亲，你来做我的女儿。刘若英想要当上他的保姆，报还他的爱，也呵护他的孤独和内心深处的脆弱。我做保姆，你做那个娇气霸道的公主，让我来包容你的一切。虽然这个愿望是那么的不切实际，却是她最真实的情感流露。这样丰富而深刻的情感，用文字传递出来的时候，却并不显得激情澎湃，而是一种缓缓的流淌，非常的宁静和克制，她没有大发感叹，而是用细节说，对比着说，模糊地说，不动声色地说，这是属于刘若英的叙事风格，我们留到下节课再仔细探讨。最后我要向大家推荐一部电影——《桃姐》，看过吗？

（部分同学说看过）

师：嗯，可以看一下。这部电影所表达的情感跟本文比较类似，但主题和人物形象不如本文那么丰富。每个人都有自己的"易副官"，他可能是你的父亲母亲，可能是你的哥哥姐姐，也可能是你的朋友同学，他会理解你的一切，包容你的一切，在他面前，你可以做最真实的自己。你生命中有这样一个"易副官"吗？有的请举手。

（部分同学举手）

师：好，如果你生命中有这样一个"易副官"，你心中也有这样一份感动，就请你写一篇文章，讲述你的故事。(PPT呈现：每个人都有自己的"易副官")

若说，轻轻说
——刘若英作品《易副官》教学实录（下）

（PPT呈现课题：若说，轻轻说——刘若英的叙事）

师：昨天我们探讨了这篇文章的主题和人物，今天我们来探讨它的写法。

刘若英的"说"，是怎样的一种风格呢？我用的是"轻轻"这个形容词。这是一种静静流淌的叙事风格，百转千回。那么她的这种叙事方式有哪些值得我们学习呢？如果她的叙事方式跟你的比较趋近的话，那么她有哪些说法是你可以学习的？

我们来看昨天说到的第一种（点击PPT）：用细节说。

师：先看一下，这里面有哪些细节是比较经典的。我们要学会用细节来说话而不是概述。今天要讲的是怎样去叙述，下次我们还会讲怎样去描写。

我们来看下面的句子（点击PPT），什么地方是细节？

我会爬上他那张破旧的藤椅，望着那个罐子，然后他就会打开，给我两颗糖。

生："破旧的藤椅"。

师：对，她不是说"我会爬上他的藤椅，望着那个罐子"，而是说"我会爬上他那张破旧的藤椅"，这样不经意之间就把易副官个人的什么给带出来了？

生：生活的俭朴。

师：对，生活的俭朴。谨慎克己，而完全地奉献给别人。自己不舍得买一张新的藤椅，却把钱省下来给孩子们买糖吃。"破旧"这个形容词看似不经意地带出来，做了"藤椅"的修饰语，从而表现人物形象，这就是细节。再看下面的细节（点击PPT）：

我看着老板用着浅浅的碗，舀进稠稠的面线，撒上香菜跟大蒜，然后抖着手端给我。

师：哪些是细节？

生：浅浅的碗，稠稠的面线，抖着手端给我。

师：对。浅浅的，稠稠的，抖着手，这些是细节。这些细节向我们传递了什么呢？

生：浅浅的碗，说明内容很少。

师：对，其实小商小贩的东西并不划算，碗是浅浅的，内容很少。根本不像家里，有易副官这个大厨每天为她准备丰盛的美味佳肴。但是这种"稠稠的面线"，是自己从未接触过的食物，所以她感到十分好奇。"抖着手端给我"，这是一个动作的细节，可能摊主人的年纪也大了，食品的卫生的确得不到保证。但在刘若英看来，这一切都是那么新奇。她用细节向我们展开了她眼中和心中的世界。

用细节说话，最常用的手法就是（点击PPT）：为名词性的对象添加修饰语。譬如什么样的"藤椅"、什么样的"碗"，什么样的"面线"。

为那些名词性的对象添加修饰语，你的语言就丰富了。人物形象也就不是干瘪的，而是血肉丰满的。再看这个例子（点击PPT）：

每每听说他要回来，我就会穿上我最喜欢的衣服坐在院子里，呆呆往门口望着。易，总会走过来无声地拍拍我的衣服，帮我把皱褶拉平，像是能看穿我的心意。

师：这个细节在哪里？
生："无声地拍拍我的衣服，帮我把皱褶拉平"。
师：对，易副官的动作。他为什么会这样做？
生：他理解刘若英的心。
师：对，他能看穿小若英的心意，懂得她非常想要以一个完美的形象出现在她期待已久的爸爸面前。她两岁的时候父母离异，她跟着祖父祖母一起生活，父母都不在她身边。一个没有完整家庭的孩子，她心中的那种脆弱与分裂，只有易副官能够领会。易副官承受了她一切的倔强，承受了她对自己一切的"欺负"与"捉弄"，原因在哪儿啊？因为他懂她，懂她所以迁就她，懂她所以宠爱她，他替她的父母给了她完整的爱。这份爱给予了刘若英趋于圆满的心灵，所以在以后的人生道路和艺术道路上，她能够借着这些丰富深刻的心灵体验，做到比别人更真实更深刻更细腻更投入。是易副官默默用自己完全的爱成就了她。因为深深地懂得，所以才会有上面这无声的细节。再看下面的细节（点击PPT）：

小时候我除了整他，不太爱说话，常常对着窗外发呆，他也从来不问我在想什么，只是搬张凳子也陪着我坐在那里，安静无话。最多抽根烟，然后咳嗽。

师：这里有什么样的细节？

生：对着窗外发呆，陪着我坐在那里，安静无话。最多抽根烟，然后咳嗽。

师：对，默默的陪伴，胜过有声的语言。再看下面的句子（点击PPT）：

那个下午，我等在外头，踢了好久的石头，很想哭。

师：这个句子的细节在哪里？

生：踢石头。

师：对，为什么踢石头？这个细节表现了什么？

生：焦躁。

师：对，焦躁不安，不知道易副官到底怎么了，似乎还有些不满：为什么不让我进去看他？这些细节都是很能丰富人物形象，充分表达人物情感的。

所以，我们会发现，用细节说话，另外一种常用的手法就是（点击PPT）：在叙事中插入动作描写，增强画面感。叙事若没有描写进行辅佐，你的叙事就会是非常单一的一条线，就像一棵树的主干一样。如果你加入了描写，这棵树的主干上面就有了枝叶，有了花朵，有了果实，那么这棵树就漂亮了，丰富了，而且也更有价值了！只有一根主干的树不能成为风景，也不能结出果子。所以你的叙事当中，要适当插入描写，来增强画面感。这就叫作"用细节说话"。

第二种说，是"比拟地说"。看句子（点击PPT）：

他常常就是叼根烟坐在他那小房间的窗口，竖着耳朵等着我公公的指令。

师：这里的"竖着耳朵"，为什么我昨天一问你们就能说出"狗"啊？

生：因为这个动作一般都是用来说狗的。

师：对，她就是把他当作"狗"来写的，是一种比拟的修辞手法，比拟分为两种：拟人和拟物。她把他当作狗来写，恰是为了突出他的忠诚。再看这一句（点击PPT）：

易，摇身一变，又成了家里掌厨的。

师：昨天大家说，一看到"摇身一变"就想到什么啊？

生：孙悟空。

师：对，孙悟空。所以这里又是一个比拟。把易副官当作孙悟空之类的神仙来写，表现了他的神奇，他的无所不能。家里需要什么样的人，他就能做什么人。他的人生，以这个家为轴心。因为爱，他能够创造一切奇迹。（点击PPT）比拟地说，就是赋予人动物的特征，或者赋予动物人的特征。这也是一种非常生动有效的叙事手法。

还有"反复地说"（点击PPT）：

他不会去告状，也不会生气，不会报复，更不会记恨。

师：反复地说他"不会"、"不会"、"不会"、"不会"，这样反复强调的作用就是（点击PPT）：突出人物性格，增强抒情效果。在"我"的眼中，易副官从来都不会生气，他理解"我"的一切，包容"我"的一切，承受"我"的一切，担当"我"的一切，支持"我"的一切。这种情感在反复之中被渲染得特别淳厚。

还有"罗列地说"（点击PPT）：

每天早上我不需要闹钟，易，会在那个窗口后头问我，今天想吃什么早餐啊？咸面包？菠萝的？还是肉松的？还是稀饭？烧饼？

师：他罗列了那么多，给你的感觉是什么？

生：很有耐心，十分周到。

师：是的，他为刘若英的早餐做了丰富的准备，天天换花样，无微不至。每天都像拿着一张菜单让小若英去点菜一样，不厌其烦。下面这句话也是罗列地说（点击PPT）：

他是家仆，是书童，是副官，是管家，是保姆，是大厨，是我永远的亲人和老师。

师：这里罗列了易副官一大堆的身份，告诉我们，他虽然平凡，但对这个家来说，他是个非常重要的人物。对于"我"自己的生命来说，他也是不可磨灭的一部分，就像"我"脸上那块被狗咬而留下的伤疤一样，它成了"我"生命的一部分，那块伤疤是因着"我"等待易副官而留下的，它陪伴着"我"的一生。易副官在"我"生命中留下的烙印，也就像那块伤疤一样，一生跟随。它是我生命中的一个印记。

所以，这样罗列地说，其表达效果就是（点击PPT）：充分呈现内容，突出表现人物，增强抒情效果。

还有（点击PPT）：对比着说。

易走了以后，我常常很怕自己会忘记他，毕竟，我懂事的时候，他已经是很老很老的人了。我能知道多少他的心情？我能记得他多少？但后来发现，我越往下活，他在我心中的形象就越鲜明。

师：起初以为自己会忘记他，后来才发现不仅没有忘记，反而越来越鲜明。通过对比，表现易副官对她生命的重要影响。再看这一句（点击PPT）：

通常他还没有念完，隔壁的窗口就会出现一个声音——我婆婆，"易副官，不准那么宠她，哪有每天问的！"即便如此，他还是每天都这样问，然后我才起床。

师：在这个家庭，婆婆的命令显然是有分量的，易副官却置若罔闻，仍旧坚持天天问，对比着说。再看这个（点击PPT）：

对当时的我，这种话题没多大意思。多年后，我常在香港机场转机时，看见那些老荣民身上背着一包包的东西准备回乡，脸上有着疲惫和期盼。我会很感伤，感伤易没能等到这一天。

师：当易副官对"我"说他攒了很多钱，很快就会回去，到时再和他的媳妇过好日子的时候，童年的刘若英觉得"这种话题没多大意思"，多年后看见那些老荣民，却产生了深深的感慨。什么叫"老荣民"呢？就是所谓的"荣誉国民"，就是当初跟着蒋介石去到台湾的最早的那批人。去台湾之前，他们是为蒋介石打仗的；去到台湾之后，他们是为蒋介石搞基础建设的，铺铁路啊建房子啊什么的。很辛苦的一代人。这一代人到年老的时候很贫穷，政府对他们的关照是很少的。他们的家人大多数还在大陆，无法团聚，所以刘若英说"看见那些老荣民身上背着一包包的东西准备回乡，脸上有着疲惫和期盼。我会很感伤，感伤易没能等到这一天"，可是这样的一种理解和感慨是什么时候才产生的啊？

生：后来。

师：对。小时候"我"觉得这个话题没什么意思，没什么好玩儿的，不如我们打羽毛球好玩儿。后来，"我"成人以后，有了自己的一些人生经历之后，才懂得了易是怎样压抑和埋藏着心中对妻子的歉疚与牵挂，将自己全部的人生给了这个家。我长大以后才懂得他，而在我很小的时候，他已经懂得我。这就是对比地说。这样对比地说，能够产生什么样的效果呢？

生：情感更深刻更感人。

师：对，这样对比地说，文字里面就既有对易副官内心世界的深刻理解，又有一种成长后豁然醒悟的深刻自责：我们太自私了，我们这个家剥夺了他的一生，也剥夺了他妻子的幸福，尽管那是他自己选择的。（点击 PPT：人物形象鲜明，情感丰富深刻）

还有（点击 PPT）：模糊地说。

他跟着公公多久了，没有人算得清楚。传说曾祖父时代，还不到"民国"的时候，他十三岁就在湖南老家担任所谓"家仆"。

师：她说"没有人算得清楚"，其实真要算的话，能不能算清楚啊？

生：能。

师：当然算得清楚了，这是我们家的历史。易副官 13 岁就进了我们家，他现在的年龄是多少，用减法一减不就出来了吗？小学生都会算的数学题，为什么她说"没有人算得清楚"啊？这就是"模糊地说"，故意"模糊地说"。因为模糊能将它放大，产生一种放大的效应：他在我们家实在太久了，久到没有人能够算得清岁月；他用他的一生为我们家所做的奉献与付出，是无法计算的。

再看这句话（点击 PPT）：

我突然吓坏，使出全身的力气大哭了起来。是因为我将失去得来不易的自行车，或是爸爸终究破坏了我对他的美好等待，我现在已不复记忆。

师：真的记不清自己当时到底是为什么而大哭了吗？如果真的记不清了，为什么要把两者全都罗列出来呢？这两者是都有呢，还有只有其中一种呢？还是两者都有但比重不同呢？

生：我觉得两者都有，但后者所占的比重更大。

师：嗯，很好。前面极力渲染自己对爸爸的美好等待："我"一直不能跟爸爸生活在一起，现在爸爸要回来了，"我"是多么希望以一个好孩子的形象出现在爸爸面前啊！但是"爸爸终究破坏了我对他的美好等待"，他一回来就发脾气，要把自行车摔出去，还说"要买也不能是易买"。当然爸爸其实也是出于一种什么样的心理啊？你们觉得？

生：妒忌。

师：对，妒忌：凭什么是易副官来买？要买也该由我来买。我是她爸爸，女儿记忆中最深刻的欢乐都应该是爸爸带给她的。所以其实爸爸也是很在意女儿对自己的情感的。但人与人之间的情感往往如此：彼此都太在乎对方，反而容易产生一些错过或者分裂。之所以说"我现在已不复记忆"，也是一种模糊化的说法，其实并不是"我"真的不记得了，而是说"我"当时的心情十分复杂。再看这一句（点击 PPT）：

易在我家服务了四代人。我不能替他说他是"无怨无悔"，但牺牲奉献的概念是他教给我的。

师："我不能替他说他是'无怨无悔'"，那么易副官到底是无怨无悔呢，还是有怨有悔呢？刘若英没有说，她做了模糊处理。那么你觉得易副官到底是无怨无悔呢，还是有怨有悔呢？

生：我觉得他内心对他的妻子会有一些愧疚，有一些……

师：会感觉有一些亏欠，感觉人生有遗憾，是吗？

生：是的。

师：但是他选择一直留下，对于这个选择，他有没有怨，有没有悔？

生：没有。

师：对，他对妻子感觉愧疚和亏欠，也可能会感觉自己的人生有遗憾，但这并不表示他后悔。如果重来一次，相信他还是会这样选择。因为人生很多事情难以两全。他选择了他认为更重要的，那就是"义"。他 13 岁进入刘家，他不认为自己只是一个仆人或者管家，他觉得自己也是被刘家养育长大的一个孩子。刘若英以细腻的心思体察到了易副官复杂的心情，所以她说自己不能替他说"无怨无悔"。这样模糊地说，人物复杂的内心世界就被放大了。很多东西一模糊就会被放大，譬如路灯的光晕。文学语言的模糊，会产生一种放大和发酵的效应，你就会看见有很丰富很深刻的东西在里面。

还有（点击PPT）：链式地说。像链条一样，一环扣一环（点击PPT）：

公公报效国家，易副官报效的是我公公。

师：一环扣一环，传递式的。再看这一句（点击PPT）：

公公留学回国，生了我爸爸，他就成了我爸爸的保姆；我叔叔诞生，他就变成了我叔叔的保姆；后来公公撤退到台湾，家里有了姑姑，当然他就是我姑姑的保姆。

师：也是链式的，一个接一个，易副官的人生在不断地重演，刘家的生命在不断地延续。

没几天，爸爸又离开了，我的自行车也被偷了。

师："我"的梦想，"我"的期待，"我"的有限的自由和快乐，像肥皂泡一样，一个接一个地破灭。那种淡淡的感伤就洋溢出来了。链式地说，它既是一种叙事的延展，一个推出另一个，又是丰富的情感的交织。（点击PPT：叙事的延展，情感的交织）

还有（点击PPT）：迁移地说。

他的桌上，除了糖罐，还有一样东西，易常常望着它发呆。那是一张照片，照片上的人留着长发。我问过他，他说是家乡的媳妇。

师：鲁迅的《秋夜》开篇说："在我的后园，可以看见墙外有两株树，一株是枣树，还有一株也是枣树。"在反复中完成话题对象的迁移，从一个对象转向另一个对象。刘若英在这里也是迁移地说："他的桌上，除了糖罐，还有一样东西"，因为前面提过糖罐，说易副官经常从糖罐里面拿糖给"我"吃，还常常把零钱放在糖罐里让孩子们去偷，所以糖罐已经给读者留下了深刻的印象。从我们已经很熟悉的对象"桌上的糖罐"迁移到另一个新的对象：桌上的照片，也就是易副官一生中最大的遗憾，过渡就显得非常自然。对象过渡，话题也就自然地转移了。

还有（点击PPT）：递进地说。

时代耽误了他，甚至可能糟蹋了他。

师：如果他留在大陆，他会有完整的家庭，跟妻子生儿育女，男耕女织，过着幸福安定的生活。但是那个时代决定了他难以两全。耽误，甚至糟蹋，这样递进地说，不仅表达了易副官一生的遭际，也表现了刘若英对他的什么啊？
生：痛惜。
师：对，深深的痛惜。再看这一句（点击PPT）：

他是家仆，是书童，是副官，是管家，是保姆，是大厨，是我永远的亲人和老师。

师：前面罗列了他六种卑微的身份，后面"永远的亲人和老师"却是最尊贵最重要的身份，是递进。递进地说，是一种情感的进深，也是一种主题的升华。（点击PPT：情感进深，主题升华）

还有（点击PPT）：时空置换。

真想用一下小叮当的任意门，回到那个时候，把当时的我毒打一顿消消气。

师：刘若英想要时空穿越，回到从前，这样的说法表现的是今天和从前这中间的一段心理变化。小的时候，"我"就想捉弄他，欺负他。很多心灵脆弱的女孩会有一种虐待倾向，她需要有一个人任由她欺负和捉弄，才能感觉到有一个人全然爱她包容她，包容她一切的缺点，这样她才能获得满足和安全感。虽然看起来像是把自己的幸福建立在别人的痛苦上，但现实也常常会是一个愿打一个愿挨（一些女生在下面偷笑，看来这样的女生还不少）。那个人他愿意来承受你包容你，愿意来成全你心中的那份欠缺。这就是爱。

过去的脆弱，现在的懊悔，通过这样一个穿越时空惩罚自己的愿望，表现了自己的一段心理变化，是一种巧妙的抒情。（点击 PPT：心理变化，巧妙抒情）

还有（点击 PPT）：角色置换。

即使"少爷"起了爱国心，热血沸腾地要报效国家，"易副官"的责任还是没有变。

师："少爷"、"易副官"，刘若英在这里就是将自己的角色置换为易副官，站在易副官的角度和立场来思考和做选择，她能够深深体察易单纯的动机：他没有做大事的才能和气度，于他而言，报效自己的主人，就是天大的使命。他也不见得有多理解主人的爱国心，他只懂得无条件地忠心追随。再看这一句（点击 PPT）：

也许我有幸，哪辈子也能当上他的保姆。

师：这一句的角色置换是一种期待，她期待着有一天能够当上他的保姆。

这样的角色置换造成的效果是什么呢？就是彼此心灵相通，我完全理解你在想什么，所以我可以角色置换去理解你内心最深处的想法。这是一种同频共振，是一种深刻抒情。（点击 PPT：同频共振，深刻抒情）

还有（点击 PPT）：大词小用。

从那一天起，他的新任务，就是当我的保姆。

师：一个副官，他的任务照理来说应当是跟他的上级去打仗，是吧？所以"任务"这个词其实挺大、挺正式的。然而易副官在做了几代人的保姆之后，现在又来做"我"的保姆，这个工作对他来说一点都不新鲜，然而这样的句子让我们感觉到，他总能在每一个工作面前，打起百分百的精神来，全身心地投入。刘家的每一个工作对他来说，都是天大的事，让他振作精神，重新投入战斗。再看这一句（点击 PPT）：

他的桌上永远有一个装满糖果跟零钱的透明玻璃罐。

师：真的永远吗？这个世上有什么是永远的？"永远"明显是大词小用。这样大词小用地说，产生的效果就是（点击PPT）：心灵放大，情感放大。

还有（点击PPT）：心情回放。

我当时觉得他无聊透了，这个招数用了那么多年也不换一下。就像他每次都用两根大拇指各自弯曲，然后接起来，跟我说他的大拇指可以分开——鬼才相信。

师："无聊透了"、"鬼才相信"都是她当初的心情，现在对这种心情进行回放，真切再现当时的情景。再看这一句（点击PPT）：

另外一个第一次，就是我从那个糖罐子里偷钱，原因是我想跟同学去学校巷口的那家杂货店抽奖，另外，我还想吃一种会弄得满嘴红红的芒果干。

师：这也是一种心情回放。小孩子偷钱的动机就是这么简单。你会觉得很真切，这种时光的镜头，很有怀旧色彩。（点击PPT：时光镜头，怀旧色彩）

还有（点击PPT）：画面撞色。

今年的服装流行撞色，文中的画面也有撞色效果。你看（点击PPT）：

只听见我一声惨叫，左边眼睛正下方被狗狠狠地亲了一下——缝了二十八针。据说，当我惨叫声起时，挂钟正当当报时三点整，而门外站着的易，正准备按铃。

师：一边是正在发生的"人间惨剧"，一边是易步履从容地准备按铃，两个画面形成一种撞色，就好像一边是黛玉焚稿，一边是宝玉娶亲，造成一种视觉冲击，情感冲击。（点击PPT：视觉冲击，情感冲击）

还有（点击PPT）：不动声色地说。

我回头找易，只见他追着车子跑，满头大汗。

师：她既没有评价，也没有表达自己现在内心的愧疚，她说得不动声色，但是这个画面直逼人心，让她的愧疚无处遁逃。再看这一句（点击PPT）：

一个暑假天，我躺在易副官那张铺着凉席的床上，光着脚丫。糖罐子里的糖都快吃完了，他还没有回来。

师：这句话看起来是在说：糖罐子里的糖都快吃完了，你怎么还不回来给我买糖啊？其实内心里满是深刻的牵挂。而且，易的小屋子，对刘若英来说，就是一个幸福自由的天堂，她可以在他那张铺着凉席的床上，光着脚丫玩耍。人不在了，屋子里却还有爱的气息。也是不动声色地说，却蕴藏着深沉的情感：有想念，有担忧，也有落寞。这样的不动声色，正是一种情感克制的美。情感克制地去表述，就会显得静水流深，语短情长。（点击PPT：克制之美：静水流深，语短情长）

还有（点击PPT）：以一当十地说。

以一当十地说，其实就是有潜台词地说，也就是一句话里面暗含了几句话的内容。你看这个句子（点击PPT）：

也因为自己家有院子，所以我的游乐场就是完全建立在这个当时觉得很大的前院里。而我最重要的玩伴，就是这位已经七十好几的易。

师：这里是写"我"童年生活的孤寂。这两个句子包含了几个意思：我们自己家有院子；"我"儿时的游乐场就是自己家里的院子；"我"当时觉得这个院子很大（现在看来一点都不大了）；"我"最重要的玩伴就是易（我基本没有其他小伙伴可以一起玩）；易已经七十好几了（根本跟不上"我"的节奏和步伐）。

她在简单的句子里把好几个意思甚至是潜在的意思组织了进去，产生的效果就是以一当十。再看下面的句子（点击PPT）：

他每天接送我上下学，就像他当年陪公公去学堂一样。

师：写现在的事情，又把从前相关的事情也扯了出来，今昔联系，画面交叠，这种相似场景的不断重演，就组成了易副官的一生，令人无限感慨。

这种以一当十地说，产生的效果就是（点击 PPT）：言约意丰，画面交叠。

还有（点击 PPT）：一正一反地说。

易，摇身一变，又成了家里掌厨的。这倒不奇怪，因为只有他能做出一手地道的湖南家乡菜。从小，我便当里的菜都是他给准备的。他的晒腊肉、他的糖醋排骨，都是一绝，也都是我自此没有再品尝过的味道。

师："易，摇身一变，又成了家里掌厨的"，这句话是什么样的语气？

生：很离奇。

师：对，就觉得很神奇，怎么易还会掌厨？这个人怎么什么都能做？但转而她又说："这倒不奇怪。"因为他真是做得一手好菜。这就是一正一反地说。再看这一句（点击 PPT）：

时代耽误了他，甚至可能糟蹋了他，但也许惟有这种阴差阳错，能向我们展示极致的忠诚和美。

师："我"怨恨这个时代，因为是它毁了易的人生和幸福；"我"又要感谢这个时代，因为是它将易带到了"我"身边。这样一正一反地说，语言就显得（点击 PPT）：摇曳变幻，深寓情意。

最后还有（点击 PPT）：藏头露尾地说。

我才刚想说再来一碗时，一只涂着蔻丹的手已经把我拎上车了。

生："蔻丹"是什么？

师（笑）：指甲油啊。这只涂着蔻丹的手是谁的手？

生：婆婆。

师：对。刘若英没有写婆婆的脸上是怎样的表情，也没有写婆婆出现时整个人是怎样的一种姿态和气势，单写一只涂着蔻丹的手，藏头露尾地，反而让人感觉画面特别的突兀和鲜明，特别有冲击力。让我们能够真切地感觉到她正吃得开心，全身心地自由舒展的时候，突然，一只手将她从自由王国拎回了现实。再看这一句（点击 PPT）：

全家围坐在餐桌前，听他说着国外的奇闻轶事，虽然我完全听不懂，灯光还是显得出奇温暖。

师：她没有说跟爸爸在一起相处有多么愉快幸福和甜蜜，而是顾左右而言他，只说灯光显得出奇温暖，其实是在说什么呀？

生：自己的心情。

师：什么心情？

生：温馨甜蜜。

师：对，温馨甜蜜。因为有爸爸在身边的日子太少太珍贵了！

用一只手来表现突然袭击，借灯光来暗示心情，藏头露尾地说（点击PPT）：在遮遮掩掩中，更见妙趣与深情。

这些手法，是刘若英的叙事方式与风格。现在再给大家看看我从前的学生的作品，来感受一下他们的叙事方式与风格。

附：

哀片风君
华中师大一附中高二（4）班　刘江

"两年了。"我悠然道。声音并不大，但仿佛冰棱般尖锐，轻易地划破了喧闹，时空似乎在大家僵硬的脸上凝固。但不久又有了窃窃私语，冰棱在眼神中渐渐融化，终于又在逐渐热烈起来的气氛中蒸发，断裂的时空被弥补了。

——记于2003年初中聚会

他是我的同桌。初中时候的。名字很是拗口，就暂且叫他片风。选择权在我，他不会介意。其实他的形象与称号大相径庭，他瘦瘦高高，有一副夸张的眼镜，还有点儿驼，走路时身体还一颠一颠的，许多有识之士看到他都会叹息道：一根筋的家伙。然而一根筋为何物？一根筋就是大脑中只有一根筋，这个解释现在看来是不够完美的，但当我这样解释给他听的时候，他是表示毋庸置疑的。

在我的印象中，他是个有理想有抱负的热血青年，每当我问他以后要干什么时，他会挺直了腰板说，咱要去清华。可是不久后的一句话改变了他的人生。那是一个春色明媚的早晨，他莫名其妙地转过头来郑重地对我说了一句话，不是"I love you"，也不是"还钱来"，而是"我要改变，我要成为文学青年"。我由于过度吃惊，双目无神作痴呆状，而他则用起码50W亮度的明亮眼睛盯着我，这种奇异的造型一直保持到我们被老师请到走廊上。

据我所知，他的作文似乎还未脱离三段式，而且三段中起码有一段是废话。所以我小心翼翼地问他是不是受了什么打击，但他气宇轩昂道："我要成为先驱，为了艺术而献身。"我一边作感动状使劲鼓掌，一边暗自将这个打击定义为失恋。

然而他终是开始奋斗了。于是我们每天上课就可以看到他把脸温柔地搁在淌满口水的教科书上，悄无声息地睡着，他说他要体验生活，以后作文才能如滔滔江水连绵不绝。于是我们也改变了，开始我们还能坐在窗台上看着他一颠一颠的身影笑得不知所以，后来几个哥们儿看到他是想哭也哭不出来了。

他依然我行我素，日夜颠倒，像猫头鹰，眼睛也像。看着他日益消瘦，面容如犯毒瘾般憔悴，我们便开始规劝他：当文学青年一把胡子败坏你的光辉形象啦，文学女青年一般才貌呈反比啦，埋进故纸堆会葬送你的大好年华啦，诸如此类。但他只说了一句话：我活着是让别人模仿我，不是我模仿别人。

于是终于放假了。于是在一个春光明媚的早晨，我接到一个电话，朋友嗯嗯啊啊了半天，憋出一句"片风死了"，我一边笑一边说是熬夜过度吐血身亡还是遇到恐龙郁闷而终。但突然感到不对，僵住半天不能发一言，朋友连忙叫我千万稳住。

挂断电话，我与朋友相约，想去安慰一下片风君悲痛欲绝的父母，可是迫于困窘，只买了两袋他最爱的牛肉干，想想确是拿不出手，便坐在他家院子边的花坛上，望着他曾坠落的窗户，一口一口默默地吃，然后默默地离开，没有言语，只记得有清冷的风吹过。

过了许久，久得都记不起时间了，学校组织秋游，到一个很偏远的地方。车上，看到远处山林零落的几座坟，斑驳着些青青的杂草，便提议去看看片风君，大家嘻嘻哈哈应了几声，却没了下文。我仰头，天空的云朵很低，阴阴的，不知上面是否有亡灵在歌唱。

So young to die, so fast to live，愿一路走好。

云·雨·泪

华中师大一附中高三（20）班　王婷

云走了，是因为厌倦了原本属于自己的天空，只留下一场雨，那是我的眼泪。

——题记

哥哥叫云，比我长8岁。我叫雨，比哥哥小8岁。

依稀记得哥哥教我游泳，我抱着游泳圈浮在水面上。哥哥问我："小雨，你可知道这世上最纯净的两种水是什么吗？"我摇摇头。"是雨和泪。雨是云离开原来属于它的天空时留下的至纯之水，而泪是唯一能富含感情的至洁之水。每个人的泪水是有限的，所以小雨一定要把泪水留在最需要时用。"

那年我4岁，哥哥12岁。哥哥为了止住我的哭泣告诉我雨和泪。我听得似懂非懂，却把哥哥的话牢记在心。

还记得哥哥教我骑脚踏车，哥哥甩开手做出各种花样动作。我想学，结果摔了一跤。爬起来，没掉一滴眼泪。

那年我6岁，哥哥14岁。

还记得哥哥带我去兜风，我坐在摩托车后座上紧紧抱着哥哥，哥哥用几乎飙车的速度在大路上奔驰，结果被警察拦住，我们被警察一顿训斥后不得不徒步两个小时走回家。满肚子委屈，没掉一滴眼泪。

那年我8岁，哥哥16岁。

还记得哥哥从警校回来，兴冲冲地教我散打，结果一个侧身踢踢得过火，把自己摔在地上，被哥哥扶到沙发上，只感觉被一种锥心刺骨的痛包围着，没掉一滴眼泪。

那年我10岁，哥哥18岁。

还记得哥哥第一天参加工作，穿着一身刑警制服回来，开着警车带我出去玩。跑遍武汉三镇，半夜十一点才回来，被妈妈一顿臭骂，心里酸溜溜的，没流一滴眼泪。

那年我12岁，哥哥20岁。

还记得多年不见的阿姨来看我和哥哥，惊奇地发现小时爱哭的我竟变得不爱流泪。我告诉她，因为云不离开，雨就有云的呵护，雨就不会流泪。

那年我 14 岁，哥哥 22 岁。

还记得哥哥接到任务要去云南打击一个贩毒团伙。送哥哥去飞机场，哥哥笑着说会天天给我发"伊妹儿"。我心中有万般不舍，抱了抱哥哥。看着飞机远去的背影，没流一滴眼泪。

那年我 16 岁，哥哥 24 岁。

还记得很久没收到哥哥的"伊妹儿"，心开始莫名地恐慌。终于有一天，哥哥的伙伴送来了哥哥的钱包和一条消息。

打开钱包，除了哥哥的身份证和银行卡，只剩下一张照片：哥哥抱着我，我调皮地做了个兔耳朵放在哥哥脑袋上。

从 4 岁到 16 岁，我终于让自己的眼泪肆无忌惮地流了一回，我抚摸着照片上哥哥的脸，忆起 14 岁那年哥哥教我的诗——

云走了，是因为它厌倦了原本属于自己的天空。留下的只有一场雨，那是我的眼泪。

人性视野中的美

啊，诗人，你说，你做什么？——我赞美。
但是那死亡和奇诡
你怎样担当，怎样承受？——我赞美。
但是那无名的、失名的事物，
诗人，你到底怎样呼唤？——我赞美。
你何处得的权利，在每样衣冠内，
在每个面具下都是真实？——我赞美。
怎么狂暴和寂静都像风雷
与星光似的认识你？——因为我赞美。

——里尔克

生·活·死；信·望·爱
——《最后的常春藤叶》教学实录

一进教室，首先关掉学生们已经为我打开的多媒体设备：这次我不用课件，一支粉笔一张嘴，和学生共同体验一下返璞归真的感觉。

在学生做眼保健操的时候，我将课题用红、绿两种颜色的粉笔分两行板书在黑板上：

最后的
常春藤叶

眼保健操结束，课前三分钟活动的主持人上场。

今天是张琦。她上来之后，不紧不慢地在黑板上书写了一些成语填空：

（　）业有成　（　）心一笑　（　）屋及乌　（　）出心裁　（　）杰地灵
（　）貌双全　（　）言善辩　（　）胜一筹　（　）事多磨　（　）大物博
（　）莫能助　（　）怨自艾　（　）所不欲，勿施于人

她一边写，我心里一边急，心想：这孩子，写这么多简单的成语干吗？早知道你要写这么多，我应该提醒你课前就写好的。这样，我讲课的时间就不够用啦！

当她叫了两位同学上去用红色粉笔填好空，我才豁然开朗，并感到强烈的震撼！

所有成语的首字联起来就是一句话："学会爱别人，才能更好地爱自己！"

张琦说："我们常常觉得这世界不公平，觉得别人不够爱我们。事实上，除了我们的父母外，没有人能够完全无私地爱我们。我们不能对别人有太多的索取和期待，不要觉得我们爱了别人就一定要得到回报。爱不是等价交换。有时候爱别人其实就是爱自己。希望大家牢记这句话：'学会爱别人，才能更好地爱自己！'"

（生齐鼓掌）

师：好，她真是别出心裁！她写的时候我还诧异：这孩子写这么多成语干吗？接着我开始后悔：早知道你要写这么多，我应该提醒你们课前三分钟如果

有书写内容就应该在课前写好的。但等到同学们填出结果我才发现其中暗藏玄机，美好的玄机！而且，与我们今天要学习的课文主题有直接的关系！谢谢你，老师非常震撼！好，先给大家看一样东西（出示一面小圆镜）：这是什么？

生（诧异，齐）：镜子。

师：谁能告诉我，你认为它最有价值的用途是什么？

生：看清自己。

师：好，继续说。

生：不仅让我们看清自己的外表，还可以不断省察自己心灵的状态，因为眼睛是心灵的窗户，从镜子里的眼神我们就可以发现自己的生命状态。

师：非常好。还有其他的看法吗？

生：如果没有镜子的话，我们只能看到我们前面和两旁的景物；有了镜子，我们通过镜子的反射，可以看到我们身后的东西。

师：真好。镜子有反射功能，所以可以改变角度，扩大我们的视野。你的说法让我想到了我们小时候常做的一个游戏，我不知道你们有没有玩过：拿着镜子站在屋外，将阳光反射到屋内，墙上就会出现圆圆的"小太阳"……（学生恍然，齐说：嗯嗯嗯，我们也玩过！）在我看来，镜子最有价值的用途就是这个了：当我们让阳光在镜子上面歇歇脚，一个黑暗的世界就会得到改变。镜子做了阳光的支点，将阳光传递到了黑暗的角落。（板书：支点）那么在我们这篇小说里，有什么东西做了类同镜子的一个支点呢？

生：常春藤叶。

师：对！镜子是阳光的支点。常春藤叶是生命的支点。（用箭头将"常春藤叶"和"支点"连接起来）

围绕这个常春藤叶，小说写了哪几个与之发生关联的主要人物？

生（齐）：琼珊、苏艾、贝尔曼。

师：他们跟藤叶分别有怎样的关系？琼珊跟藤叶有怎样的关系？

生：她相信藤叶能够决定她的生死。

师：好，她"信"藤叶。（板书：信）那么苏艾呢？

生：她告诉了贝尔曼琼珊关于藤叶的玄想。

生：关于最后的藤叶的谜底也是由她来讲述的。

师：对，非常好！关于藤叶的事情，一直是由她讲说的。她的讲说对小说情节起到了一个编织的作用。（板书：说）那么贝尔曼呢，这个不能称为画家的画家，他跟藤叶的关系又是什么？

生：画藤叶。

师：对，画藤叶。（板书：画）好，很清楚，小说的情节实际是几条线索？

生：两条。

生：一条明线：琼珊以藤叶决定自己的生死，一条暗线：贝尔曼以自己画的假藤叶来点燃琼珊生的希望。

师：说得真好！（板书：明线、暗线）那么这两条线索是怎样发生交集的呢？

生：苏艾的讲说。

师：很好。是苏艾的陈述让两条线索发生了交集（画波浪线）。我们再看，藤叶在文中有哪两种呈现方式？

生：一种是自然界里真实的藤叶，一种是贝尔曼画的。

师：好，一种是真实的（板书：真），一种是画作，是假的（板书：假），是艺术作品。这两类藤叶对他们来说分别意味着什么？对于琼珊来说，无论是自然界里的还是贝尔曼的画作，她都以为是真的藤叶。这种"以为"带给了她什么？

生：活下去的信心。

师：对，是真实的信心，是一种把握和凭据！那么，对于琼珊来说，这"真"的藤叶，就是一种"信心的确据"，是一种可靠的证据。（板书：信心的确据）那么对于贝尔曼来说，这"假"的藤叶又意味着什么？

生：爱心。

师：很好，爱心。（板书：爱心）那么我想问一问：难道苏艾不爱琼珊吗？

生：爱。

师：是，苏艾对琼珊也是非常关爱的！哪些细节让你感动？

（生细读课文）

师：找到了吗？找到一处说一处，不必说得很齐全。

生：第12段："医生走后，苏艾到工作室里哭了一场，把一张日本纸餐巾擦得一团糟。然后，她拿起画板，吹着拉格泰姆曲调，昂首阔步走进琼珊的房间。"从这个地方我们看出，当医生告诉她琼珊康复的机会很渺茫的时候，她非常伤心。她哭了一场之后，却并没有带着伤心的表情走进房间，而是吹着拉格泰姆曲调，努力表现得轻松乐观，给琼珊阳光和鼓励。

师：嗯，吹口哨，是为了琼珊。再看下文，第13段，紧接着又写她赶紧不吹口哨，看看又是为了什么。

生：苏艾以为琼珊睡着了，怕吵醒她。

师：对！吹口哨，是为了她；不吹口哨，也是为了她！还有其他细节吗？

生：第 23 段，当她看到琼珊非常绝望的时候，她责备她犯傻，又编造了医生的话来安慰她，还努力画画挣钱来给琼珊买吃的喝的。

师：非常好，她发现了一段非常有表现力的文字。当苏艾说这段话的时候，是怎样的表情？

生：装得满不在乎。

师：嗯，故意大事化小。那么是怎样的口吻呢？

生：数落。

师：不是安慰，而是数落。怎么理解？你们平时都不喜欢听父母的数落是吧？现在琼珊是一个病人，而且是一个非常绝望的病人，她却来数落她，而不是安慰她，你怎么理解这个？

生：越是安慰，越是会让病人感觉自己已经没希望了。

师：嗯，安慰，会让病人感觉真的没有希望了，所以她数落她，责骂她。就像我们常说的，打是亲，骂是爱，她不许她悲观，不许她绝望。好，在这一段里，除了这里所说的她的表情、口吻以外，还有哪些方面能够让我们看出苏艾对琼珊的浓浓爱意？

生：称呼"你这淘气的姑娘"。

师：什么感觉？

生：这是一种昵称，是充满爱意的。

师：非常好！是昵称，把她当孩子一样宠爱着。其实，她们年龄是怎样的？

生（齐）：相仿的！

师：对，年龄相仿，却称她"淘气的姑娘"，还有后面的"病孩子"，言语间自然地流露出浓浓的爱意。而且这种爱不仅从语言中流露出来，更从什么方面表达出来？

生：行动！

师：什么行动？

生：编造善意的谎言鼓励她。

生：画画挣钱给琼珊买吃的喝的。

师：还有其他感人的细节吗？看看其他的段落？

生：琼珊和苏艾对话时候的语气常常不好，而苏艾总是很耐心。

师：怎样的语气？

生：第 26 段："你不能到另一间屋子里去画吗？"琼珊冷冷地问道。

师：嗯，"冷冷"。

生：第 38 段："把窗帘拉上去，我要看。"她用微弱的声音命令着。

师：哦，"命令"。

生：第 45 段："天色刚明的时候，狠心的琼珊又吩咐把窗帘拉上去"。

师："吩咐"。瞧，这个病人，既需要苏艾照顾她，又要苏艾挣钱养活她，医治她，她还反过来对苏艾没有好声气，而苏艾对她怎样啊？

生：非常地包容。

师：这让我联想到史铁生的《秋天的怀念》，他说："双腿瘫痪后，我的脾气变得暴怒无常。望着望着天上北归的雁阵，我会突然把面前的玻璃砸碎；听着听着李谷一甜美的歌声，我会猛地把手边的东西摔向四周的墙壁。"一个对生命绝望的人常常会表现得情绪狂躁，心境无限悲哀和凄凉，所以苏艾能够理解她，能够包容她，一心只为她着想。好，现在我有一个问题：苏艾对琼珊的爱一点不比贝尔曼对琼珊的爱来得少，为什么为琼珊画藤叶的是贝尔曼而不是苏艾？

（学生对这一提问感到意外，陷入沉默和思考。）

师：苏艾也是画家，而且苏艾年轻，爬梯子相对容易。如果她穿好雨衣去画那片藤叶，应该不至于像贝尔曼一样生病最终去世。

（学生继续沉默）

生：因为贝尔曼和琼珊一样是肺炎病人，所以贝尔曼能够理解和体会琼珊的绝望心情，知道她此刻最需要的是生的意志和信心。

生（齐纠正）：贝尔曼是画藤叶淋雨之后才生肺炎的！

师：呵呵，好，我发现了，你昨天根本没事先自己读一遍课文。不过，你思考问题的角度还是很好的。

生：因为贝尔曼一直想要完成一个杰作，苏艾让他去画，就是想帮他圆这个梦。

师：你有没有读课文啊？苏艾事先跟贝尔曼商量好了吗？

生（齐）：没有。

师：昨天我要你们自己把课文读一遍的，看来你们两个都没有读啊！苏艾事先根本不知道那片藤叶是贝尔曼画的，她并非事先跟贝尔曼商量好了说：哎呀，我还年轻，还没活够呢，你反正老了，也活得差不多了，就你去画吧！

（生大笑）

师：到底是什么原因？谁来回答？

生：因为贝尔曼一生不得志，觉得自己活得没什么价值，所以想做一件有意义的事。

师：嗯，你的话让我想到了《夏洛的网》，当小猪威尔伯对夏洛的帮助表示感激并不解的时候，夏洛对威尔伯说："你一直是我的朋友，这本身就是你对我最大的帮助。我为你织网，是因为我喜欢你。然而，生命的价值是什么，该怎么说呢？我们出生，我们短暂地活着，我们死亡。一只蜘蛛在一生中只忙碌着捕捉、吞食小飞虫是毫无意义的。通过帮助你，我才可能试着在我的生命里找到一点价值。老天知道，每个人活着时总要做些有意义的事才好吧。"我想，贝尔曼愿意舍命去画藤叶，不仅仅是因为想要为生命寻找一点价值，也同样是因为，他对这两个姑娘有发自内心的爱。我们看看文中怎么写他对这两个姑娘的爱。

生："极端瞧不起别人的温情，却认为自己是保护楼上两个青年艺术家的看家恶狗"。

师：道是无情却有情。

生："天哪，像琼珊小姐这样的好人实在不应该在这种地方害病。总有一天，我要画一幅杰作，那么我们都可以离开这里啦。"

师：爱，让他有了拯救的使命感。

生：我觉得他一直都没有画出自己理想中的杰作是因为他内心缺少一种创作的冲动。而琼珊的境况激起了他神圣的使命感，他觉得真正的艺术作品应该是能够对人的生命有用的，能够唤醒人的生命欲望的。

师：你说得太好了！是的，贝尔曼诠释了艺术的真正价值：真正的艺术作品不是用来换钱的，而是用来启悟、唤醒、激励人的生命的！我想到同样是欧·亨利的作品：《警察与赞美诗》，小说中的主人公听到教堂的赞美诗之后，灵魂瞬间受到洗礼，想要重新做人。这便是音乐的真正价值。这些分析都很好，只是，难道苏艾不追求生命的价值和艺术的价值吗？为什么画藤叶的不是苏艾呢？

生：因为苏艾要守着琼珊，怕她孤独，而且，她怕琼珊半夜起来看藤叶，所以守着她。

师（笑）：哦，这个想法很可爱！不过，第二天琼珊命令她拉窗帘时，她还是无奈地照办了。我们不得不承认，老贝尔曼在付出爱心的时候，他的理解更为深透。年轻的苏艾也许只能想到鼓励、关怀、照顾，还有为她挣钱治病这些比较具体的事情，但老贝尔曼的爱里边却是包含了智慧的。（补全板书：爱心的智慧）虽然苏艾将医生的话改头换面编造善意的谎言鼓励琼珊也未尝不是一种智慧，但人生的智慧有大智和小智之分。人生的阅历不一样，智慧的深浅也会不一样。经历了几十年人生坎坷的老贝尔曼，更加懂得琼珊在这种境况下最需要的是什么。所以，他用智慧和勇气将他的爱化为了行动。

师：好，现在我们再来看一看，作为施者（板书：施者），他的这个行动对他自己的生命状态本身有什么影响？

生：这个行动让我感觉他的生命有了亮度。因为之前他只是一个失意的艺术家，没有真正意义的作品，只是替人充当模特儿换点钱来生活，整天只会唠叨，幻想，喝酒，让我感觉他的生命很灰暗很颓废。但他的这个行动让我感觉到了他生命的升格。

师：很好，在庸常的生活中，他已经失去了画家的身份，活着，只成为一种惯性。但他因爱而创作，因创作而死，实际是对艺术的一个完成，也是对自己生命的一个完成。好，那么，他的这个行动，对于受者（板书：受者）琼珊的生命状态又有什么样的影响呢？让我们看看她前后的状态有什么不同。

生：之前她求死，之后她求生。

师：嗯，之前"求死"，她真的"想"死吗？

生：我觉得她之前并不是真的想死，如果真的想死，就不会把生死寄托于藤叶。真的想死就不会考虑那么多，直接就去死了。（生齐笑）我觉得她其实还是很渴望能够活下去的，只是看不到希望，就很痛苦、无奈、绝望。

师：嗯，不错，她内心其实有很强烈的求生欲望，只是对于自己的处境很绝望。那么这个时候就需要有人来拉她一把，而贝尔曼就给了她一个支点。阿基米德说：给我一个支点，我就能——

生（齐）：撬动地球！

师：对！一个支点能够改变一个世界。贝尔曼给予琼珊的这个支点扭转了琼珊的整个人生！之前的她，一动不动地躺在那里数叶子，也数算她最后的时光。在看到最后一片叶子没有掉落的时候，她的状态发生了什么变化？哪个段落最能表现这种变化？

生（齐）：第48段。

师：好，齐读第48段。

（生齐读）

师：好，有什么变化啊？

生：想吃东西了！而且挺讲究：要掺葡萄酒的牛奶！

生：她开始感觉从前不想活下去是一种罪恶，开始热爱生命敬畏生命了。

生：她开始亲近苏艾，以前总是背对着她，对她说话冷冷的，现在却要坐起来看她煮东西。

生：还爱臭美了，要一面小镜子！

师：嗯，这正好呼应了前面医生所说的哪句话啊？

生（齐）："要是你能使她对冬季大衣的袖子式样发生兴趣，提出一个问题，我就可以保证，她恢复的机会准能从十分之一提高到五分之一。"

师：对，一个爱美的女孩是绝对不会想死的！当一个人获得信心的时候，他的生命会发生彻底的改变！富兰克林说："希望是生命的源泉，失去它生命就会枯萎。"琼珊用藤叶为自己的生命设定终点（板书：终点），老贝尔曼用自己的生命画一片藤叶为琼珊寻找到一个支点，从而延续了她的生命！所以我们看到，永远不要为自己设定终点（板书：永远不设），要不断为自己寻找新的支点（板书：不断寻找）！从前我们讲过哲学界的三大问题：生、活、死。小说中的这三个主要人物身上，恰好各有侧重地呈现了作者对这三个问题的思考。想想看，分别是什么？

师：琼珊……

生（齐）：生。（板书：生）

师：贝尔曼……

生（齐）：死。（板书：死）

师：苏艾……

生（齐）：活。（板书：活）

师：对，怎么活。苏艾一直活在盼望中，她一直相信她的好朋友会活下去，并且为了这个盼望而尽自己最大的努力！所以，人活着，不能没有盼望。（板书：望）

师：透过琼珊，我们看到一个人的"生"最需要的是什么？

生：是信心。

师：对，需要相信自己能活下去！（板书：信）那片叶子明显是假的，文中有几处伏笔？找找看。

生：第40段，"贴在墙上"。

生：第46段，"仍在墙上"。

生：最后一段，"在风中不飘不动"。

师：琼珊真的看不出来吗？你可以说她高烧糊涂了，也可以说她身体虚弱产生了幻觉，但最重要的原因可能是什么？

生（齐）：她根本不想去怀疑。

师：对，她选择了不去怀疑，当你不想去怀疑的时候，你就会相信！所以，相信，是一种选择。选择了相信，便选择了"生"。然后，贝尔曼用自己的死向我们昭示了人间最美丽的东西，是什么？

生：爱。

师：对，是爱。（板书：爱）有了信、望、爱，我们就能从容面对三大终极问题：生、活、死。现在，老师想问你们一个问题：你们想象中的天使是什么形象的？

生（可爱地笑）：穿着白袍，有一双洁白的翅膀，很可爱，很美丽……

师（笑）：嗯，我想象中也是这样。读了这篇小说，如果我要你们给天使画像，你会以谁为原型？

（一半学生说苏艾，还有一半说贝尔曼。）

师：没有人选琼珊，因为她是一个需要帮助的对象是吗？我们都会觉得天使是来帮助人的。

生：我会选琼珊。

师：你为什么选她？

生：啊？还要问原因啊？（生大笑。好像他只是想标新立异而已，没料到我要他讲原因。）这个，因为她自己经历过痛苦了，就能够理解那些痛苦的人，所以能够更好地帮助别人吧。

师：说得真好！我们每个人都想象过自己会遇到天使，我们心中的天使几乎总是穿着白袍，长着一双洁白的翅膀，然而，天使也有可能长着摩西式的大胡子，有像萨蒂尔似的脑袋、小鬼般的身体，他（她）也有可能满身遍布伤痕，虽然如此，天使的一生却是充满了爱、祝福和使命。只要你愿意，你也可以成为别人的天使。不过，要我选，我也可能会选苏艾，苏艾真的很善良很可爱，但是很客观地说，读这篇作品，我们的目光都会不约而同地聚焦于谁啊？

生：贝尔曼。

师：是啊，甚至有人写赏析文章说这篇小说的主人公不是贝尔曼而是琼珊，主人公到底是谁我觉得需要看作者的视角了，看作者倾向于表达什么主题。我觉得这个没有确定答案。尽管如此，我们还是会不自觉地将目光聚焦于贝尔曼，这是为什么呢？

生：我觉得他是因为帮助别人而牺牲了自己，所以更加震撼。

师：嗯，他的大爱让他的生命放出光华。

生：因为整个故事和琼珊的人生发生转折的一个点就在于那片叶子，而那片叶子是他画的。

师：嗯，我们会不由自主地关注那个扭转琼珊人生的巨大力量的源头。

生：这个人物前后反差太大了，所以特别能够引起关注。前面说他是个暴躁的小老头，根本没有什么引人注意的地方。后面突然做出这样感人的举动，所以会特别震撼。

师：非常好！他的爱，改变的不仅是别人，还有他自己！所以生命中最大的奇迹是什么？

生：爱！

师：好，让我们学会在人间传递爱，将绝望变成希望！

课后思考，下一节课集中讨论：

1. 如果将标题换作"最后的梧桐树叶"，如何？

2. 想想欧·亨利式的结尾有什么妙处。

3. 体会作者的语言风格。

4. 作者擅长描写小人物的悲欢和他们真挚的友情及爱情，是不是小人物的身上就一定会闪耀出朴素的人性美？（联读泰戈特的《窗》）

附板书：

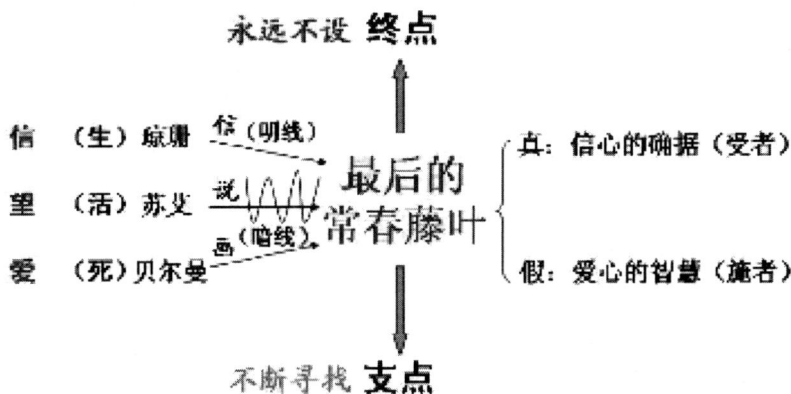

道德标签下无生无爱的悲哀

——《窦娥冤》教学设计

【教学目的】

1. 全面了解和准确把握剧中人物形象。

2. 从文化的角度、生命的角度深入理解作品的主题。

【教学重点】

理解窦娥悲剧命运的深层原因。

【教学难点】

理解窦娥的第三桩誓愿及其文化土壤。

【教学过程】

一、文中什么字眼出现得最多?

怨，冤（直接，间接）

（一）直接陈述

1. 顷刻间游魂先赴森罗殿，怎不将天地也生埋怨。

2. 前街里去心怀恨，后街里去死无冤。

3. 可怜我孤身只影无亲眷，则落的吞声忍气空嗟怨。

4. 没时没运，不明不暗，负屈衔冤。

5. 有一事肯依窦娥，便死而无怨。

6. 不是我窦娥罚下这等无头愿，委实的冤情不浅。

7. 若窦娥委实冤枉，身死之后，天降三尺瑞雪。

8. 你便有冲天的怨气，也召不得一片雪来。

9. 若果有一腔怨气喷如火，定要感得六出冰花滚似绵。

10. 我窦娥死的委实冤枉，从今以后，着这楚州亢旱三年。

11. 那其间才把你个屈死的冤魂这窦娥显！

（二）借用典故

血溅白练、亢旱三年（东海孝妇），六月飞霜（邹衍），苌弘化碧，望帝啼鹃。

这些典故的主人公都有深重的冤屈，窦娥借用这些典故来间接表现自己的冤屈。

二、她是怎样蒙冤的？（孤苦人生中无欲无求的承担）

1. 张驴儿的陷害

为了实现霸占窦娥的目的，张驴儿买来毒药想药死蔡婆，结果弄巧成拙，反而把自己的老子送上西天。于是他翻手为云，覆手为雨，要挟窦娥："你药杀了俺老子，你要官休？要私休？""你要官休呵，拖你到官司，把你三推六问，你这等瘦弱身子，当不过拷打，怕你不招认药死我老子的罪犯！你要私休呵，你早些与我做了老婆，倒也便宜了你。"窦娥光明磊落，怀着对官府的绝对信任，她选择了"官休"。

2. 桃杌的昏庸

楚州太守桃杌是个昏官。"我做官人胜别人，告状来的要金银；若是上司当刷卷，在家推病不出门。"有人来告状，他会给告状的人下跪，问之，则曰："但来告状的，就是我的衣食父母。"他审案只有一个办法：打。他说："人是贱虫，不打不招。"

3. 为婆婆替罪

窦娥在公堂受尽严刑拷打而不屈服，但当桃杌奈何她不得而决计拷打蔡婆时，她却一改旧态："住，住，住，休打我婆婆，情愿我招了罢，是我药死公公来！"

过渡设问，进入文本

以清白无辜之身，替婆婆承担了药死公公的罪名，由此可见窦娥的善良孝顺。选文中有哪些地方表现了她对婆婆的孝顺和体贴？

1. 请求刽子手不要往前街里去，怕婆婆看见了伤心。

2. 临死负屈，却反过来安慰婆婆"再也不要啼啼哭哭，烦烦恼恼，怨气冲天。这都是我做窦娥的没时没运，不明不暗，负屈衔冤"。

包括最后嘱咐父亲收养并照顾年迈孤苦的婆婆："可怜他无妇无儿谁管顾年衰迈？"

可怜窦娥，自幼孤苦无依；可敬窦娥，无欲无求地承担了所有：父亲用她抵债，拿着用她的人生换来的盘缠进京赶考，她承担了；十年的童养媳生活的艰辛，她承担了；婚后不久就守寡，独自照顾年迈的婆婆，她承担了；现在婆婆引狼入室招来生死之祸，她也承担了。

三、既然选择了为婆婆替罪，为什么还要喊冤呢？（道德标签下无生无爱的悲哀）

王国维评及《窦娥冤》时说："剧中虽有恶人交构其间，而其蹈汤赴火者，乃出于其主人翁之意志。"（《宋元戏曲史》）

真的完全出于她的个人意志吗？做出这样的选择，她真的心甘情愿吗？如果是，为什么会有这么多的前后矛盾？

（一）无冤无怨与怨气冲天

1. "前街里去心怀恨，后街里去死无冤。"

2. "婆婆也，再也不要啼啼哭哭，烦烦恼恼，怨气冲天。这都是我做窦娥的没时没运，不明不暗，负屈衔冤。"

3. "有一事肯依窦娥，便死而无怨。"

这里一再地说如果怎样怎样，我就死而无怨，并且劝婆婆不要怨，她自己却是怨气冲天，并连发三桩誓愿。

为什么会这样前后矛盾？

1. "没来由"（清白做人，枉陷死罪）

2. "不提防"（信任官府，羊入虎口）

3. "无亲眷"（孤身只影，吞声忍气）

4. "没时运"（官吏无心正法，百姓有口难言）

（二）骂天与靠天

齐读：【滚绣球】有日月朝暮悬，有鬼神掌着生死权。天地也！只合把清浊分辨，可怎生糊突了盗跖、颜渊：为善的受贫穷更命短，造恶的享富贵又寿延。天地也！做得个怕硬欺软，却原来也这般顺水推船！地也，你不分好歹何为地！天也，你错勘贤愚枉做天！哎，只落得两泪涟涟。

窦娥一上刑场就开始骂天，说老天爷瞎了眼，分不清善恶贤愚。而在后面的誓愿中她又要"靠天"，指望天地来给她印证。这又是为什么呢？

她看到了命运的悲剧，社会的悲剧，骂天怨天，最后还是只能靠天。

司马迁在《史记·屈原贾生列传》中评论了中华文化的一种独特现象："夫天者，人之始也；父母者，人之本也。人穷则反本，故劳苦倦极，未尝不呼天也；疾痛惨怛，未尝不呼父母也。"说人在穷途之时，会呼天，受伤害疼痛时会呼父母。可怜窦娥三岁丧母，七岁离父，没有父母可以呼唤，她能够呼唤的只有婆婆和天。

"呼天"现象是中国文化的一种特色，中国人自古是敬天的，《论语·季氏》中说："君子有三畏，畏天命，畏大人，畏圣人言。""天"始终是中国人心中的至高主宰，尤其是弱势群体，他们更是只有依靠老天爷，因此他们相信老天有眼，并且能够惩罚恶人：

"夫王者有过，异见于国；不改，灾见草木；不改，灾见于五谷；不改，灾至身。"（《论衡·异虚篇》）

他们相信：如果君王有过错，天就会降下灾祸；如果过犹不改，灾祸就会延及君王自身。

（三）生命意识与道德伦理

窦娥是个恪守贞节的刚毅女子——

"兀那厮，靠后！"（张驴儿初进家门拜见她时她的回应，用现在的话说就是："你这个混蛋，滚一边去！"）

"我一马难将两鞍鞴。想男儿在日曾两年匹配，却教我改嫁别人，其实做不得。"（婆婆劝她改嫁张驴儿时她的回答）

"旧恩爱一笔勾，新夫妻两意投，枉教人笑破口！""婆婆也，你岂不知羞！"（讥笑婆婆接纳了张驴儿的父亲）

"旧恩忘却，新爱偏宜；坟头上土脉犹湿，架儿上又换新衣。那里有奔丧处哭倒长城？那里有浣纱时甘投大水？那里有上山来便化顽石？可悲，可耻？妇人家直恁的无仁义。多淫奔，少志气，亏杀前人在那里，更休说本性难移。"（严厉指责婆婆的失节，她用了几个贞烈女子的典故：孟姜女为丈夫送寒衣哭倒长城、浣纱女为让伍子胥安心而甘投大水、痴情女日日在山头盼望丈夫而化为望夫石，这些典故是封建时代女人们的道德行为标准，窦娥以这些正面榜样来对比批评婆婆的失节，用词毫不留情，这些批评婆婆的话就传达出了窦娥自己的观念和立场。）

过渡设问，引出深度背景

七岁就做了童养媳的窦娥，从哪里知道这些典故的呢？

看看后来窦娥的鬼魂与父亲初见时父亲的话语，我们就能够知道，窦娥自幼就接受了严格的庭训，这些典故都是父亲向她灌输的——

我当初将你嫁与他家呵，要你三从四德：三从者，在家从父，出嫁从夫，夫死从子。四德者，事公姑，敬夫主，和妯娌，睦街坊。今三从四德全无，划地犯了十恶大罪。我窦家三辈无犯法之男，五世无再婚之女，到今日被你辱没祖宗世德，又连累我的清名。你快与其我细吐真情，不要虚言支对，若说的有半厘差错，牒发你城隍祠内，着你永世不得人身，罚在阴山，永为饿鬼。

用女儿抵偿高利贷并获得盘缠进京赶考的父亲，有如黄鹤之一去不复返，十三年来对女儿的生死不闻不问，现在见到女儿的鬼魂，父亲首先关注的不是女儿的生命与幸福，而是他的那些道德标准，怕女儿辱没了窦家的祖宗世德，连累了自己的清名。窦娥的童年是一片无爱的沙漠，她活在道德标签下，她必须做"三好学生"才能得到父亲的接纳，否则就只能被憎恨和咒诅："牒发你城隍祠内，着你永世不得人身，罚在阴山，永为饿鬼。"父亲的话语实在太恶毒了，在父亲的形象里，我们看不到一点爱和温暖。

那么，她在婆婆那里是否能够得到温暖呢？

蔡婆婆不算一个很坏的人，但婆媳之间毕竟很难情同母女，所以窦娥临死时向婆婆提出的请求是何等的卑微——

婆婆，此后遇着冬时年节，月一十五，有瀽不了的浆水饭，瀽半碗儿与我吃；烧不了的纸钱，与窦娥烧一陌儿。则是看你死的孩儿面上。

念窦娥服侍婆婆这几年，遇时节将碗凉浆奠；你去那受刑法尸骸上烈些纸钱，只当把你亡化的孩儿荐。

童养媳的身份，使她不敢奢望什么，她恳求的只是吃剩下的浆水饭，仅仅半碗；纸钱是蔡婆给儿子烧剩下的，仅仅一陌，而且这还要沾亡夫的光，求蔡婆看亡儿的"情面"。窦娥周围聚拢着那么多人，却一个亲人也没有，她的世界比沙漠还要荒凉。

她一方面恪守着封建道德伦理，一方面却又无法压抑生命意识的觉醒。她悲叹——

满腹闲愁，数年禁受，天知否？天若是知我情由，怕不待和天瘦。

则问那黄昏白昼，两般儿忘餐废寝几时休？大都来昨宵梦里，和着这今日心头。地久天长难过遣，旧愁新恨几时休？

似这等忧愁，不知几时是了也呵！

莫不是八字该载着一世忧，谁似我无尽头。须知道人心不似水长流。

莫不是前世里烧香不到头，今也波生招祸尤，劝今人早将来世修。我将这婆伺养，我将这服孝守，我言词须应口。

她以顽强的生命力独自承受着种种悲愁，但又正是这顽强的生命力让她无法承受这死一样的人生。"几时休？""几时了？""谁似我无尽头？"生之苦已让她无法承受，以致盼望人生早点结束。窦娥将一切不幸归结于命运，归结于自己"前世里烧香不到头"，今生已经没了希望，便努力为来生积德积福，所以，窦娥替婆婆顶罪，除了她本性当中的善良和她所信奉的道德伦理使然之外，未尝没有这样两种成分：①早日了结这痛苦的、找不到任何生命出口的人生；②用今生的积德修行换来上天的嘉奖，许她一个幸福的来生。

可怜窦娥自幼无爱，婚后失爱，如今连生命都无法存留了。活着的日子，因苦闷而倍感漫长；临死的时候，又觉得人生二十年如此短暂和空白。道德标签下，只有无生无爱的悲哀。她的冤，不仅仅是做了张驴儿的替罪羊，更是人生枉活、青春虚度的苦闷和抑郁。喊冤，喊出的是压抑不住的自我意识的觉醒，与蓬蓬勃勃的生命力。

加缪说："在对生活的爱消失之后，没有任何一种意义能给我们以安慰。"无爱的人生里，任何道德的标榜和伦理的意义都不能抚慰心灵。

场景插入，思考向纵深推进

那么，如果这个时候有一个爱她的人出现，要带她走，她又会做何选择呢？

插入后现代课本剧：《劫法场的浪漫》（节选自西北大学克勇的先锋剧本

《窦娥冤·等待戈多》）。（学生现场表演）

人物：刽子手甲、刽子手乙、窦娥、诗人、围观群众。

（窦娥红色 T 恤胸前画白色圆圈，内写白色字"窦"，刽子手胸前画白色圆圈，内写白色字"公"。诗人胸前写"诗人"字样）

（音乐声中，刽子手正步走，押窦娥上场。窦娥一直喊"冤枉啊"）

刽子手甲：在这个阳光灿烂的日子里。

刽子手乙：在这个花红柳绿的日子里。

甲：我们将目击一个女人死亡的全过程。

乙：因为我们是刽子手，我们要忠于职守。

甲：我们不能忏悔。

乙：因为忏悔会让我们心慈手软，弄丢了饭碗。

（诗人出，张望法场，蓦然发现犯人，高声叫）：刀下留人！

甲乙（齐）：何人擅闯法场？

诗人：（大声）我是诗人！（停顿）诗人！这个女人我要带走。

甲：什么？

诗人：因为我是个诗人，诗人就应该是侠骨柔情见义勇为打抱不平英雄救美。

乙：那与我们有什么关系吗？

诗人：（摇头叹息）在这个人妖时代，诗人的使命就是阻止美的毁灭。（诗人向窦娥走去，窦娥呆滞万分）

诗人：窦娥——

窦（疑惑地抬起头）：这位相公，你是谁？怎知我窦娥名也。

诗人：我是诗人，我来救你逃出这法场，与我远走高飞，浪迹天涯。

窦：这位相公，窦娥已是将死之人，你就不要再取笑奴家了。

诗人：我怎敢取笑你，我是诚心想帮你。

窦：你若诚心想帮我，就去求刽子手哥哥快些将窦娥斩首。到那时（作烈士状）浮云为我阴，悲风为我旋，雪飞六月，亢旱三年！我要是跟你走了（失落地），我的誓也白发，愿也空许，岂不让楚州父老讥笑……

诗人：姑娘啊，我翻过千山万水来到这里，一心想把你从刀下拯救出来，就像耶稣从众人的乱石下救出将要被砸死的女人（作英雄状）。

窦：这位相公，我不能走，我发誓要做蒙冤而死却被后人反复吟唱的第一个女人，如果一念之差随你去了，何日才再有这种被人们千古传诵的机会？

诗人：你就跟我走嘛，我本是个天生胆小的人，为了爱情，我豁出性命来劫法场，我容易吗我？

窦：你不要坚持了，我是不会走的，我的理想就是死。我要以死来成就这千古一冤。（泣不成声，呆呆看着诗人，又使劲砸着锁链）

诗人：你这个女子，什么脑子？你的心是铁打的吗？

窦：这位相公，你就先走吧，你这番苦心，窦娥来世再报答。（转向甲乙）两位哥哥，为何还不动手，你们既然要杀我，又为何迟迟不动手，眼看着我泪眼枯干，悲壮散去，你们以为这个游戏很好玩吗？

甲（高声）：兀那诗人，不要再磨蹭了，那女子既然决意不走，你就不要勉强人家了。

窦：相公，一路走好。

诗人（一步一回头）：轻轻的我走了，正如我轻轻的来，我挥一挥衣袖，不带走一片云彩……

这个课本剧有明显的后现代的荒诞色彩，荒诞之中是否有合理的成分呢？窦娥最终选择了拒绝，这样的设计与安排是否合理？

生答：合理。因为她的思想已完全被封建道德伦理所束缚，她中毒太深了。（课堂上学生的回答超出了我的预料，他们还说到另外一点：窦娥一生经历了太多的不幸和坎坷，她对幸福完全没有信心，再也不相信爱情了。）

四、不仅喊冤，她还要证冤。三桩誓愿：人证，天证，地证（死，生的最后一笔）

其实，冤的不仅仅是窦娥，还有那楚地三年亢旱中的无辜受害的百姓。如何理解窦娥的第三桩誓愿？

1. 中国少有真正意义的浪漫主义，多为崇尚物质世界的现实主义

第一桩誓愿是人证，用自己的血一滴都不沾地来证明自己的清白。第二桩誓愿是天证，六月飞雪就已经是上天给她的印证，本该满足了，但她仍觉不解恨：雪花转瞬就会消逝，对人们而言，只不过看了一场风景，人们会很快忘记，或者仅仅作为茶余饭后的谈资。只有第三桩誓愿，让每一个人都无法置身事外，每一个人都必须在痛苦中去经历不可逆的命运，从而理解窦娥的痛苦。第三桩誓愿是地证，大地是生命的摇篮，是养育生命的物质世界与生活现实，对于生活在地上的人们来说，地上的灾难远远胜过天上的异象。

这种物质崇拜，在文中还有多处体现：譬如桃杌，给告状的人下跪，把他们当作衣食父母；譬如窦天章，拿女儿抵债并换取盘缠进京求取功名；譬如赛卢医，为逃二十两银子的债而杀人；譬如窦娥，指望用今生的吃苦修行换取来生的平安幸福……

2. 冷漠的人间只可能滋生冷漠与怨恨：爱养育爱，恨滋生恨

窦娥的生活世界，是一片无爱的沙漠：童年、少年、青年，家庭、官府、刑场。我们熟悉了种种刑场：鲁迅笔下夏瑜的刑场，雨果笔下卡西莫多的刑场，看客们的无聊麻木与兴致勃勃在本质上大同小异。一个无爱的世界，只可能滋生冷漠与怨恨，只有爱才能养育爱。

两个司机的故事

1999 年 3 月 14 日晚上 7 点多钟，大连市公汽联营公司 702 线 42 号双座巴士司机黄志全在行车的途中突然心脏病发作，在生命的最后一分钟，他做完了三件事：①将巴士缓缓地靠向路边，并用最后的力气拉下了手动刹车闸；②把车门打开，让乘客依次安全地走下了车；③将发动机熄灭，确保了巴士和乘客的安全。他极其艰难地做完了这三件事，然后才趴在方向盘上停止了呼吸。

黄志全用爱书写了生的最后一笔。

凤凰台"锵锵三人行"的节目里曾讲过一个真实的故事：1997 年夏天的一个上午，在陕西境内伏虎山区的一条公路上，一个女司机开着一辆满载乘客的长途客车行驶在盘山公路上。车上三名歹徒侮辱漂亮的女司机，女司机情急呼救，全车乘客噤若寒蝉。只有一个瘦弱的男子挺身而出，却被歹徒打伤在地。男子呼吁全车人制止暴行，却无人响应，任凭女司机被拖至丛林强暴。女司机回来后无情地驱赶瘦弱男子下车，然后加足了马力，将车开下四百米深的悬崖，女司机、歹徒和全车乘客无一生还。

女司机用恨书写了生的最后一笔。

为什么会这样呢？因为这个世界太冷漠，冷漠的世界只可能滋生冷漠与怨恨。

窦娥和女司机一样，在冷漠的人间，用恨书写了生的最后一笔。

3. 繁漪式的毁灭，恰是生命力的喷薄与个性的张扬

齐读第三桩誓愿：

【一煞】你道是天公不可期，人心不可怜，不知皇天也肯从人愿。做甚么三年不见甘霖降？也只为东海曾经孝妇冤。如今轮到你山阳县。这都是官吏每无心正法，使百姓有口难言。

对比东海孝妇

据考证，这种伸冤方式在中国历史上并非窦娥的首创，早在汉代就有了"东海孝妇"的传说：东海有个叫周青的寡妇，对婆婆很孝顺，但后来婆婆因故自缢，周青被诬陷遭杀头之祸。后来东海一带三年大旱不雨。

但是，东海一带三年大旱并非周青的誓愿，而是老天爷主动为她的冤情作出的印证。而窦娥却是为了出自己一口恶气，用整个楚州百姓的性命作了赌注。用现在的眼光去审视，她无疑是在蔑视人类的生存权，这和滥杀无辜的恐怖分子心理状态没有多少区别，与中国封建统治者的"连坐"、"株连九族"是一脉相承的。

对比颜回

窦娥怨天地时说："天地也！只合把清浊分辨，可怎生糊突了盗跖、颜渊？"很显然，她认为自己是颜渊那样的好人。孔子对颜回有一句极有名的评语："不迁怒，不贰过。"窦娥有没有做到"不迁怒"呢？显然没有。

联系繁漪

看到窦娥，我们倒是极容易想起繁漪。两个怨妇，复仇时的彻底与怨毒如出一辙。都有严重的复仇情结和毁灭情结，窦娥的最后一笔，是繁漪式的毁灭，这种毁灭的特征有两个方面：①彻底的同归于尽，滥伤无辜；②复仇与毁灭，正是生命力的喷薄，是生的力量的证明，也是个性的张扬。

五、天地给了人们报应，她仍坚持复仇，让父亲为自己伸冤（中国式的仇恨：一个都不宽恕！）

中国的文化崇尚复仇。所以人们说："有仇不报非君子"，"君子报仇，十年不晚"。

将"报仇"与"君子"联系在一起，显得大义凛然，充满正气。

但我们并未觉察，正义的背后是仇恨，革命的背后是仇恨。以暴制暴，以血偿血，以恶抗恶，都不过是对恶的投降与复制。中国式的仇恨就是这样，一个都不宽恕，而且充满了反噬，以黑暗对抗黑暗，甚至对抗光明，吞噬真相，甚至最后连仇恨的主体也不能幸免。里尔克有诗云："于是连毁灭者也成了世界。"

看看窦娥的复仇：

"我每日哭啼啼守住望乡台，急煎煎把仇人等待。"

"不告官司只告天，心中怨气口难言。"

最后，在她的坚持和督促下，窦天章重新下了判决："张驴儿……合拟凌迟，押赴市曹中，钉上木驴，剐一百二十刀处死。升任州守桃杌，并该房吏典，刑名违错，各杖一百，永不叙用。赛卢医……发烟瘴地面，永远充军。"

这样的复仇十分彻底，一个都不宽恕，而且毫不留情。而看到这里，我甚至有点同情张驴儿了，其实他并非十恶不赦，自始至终他都并未玷污窦娥，如果他想强行霸占她，机会有很多。

知道"一个都不宽恕"是谁的话吗？

这句话来自鲁迅的杂文《死》，写于鲁迅去世前 44 天。文中记录了鲁迅重病时拟定的七条遗嘱。鲁迅在其中说道："……欧洲人临死时，往往有一种仪式，是请别人宽恕，自己也宽恕了别人。我的怨敌可谓多矣，倘有新式的人问起我来，怎么回答呢？我想了一想，决定的是：让他们怨恨去，我也一个都不宽恕。"

鲁迅曾在多种文章和场合里，提及过幼年时的炎凉世态及虚伪人情对他心灵的深远影响："我小的时候，因为家境好，人们看我像王子一样；但是，一旦我家庭发生变故后，人们就把我看成叫花子都不如了，我感到这不是一个人住的社会，从那时起我就恨这个社会。"

斯宾诺莎说："一个想要以恨来报复损害的人，真是过的愁苦生活。"（《伦理学》）鲁迅 47 岁时在广州做了中山大学文学系的系主任，学生请他演讲，他说："仿佛觉得大炮的声音或者比文学的声音要好听得多似的。"而陀思妥耶夫斯基说："美，能拯救世界。"（《白痴》）这是两种不同的文化和信仰，一个充满了恨，崇尚武力；一个充满了爱，崇尚美。

对比哈姆雷特的犹豫

相比之下，哈姆雷特的复仇情结要温和很多，柔软很多。他为什么会多番犹豫而最终没能下手反遭其害呢？

因为他不想用非正义的手段去增添世界的黑暗。他的使命是"重整乾坤"，他想让朗朗乾坤充满爱与正义。如果他以恶报恶，他就变成了和对方一样的人，一样制造不幸和黑暗的人。所以当他的仇人、他的叔父克劳狄斯在花园里独自忏悔的时候，本来是哈姆雷特最好的下手时机，他最终还是选择了放弃。虽然最后以悲剧结局，但他的犹豫和不忍，他的矛盾与坚持，给这个世间带来了许多人性的温暖与灵魂的光明。

六、从怨妇到复仇女神（没有宽恕就没有未来）

从怨妇成长为复仇女神，使得窦娥在中国文学史上代言着一种女性生命的成长。因为毕竟她不像普通的怨妇一样只会怨天怨地怨命，她不仅看到命运的悲剧，还看到了社会的悲剧："这都是官吏每无心正法，使百姓有口难言。"

从人性之恶看到社会之恶，是怨妇的进步。在中国，越是弱势群体越崇尚这位"复仇女神"。

从人性之恶看到社会之恶，却是人类的逃避。如果我们只看到社会的不好、别人的不好，将世界黑暗的责任全部推到一个更远更大的"社会"的概念上去，其实是一种自私的、不负责任的逃避。16世纪英国诗人兼神学家约翰·邓恩曾用图像化的语言描述："没有人是一个完全自足的孤岛。每个人都是大陆的一小片、整体的一部分。"我就是世界的一部分，世界的黑暗有一部分是我的责任。

陀思妥耶夫斯基说："没有任何一种社会制度能避免恶，人的心灵不会改变，不合理和罪恶源自人的心灵本身。"（《日瓦戈医生》）

谁也不能保证自己如果做了太守，就一定会比桃杌更公正更廉洁。对于很多人来说，人性之恶就像一头潜伏在心灵中沉睡的狮子，随时都有可能醒来。

因此，彻底的复仇，一个都不宽恕，恰是人对自己局限性的认知不够彻底不够充分而导致的。我们爱审判，如果审判爱不起，我们便会降格以求，去爱复仇："做鬼都不放过你！"我们的文化中缺少忏悔的因子，我们有很多罪恶，却很少有罪恶感。我们从来不缺少无缘无故的恨（譬如窦娥对楚州百姓生存权的无视），却对无缘无故的爱十分陌生。

对比两封信

1. 无缘无故的恨

"……我无论如何也咽不下这口气，死也找几个垫背的。……在你读到这封信时，我大概已不在人世了。牢记：不要让美国这边敲诈钱财。……我早有这个意思了，但一直忍耐到拿到博士学位。这是全家人的风光。古人云，久旱逢甘露，他乡遇故知，洞房花烛夜，金榜题名时。这人生四大目标，我都已尝过。人的欲望是没有尽头的。在美国虽然吃穿不愁，但上边有大富人，跟他们一比，我还是个穷光蛋。……我对男女关系已有些腻烦了，进一步我对我攻了10年之久的物理已失去兴趣……我今天到这一步，也可以说是有父母的过错在内……最好不要让下一辈得知我的真相，否则对他们的将来不利。"（卢刚绝笔书节选，引自王书亚《你爱我比这些更深吗——电影〈暗物质〉》）

1991年的11月1日下午，在美国爱荷华大学物理系的一间教室里，一个物理学的研讨会正在进行。会议没开多久，卢刚突然站起来，从风衣口袋里掏出一把手枪，对准他的导师、师弟和另一个教授，将子弹连连射向他们。然后他奔向二层楼，开枪打死了物理系的系主任。随即他又回到那间教室，向已经倒下的三个人补了几枪。接着他奔向行政大楼，闯入副校长安·柯莱瑞博士的办公室，朝她的胸前和太阳穴连开两枪。安的助理也未能幸免。最后，卢刚举枪杀死了自己。

这封信，就是卢刚在这一天的上午写成的，言语中充满了无缘无故的恨。

安·柯莱瑞博士出生于中国，是一位传教士的女儿。安是这所大学教育学院的教授，也是很多中国留学生的导师。一直以来，终身未婚没有孩子的安，对待中国留学生，就像对待自己的孩子一样。然而，她却死在接受她帮助最多的人手里。

2. 无缘无故的爱

"我们经历了突发的巨痛，我们在姐姐一生中最光辉的时候失去了她。……当我们在悲伤和回忆中相聚一起的时候，也想到了你们一家人，并为你们祈祷。因为这个周末你们肯定是十分悲痛和震惊的。安最相信爱和宽恕。我们在你们悲痛时写这封信，为的是要分担你们的悲伤，也盼你们和我们一起祈祷彼此相爱。在这痛苦的时刻，安是会希望我们大家的心都充满同情、宽容和爱的。我们知道，在此时比我们更感悲痛的，只有你们一家。请你们理解，我们愿和你们共同承受这悲伤。这样，我们就能一起从中得到安慰和支持。安也会这样希望的。"（安的亲人致卢刚家人的书信节选，引自王书亚《你爱我比这些更深吗——电影〈暗物质〉》）

11 月 4 日，柯莱瑞博士被宣布为脑死亡。也就是说，已经没有了抢救的必要。所有的维生设备都被拿走，三个弟弟亲眼看着姐姐衰竭下去，最后呼吸停止。他们在巨大的悲伤中，围着姐姐的遗体祈祷，然后写下了这封致卢刚家人的信。

他们说，他们担心卢刚的家人会因为卢刚是凶手而遭受歧视，也担心卢刚的父母在接过儿子的骨灰时会过度悲伤。所以，他们写了这封信，希望这封信能给卢刚的家人带去一些安慰。

主持葬礼的牧师说："如果我们让仇恨笼罩这个葬礼，安的在天之灵是不会原谅我们的。"

之后，三兄弟把安的遗产全部捐给了学校，学校用这笔钱设立了一个外国留学生心理研究基金。而卢刚的后事，也得到了妥善而周详的安排。

那么，他们为什么这么做呢？对于伤害自己的人，他们为什么不去复仇，反去关爱呢？

安的好友玛格瑞特教授的回答是："这是因为我们的信仰。在这个信仰中，爱高于一切，宽恕远胜过复仇。"

宽恕的结果，或许并没有在现实中获得回报，但是所有的人都会看到：它在人类的心灵中激起了巨大的回响。正是这巨大的回响，悄悄改变着人类的过去、现在和未来。或许就是有鉴于此，曾经被曼德拉总统提名担任南非真相与和解委员会主席的德斯蒙德·图图大主教才疾呼："没有宽恕，真的就没有未来！"（《没有宽恕就没有未来》）

七、关汉卿的反儒学思想和大团圆结局

《一枝花·不伏老》可谓关汉卿对于封建社会价值系统的叛逆宣言，他自言经常流连于市井青楼，以"风流浪子"自夸。结合历史背景，我们不难发现，这一"浪子"形象身上所张扬的，恰是对传统儒家道德规范的强烈反叛、率性自由的个体生命意识，以及不屈不挠顽强抗争的意志，呈现出一种新型的文人人格。关汉卿这种反儒学思想，在《窦娥冤》中有明确的反映。

譬如，窦天章卖女赶考，求取功名："况如今春榜动，选场开，正待上朝取应，又苦盘缠缺少。小生出于无奈，只得将女孩儿端云送与蔡婆婆做儿媳妇去。（做叹科，云）嗨！这个那里是做媳妇？分明是卖与他一般。就准了他那先借的四十两银子，分外但得些少东西，勾小生应举之费，便也过望了。"

还有阴阳两隔人鬼重逢后窦天章对女儿的责难与"审判"："我当初将你嫁与他家呵,要你三从四德……。今三从四德全无,划地犯了十恶大罪。我窦家三辈无犯法之男,五世无再婚之女,到今日被你辱没祖宗世德,又连累我的清名。你快与其我细吐真情,不要虚言支对,若说的有半厘差错,牒发你城隍祠内,着你永世不得人身,罚在阴山,永为饿鬼。"

以上内容,鲜明地寄寓了关汉卿对儒家传统思想的尖锐批评。这是《窦娥冤》在思想上的突破。然而故事以大团圆结局,又恰恰表明了关汉卿的时代局限。

胡适在1918年所写的《文学进化观念与戏剧改良》中说："这种'团圆的迷信'乃是中国人思想薄弱的铁证。作书的人明知世上的真事都是不如意的居大部分,他明知世上的事不是颠倒是非,便是生离死别,他却偏要使'天下有情人都成了眷属',偏要说善恶分明,报应昭彰。他闭着眼睛不肯看天下人的悲剧惨剧,不肯老老实实写天工的颠倒残酷,他只图说一个纸上的大快人心。这便是说谎的文学。……故这种'团圆'的小说戏剧,根本说来,只是脑筋简单,思力薄弱的文学,不耐人寻思,不能引人反省。"

鲁迅对此也有过批评："这因为中国人底心理,是很喜欢团圆的,所以必至于如此,大概人生现实底缺陷,中国人也很知道,但不愿意说出来;因为一说出来,就要发生'怎样补救这缺点'的问题,或者免不了要烦闷……,现在倘在小说里叙了人生底缺陷,便要使读者感着不快。所以凡是历史上不团圆的,在小说里往往给他团圆;没有报应的,给他报应,互相骗骗。——这实在是关于国民性底问题。"(鲁迅,《中国小说的历史变迁》)

钱钟书甚至认为中国戏曲中根本就没有悲剧,他在二十世纪三十年代写的《中国古典戏曲中的悲剧》中写道:"悲剧自然是最高形式的戏剧艺术,但恰恰在这方面,我国古代剧作家却无一成功。"他认为,《窦娥冤》以因果报应结尾,算不得是真正的悲剧。

俄罗斯性格
——《一个人的遭遇》教学简述

课前出示一张PPT：

"一个顽童，打破了邻居的窗户，邻居就得更换新的窗户，于是带动了玻璃工人和木匠就业，而他们又进一步带动了更多原材料提供者就业，整个社会便得以欣欣向荣，所以，顽童打破窗户是有益于经济发展的。在经济萎靡不振的衰退阶段，战争，就通常被视为这样一个打破窗户的行为，被人们赋予带动经济的期望。"

这是一种关于战争的理论，你是否赞同？请问同学们对战争有怎样的印象？

学生结合阅读和影视作品谈谈自己对战争的了解。

今天我们要学习的一篇课文《一个人的遭遇》，就是讲述战争，哪怕是正义的战争，是怎样摧毁一个人，又一个人。

欣赏影片资料《卫国战争》的背景讲述：

战争爆发后，斯大林沉默了数天，直到7月3日才发表演讲。他说："同志们，兄弟姐妹们，陆军和红海军的战士们，希特勒发动了背信弃义的进攻，我们的祖国处于十分危险的境地！"他动员全国人民挺身而出，捍卫自己的自由，捍卫自己的荣誉，捍卫自己的祖国。苏德战争的爆发，标志着第二次世界大战进入了新的阶段。尽管战场形势十分不利，但苏军官兵为了自由、荣誉和祖国进行了殊死抵抗，尽管苏军在殊死抵抗中仍不得不步步后退，但全世界热爱自由的人民却还是从苏军的抵抗中看到了希望。自法国战役以后，中欧、西欧、北欧、南欧，以及小半个东欧已是法西斯的天下，希特勒再拿下苏联的欧洲部分，便囊括了整个欧洲。从现在起，欧洲大陆残存的希望便寄于这些苏联官兵身上。据西方军事家战后公布的数据，在苏德战争的头18天，苏联损失2000列火车的军火，3000门大炮，2000架飞机，1500辆坦克，以及30万苏军被俘。粗略估计，苏联在卫国战争中有四千万人死于战火与饥饿。

简要介绍主人公：

索科洛夫 17 岁时十月革命爆发，国内战争时参加红军。1922 年的大饥荒夺去了他父母的性命。他复员后先务农，后来当了林厂工人，和同是孤儿的伊琳娜结婚（插入电影《一个人的遭遇》片段：林木工人的手风琴曲中的甜蜜恋人），妻子贤惠，儿女聪明懂事，家庭和睦幸福。德国进攻苏联，卫国战争爆发，41 岁的索科洛夫应征入伍。告别时妻子扑在他身上痛哭，火车启动了，他只得用力推开伊琳娜，谁知竟成了永别（插入电影《一个人的遭遇》片段：火车站离别）。索科洛夫在前线冒着炮火开车运输弹药，1942 年受伤被俘，在战俘集中营他受尽了折磨，冒险逃跑但被抓回。德军在前线失利，调派战俘做工，索科洛夫被派给一个少校工程师开车，他找到机会俘虏了少校，冲过火线，回到了自己的队伍，扑进祖国土地的胸膛，他泪流满面……（插入电影《一个人的遭遇》片段：冲过火线）

这就是小说前面的情节。课文节选部分继续讲述了他的哪些遭遇？

索科洛夫的遭遇

家园被毁，妻子和女儿被炸死，儿子志愿上前线，当上了大尉和炮兵连长，带给了索科洛夫希望与自豪，却在胜利的那一天，被一个德国狙击兵打死了。索科洛夫带着一颗破碎的心流落到异乡，收养了一个在战争中失去了双亲的孤儿。

（出示 PPT：家破，人亡，心已碎；活过，爱过，奋斗过……）

索科洛夫是一个怎样的人？有哪些细节触动了你的心？

索科洛夫的梦

美梦：

在战俘营里，我差不多夜夜——当然是在梦中——跟伊琳娜，跟孩子们谈话，鼓励他们说：我会回来的，我的亲人，不要为我悲伤吧，我很坚强，我能活下去的，我们又会在一块儿的……

夜里醒来，我常常做着老头儿的梦：等到战争一结束，我就给儿子娶个媳妇，自己就住在小夫妻那儿，干干木匠活儿，抱抱孙子。

噩梦：

现在想起来，连那些都像做梦一样：跟中校一起坐上大汽车，穿过堆满瓦砾的街道；还模模糊糊地记得兵士的行列和铺着红丝绒的棺材。想起阿纳托利，唉，老兄，就像此刻看见你一样清楚。我走到棺材旁边。躺在里面的是我的儿子，但又不是我的儿子。我的儿子是个肩膀狭窄、脖子细长、喉结很尖的男孩子，总是笑嘻嘻的；但现在躺着的，却是一个年轻漂亮、肩膀宽阔的男人，眼睛半开半闭，仿佛不在看我，而望着我所不知道的远方。只有嘴角上仍旧保存着一丝笑意，让我认出他就是我的儿子小托利……

差不多天天夜里我都梦见死去的亲人。而梦见得最多的是：我站在带刺的铁丝网后面，他们却在外边，在另外一边……我跟伊琳娜、跟孩子们天南地北谈得挺起劲，可是刚想拉开铁丝网，他们就离开我，就在眼前消失了……

他梦想着战争结束后，给儿子娶个媳妇，自己和他们生活在一起，干干木匠活，抱抱孙子。这说明他对生活的要求并不高。如此普通的日常生活都成为了一种梦想，足见战争的罪恶。

战争粉碎了他所有平凡而美好的梦想，在他的人生中，只有接二连三的噩梦。温柔贤惠的妻子，活泼可爱的女儿，勇敢坚强富有使命感的儿子，一切温馨，一切美好，一切生命，一切力量，在炮火面前，都化为齑粉，化为冰冷的、凝固的笑容。梦想与现实鲜明强烈的反差，现实令人难以置信的残酷，都像梦一场。美梦终成泡影，噩梦难以置信。

索科洛夫的眼泪

无泪：

我的阿纳托利的同志们、朋友们，擦着眼泪，但是我没有哭，我的眼泪在心里枯竭了。也许正因为这个缘故吧，我的心才疼得那么厉害？

热泪：

"你在这儿一个亲人也没有吗？""一个也没有。""那你夜里睡在哪儿呢？""走到哪儿，睡到哪儿。"

这时候，我的眼泪怎么也忍不住了。我就一下子打定主意："我们再也不分开了！我要领他当儿子。"我的心立刻变得轻松和光明些了。

"爸爸！我的亲爸爸！我知道的！我知道你会找到我的！一定会找到的！我等了那么久，等你来找我！"他贴在我的身上，全身哆嗦，好像风里的一根小草。我的眼睛里上了雾，我也全身打战，两手发抖……我当时居然没有放掉方向盘，真是怪事！但我还是不由得冲到水沟里，弄得发动机也熄火了。在眼睛里的雾没有消散以前，我不敢再开，生怕撞在什么人身上。

为什么自己的亲生儿子牺牲了，他没有哭，收养一个孤儿的时候却哭了？

品读描写弹坑和儿子遗体的细节，明确：因为他经历了太多失去亲人的悲痛，儿子的死又太过突然，将一个正在憧憬未来的人击蒙了。过度的哀伤往往反而是无泪的，那是一种彻底的绝望。老来家破人亡，连唯一的儿子也保不住，这样的残酷现实实在令人难以承受。

而这个孤儿，和自己一样在战争中失去了所有的亲人，有着相同的遭遇，而且，这个孩子唤起了他对自己的孩子的所有记忆。战争夺去的，他甘愿来为孩子弥补，也借着这个孩子，来安放他天性中的父爱。

品读下面这几段文字，仔细体会索科洛夫的心情：

夜里，他睡熟了，我一会儿摸摸他的身体，一会儿闻闻他的头发，我的心就轻松了，变软了，要不它简直给忧伤压得像石头一样了……

可真是个脏小鬼：脸上溅满西瓜汁，尽是灰土，头发蓬乱，脏得要命，可是他那双小眼睛啊，却亮得像雨后黑夜的星星！他那么惹我喜爱，说也奇怪，从此我就开始想念他了。每次跑了长途回来，总是急于想看见他。

吃过饭，我带他到理发店去，给他理了个发；回到家里，又亲自给他在洗衣盆里洗了个澡，用一条干净的单子把他包起来。他抱住我，就这样在我的手里睡着了。我小心翼翼地把他放在床上，把车子开到大谷仓，卸了粮食，又把车子开到停车处，然后连忙跑到铺子里去买东西。我给他买了一条小小的呢裤子、一件小衬衫、一双凉鞋和一顶草帽。

我一醒来，看见他睡在我的胳肢窝下，好像一只麻雀栖在屋檐下，我的心里可乐了，简直没法形容！我尽量不翻身，免得把他弄醒，但还是忍不住，悄悄地坐起来，划亮一根火柴，瞧瞧他的模样儿……

我一个人需要些什么呢？一块面包，一个葱头，一撮盐，就够我这样的士兵饱一整天了。可是跟他一起，事情就不同：一会儿得给他弄些牛奶，一会儿得给他烧个鸡蛋，又不能不给他弄个热菜。

其实他很少用自己的脚走，多半是我让他骑在肩上，扛着他走的；如果要活动活动身体，他就从我的身上爬下来，在道路旁边跳跳蹦蹦跑一阵，好比一只小山羊。

你会不会觉得他有点婆婆妈妈？让我们看一段索科洛夫在小说的前面一部分说过的话：

我这个人也不喜欢婆婆妈妈，喊怨叫苦，最看不惯那种爱哭鼻子的家伙，他们不论有事没事，天天给老婆情人写信，眼泪鼻涕把信纸弄得一塌糊涂。说什么他的日子很难过，很痛苦，又担心被敌人打死。这种穿裤子的畜生，流着眼泪鼻涕诉苦，寻求同情，可就是不想一想，那些倒霉的女人孩子，在后方也并不比我们舒服。整个国家都得依靠她们！我们的女人孩子要有怎样的肩膀才不至于被这种重担压垮呢？可是她们没有被压垮，终究支持下来了！而那些流眼泪拖鼻涕的脓包，还要写那种信诉苦，真好比拿一根木棍敲着勤劳的妇女的腿。她们收到这种信，可怜的人，就会垂下双手，再也没心思干活了。不行！你既然是个男人，既然是个军人，就得忍受一切，应付一切，如果需要这么做的话。但如果在你身上女人的味儿比男人的还要多些，那你干脆去穿上打摆的裙子，好把你那干瘪的屁股装得丰满些，至少从后面望过去也多少像个婆娘，你去给甜菜除除草，去挤挤牛奶好了，前线可不用你去，那边没有你，臭味儿也已经叫人够受的啦！

从课文节选部分当中我们所看到的索科洛夫的细腻温情，只是他的一个侧面。实际上，他是一个标准的硬汉。他嘲弄那些蹲在战壕里给妻子写信竟对亲人诉苦的爷们。他仇恨敌人，更蔑视敌人。在俘房营里，他与同志们一起杀死了打算出卖共产党员与政委的叛徒（插入电影《一个人的遭遇》片段：杀死叛徒），在采石厂，被折磨得有气无力的战俘被强迫一天采四方石头，索科洛夫回到营棚里说："他们要我们采四方石子，其实我们每人坟上只要一方石子也就够了。"一个坏蛋向警卫队长告了密，法西斯军官要杀害他。索科洛夫被传唤到警卫队长的办公室，他们逼他为法西斯的胜利干杯，遭到了安德烈的拒绝。索科洛夫说："我愿意为自己的死亡和摆脱痛苦而干杯！"饥肠辘辘的索科洛夫面对丰盛食品的诱惑却不为所动："我只喝一杯酒是不吃点心的"，"我喝两杯也不习惯吃点心"，"我很想让这帮该死的家伙瞧瞧，我虽然饿得要命，但决不会因为他们的小恩小惠而噎死。我有我做俄国人的骨气和骄傲，他们不论用什么手段，都不能把我变成畜生。"（插入电影《一个人的遭遇》片段：饮酒），他有勇亦有谋，俘房了少校，开着车冲过火线，带着他的战利品回到了自己的队伍。

怎样理解男人的眼泪?

奇怪得很,白天我总是显得挺坚强,从来不叹一口气,不叫一声"哎哟",可是夜里醒来,整个枕头总是给泪水湿透了……

不,在战争几年中白了头发、上了年纪的男人,不仅仅在梦中流泪,他们在清醒的时候也会流泪。这时重要的是能及时转过脸去。这时最重要的是不要伤害孩子的心,不要让他看到,在你的脸颊上怎样滚动着吝啬而伤心的男人的眼泪……

虽然我们常说"男儿有泪不轻弹",但不要忘了后面还有一句"只是未到伤心处"。连鲁迅都说:"无情未必真豪杰,怜儿如何不丈夫?"男人的眼泪,正因为不轻弹,所以才尤其显重量,尤其见深情。在战争面前视死如归的男人,在爱人面前,在亲人面前,在鲜活可爱的生命面前,心灵最柔软的一角便被掀开。

但男人的眼泪始终是克制的。在夜里,在梦中,在无人处,在不会被不谙世事的快乐的孩子看见的角度——转过脸去,自己一个人面对伤心,给孩子留下一个幸福而完整的世界。

索科洛夫的谎言

我向他俯下身去,悄悄地问:"万尼亚,你知道我是谁吗?"他几乎无声地问:"谁?"我又同样悄悄地说:"我是你的爸爸。"

我走进去,向他们眨眨眼,神气活现地说:"你们瞧,我可找到我的万尼亚了!好人们,接待我们吧!"

我问他说:"乖儿子,你在想什么呀?"他却眼睛盯住天花板,反问我:"爸爸,你把你那件皮大衣放到哪儿去了?"我这一辈子不曾有过什么皮大衣呀!我想摆脱他的纠缠,就说:"留在沃罗涅日了。""那你为什么找了我这么久哇?"我回答他说:"唉,乖儿子,我在德国,在波兰,在整个白俄罗斯跑来跑去,到处找你,可你却在乌留平斯克。"

索科洛夫的谎言是怎样的谎言?
爱的谎言。
爱的谎言源于一颗爱心。

索科洛夫的心灵

索科洛夫有一颗怎样的心？（出示PPT）

　　痛苦但不绝望，坚毅但不麻木；悲伤但不沉沦，温情但不软弱。
　　与世无争，却勇于抗争；被俘虏的是身体，不被征服的是骨气。
　　一无所有了，仍坚强地活；百孔千疮了，仍无私地爱。

　　索科洛夫虽然不是高大的英雄，但他消灭敌人，仇恨叛徒，热爱同志，勇敢而善良，尤其是他面对苦难时极其顽强的忍耐与韧性。他或许没有伟大的理想，但他实实在在地生活着。他收养孤儿，给他一个温暖的窝，炮火和死神无法扑灭爱，残酷的命运没有压垮他。英雄总是少数，正是这种普通人，支撑着伟大的俄罗斯民族。

　　当然，一个人的遭遇，其实是当年千百万苏联人的共同遭遇。战后几乎家家餐桌上都留有一个空位子，摆有一副没人动用的餐具，这是一幅多么令人心酸的景象。但索科洛夫收养了那个失去双亲的孩子，索科洛夫的朋友——那对没有孩子的夫妇真诚地接待了他们，他在卡沙里区当司机的战友在索科洛夫失去执照后邀请他过去工作……因为有了爱的星星之火，这个阴冷残败的世界，仍然能够让人看见一线光明。

小说的主题

　　对于这篇小说，一直有两派不同的看法。

　　一方认为，作者对战争持一概否定的态度，过分地渲染了死亡和恐怖，因而产生了比较明显的资产阶级和平主义倾向。小说结尾写两个流浪者是"两粒沙子"，揭示了苏联普通人的社会地位——不是主人公，而是沙子。

　　另一方认为，作品通过主人公讲述卫国战争，不表现苏军的英勇胜利，而表现失利，不表现英雄抗敌，而表现战俘受难。小说第一次比较真实地揭露了苏联战时的真实生活，这是充满了艰辛、不幸和眼泪的生活。

　　你怎样看呢？

　　小说的译者草婴说："肖洛霍夫以人道主义精神和高超的艺术手法，描绘出战争给人造成的深重苦难，同时又塑造了一个普通人在苦难中所展示的坚强性格。我觉得，苦难是历史造成的，谁碰上了也无法逃避，但重要的是要有坚强的性格，能面对任何苦难。文艺作品在这方面应该起积极作用，这也是作家对读者的责任。"

　　如果有人认为作者仅仅是在控诉战争，表达和平的祈盼，这样的理解应该说是不够深入的。

肖洛霍夫通过这样一个短篇，首先是借一个普通苏联人的悲惨遭遇来控诉法西斯的残酷罪行，反对战争，但更深一层的意义则是表现主人公的坚强性格与博爱精神，反映人对人的爱，特别是上一代对下一代的爱，而这种无关血缘的博爱就是人道主义精神。

在这部色调阴沉的作品里，有着闪闪发光的人物。作者以简练叙述与细腻的心理刻画相结合的手法，真实有力地反映了一个普通劳动者在战争中的悲剧命运，以及他在苦难中的坚忍和崇高的人道主义精神，因而作品具有强烈的感染力。

小说的作者肖洛霍夫是以第一人称在讲述这个故事：战争结束后的一个春天，"我"在渡口邂逅退伍军人索科洛夫，他带着一个小男孩到外地去谋生。在等待渡船的两小时内，他叙述了自己半生的经历。结尾时作者以第一人称的口吻说："两个失去亲人的人，两颗被空前强烈的战争风暴抛到异乡的沙子……什么东西在前面等着他们呢？""我希望：这个俄罗斯人，这个具有不屈不挠的意志的人，能经受一切，而那个孩子，将在父亲的身边成长，等到他长大了，也能经受一切，并且克服自己路上的各种障碍，如果祖国号召他这样做的话。"很显然，"我"在悲悯和担忧"两颗沙子"的命运的同时，还有一种期待、鼓励、赞美与自豪，并且有很强烈的民族使命感；尽管战争如此残酷，牺牲如此巨大，但只要祖国号召，俄罗斯人永远不会计算代价或退缩不前，俄罗斯性格会代代相传！

在作品里，我们看到的不是一个人的性格，而是一个民族的性格。

阿·托尔斯泰的小说《俄罗斯性格》写到苏军的一个坦克手，名叫德略莫夫，他和德军打了几年仗，战功卓著，在战争即将结束的时候，他的坦克被击中，整个坦克起火，他被烧得面目全非，最后经过整容，谁都认不出他来了，连他的声音都变了。有一个细节，当给他拆绷带时，护士把一面小镜子递给他，然后就转过身去，不敢看他。战士说，没什么，我这样也一样能活下去。作者说，这就是俄罗斯性格。但是战士想回家看看，他怕父母伤心，就说他是他们儿子的战友，说他们儿子一切都好，最后父母留他在家住一晚。第二天又见到了未婚妻卡佳，卡佳看到他之后的表情使他决心离开这里，他当天就走了。回到部队后，家里来了一封信，说你的战友来看过了，但是你的母亲觉得那就是你，哪怕你变成那样子也没关系，我们只会为你感到更骄傲。又过了两天，他的母亲和未婚妻来部队看他。母亲说，你是我的骄傲；未婚妻说，我会一辈子跟着你的。作者在结尾时写道：看，这就是俄罗斯性格。

托尔斯泰在小说的结尾写道："俄罗斯性格呀！一个人，看上去挺平常，等到严酷的命运来敲他的门，一种伟大的力量就在他心里汹涌起来——人类的美的力量。"

托尔斯泰还说，每个人都有自己的性格，在现实生活中，人的性格会裹上一层又一层外衣，但是战争发生以后，死神逼近时，外表的皮会像被太阳晒爆的皮肤一样，一层层地脱落下去，最后呈现出来的，恰是我们的本色。

俄罗斯性格里面有爱，比战争和苦难更有力量的，是爱。

代跋 | 向天空致敬

我永远仰目朝天，不为看到我的幻想，而是为了看到光明。

———纪·哈·纪伯伦

米兰·昆德拉说，生活是一棵长满可能的树。

然而我们往往会注目于枝头那些缤纷的"可能"，却忘了它深扎于地底的根。

就像应邀在"语文报名师大讲堂暨皖智教育 2010 年高考研讨活动"中讲课之后，我在下午的说课过程中被一位老师问道："青年教师要怎样才能快速地成长？"

这问题令我不禁莞尔。我想我不算是有资格回答这个问题的人。这次跟我同台讲课的名师和专家当中有两位算是故人。其中一位在 2000 年第三届"语文报杯"全国中青年教师课堂教学大赛中与我同获一等奖，另一位，我们曾在 2002 年的全国中学中青年骨干教师语文论坛活动中晤面。如今，两位均已是著名特级教师，且"官"至副校长，其中之一还是浙师大特聘硕士生导师。而我，至今仍旧只是一个普通中学的普通教师。当然，如果你认为我这些年还算没有愧对生命和辜负岁月的话，我愿意跟你分享我的成长经历。

要将生命"摆上"

从教之初，我是以游戏的心态进入角色的。

刚毕业时，我的学生年龄最大的只比我小两岁。初出茅庐的我扮演着丰富的角色：两个班的语文教师兼班主任、全年级的美术教师、全年级的音乐教师、一个班的地理教师。

忙，且忙得不亦乐乎；累，却仍旧创意无限。

爱美爱生活的我，带着孩子们开展各种活动，让孩子们每天都充满了新鲜的激情。也有狼狈的时候：被学生气得躲在家里哭，家长登门道歉，母亲为了维护我的"师道尊严"撒谎说我不在家，把人挡在了外面……

我是跟学生一起成长的。那个时期的我追求的是：让学生在学中玩，玩中学，激发兴趣，发挥学生的主观能动性。这样的思想，明显打着一个时代的烙印。

任何事物或某种思想要发生质变都需要契机，客观世界与主观世界产生碰撞与互动的时候，思想便会发生革命。

前天，站在安徽的讲台上回答听众最后一个问题时，我真诚地告诉大家："我会反思我的教学，然而我会更多地反思我的生命。因为我的生命有内涵了，我的教学就会有内涵；我的生命有高度了，我的教学就会有高度。所以教学永远只是一个枝节的问题，而不是根本的问题。"

我无数次地想过这个问题：如果我的生活没有一些深刻的体验和经历，如果我对人生的理解没有达到某种深度和高度，那么我的教学有没有可能形成现在的风格？答案是否定的。我不像某些哲学家，仅凭读书思考就可以达到某种程度的觉解或顿悟，种种磨炼于我都有着重要意义。"无缝的石头流不出水来。谁不能燃烧，就只有冒烟。——这是定理。生活的烈火万岁！"（奥斯特洛夫斯基）

所以，感谢生活。一切都从生活而来，又到生命中去。

并且，渐渐发现，无论做什么，我们只有生命倾注、灵魂在场，我们所做的，才能有益于生命。

并且，又渐渐发现，教育，是一个让自己破碎的过程，是一个将自己擘开了摆上祭坛的过程。你不将自己的生命敞开，学生更会将心门紧闭。而你若肯拿出你那仅有的五饼二鱼，你会奇迹般地令五千人吃饱。

秘诀在于：你肯将生命完全摆上。

这种摆上，是一种态度，是一种心志。也许你摆上的根本不够好也远远不够用，但只要你肯完全摆上，就能得到众声喧哗的生命响应。

这是我后来的发现：兴趣只是学习的浅层动机，它还够不上"动力"。每一个个体都拥有自己的生命密码，应该找到密码，启动内在的生命力——它是最本质的生命引擎。一旦生命被启动，它所带动的就不只是学习。学习其实也只是生命的枝节之一。

在这样的领悟之下，我提出了"生命语文"。

我的"生命语文"之思

为了阐述自己的理解，我写过一篇几万字的论文，在 2002 年 12 月全国中学中青年骨干教师语文论坛暨新课程、新课标、新教材、新课堂高级研修活动中公开交流，后来又删繁就简概述要旨，发表于《中学语文教学参考》2003年第 7 期。

我不认为这是一个课题，所以很久以来都没有对它进行正式的立项。我不希望有任何功利的期待和人为的预设来左右它的自然发展。就这样，我不给它任何名分，也不给它任何披挂，就让它一派天然地自己"走"。

"生命语文"不是一个派别，而只是一种理解，一种行动。它不属于某一个人，或某一群人，而属于每一个人。生命是我们每个人都享有且须开掘的资源，语文是我们每个语文教师都能够与他者共享且能创造的财富。语文的学习实践，是一种建构意义的行动，是生命动态展开的过程；同时在此过程中生成对话，形成语脉，启动生命，并实现三个维度的"关系重建"：主体与源客体的关系、主体与其自身的关系、主体与其他主体的关系（教材等教育资源是源客体，学生是近主体，教师是远主体）。三者互为媒介，且以"自我探索"为中心。

"自我探索"的需求，是从内部调动我们从事一切学习和实践的根源性需求。无论是学生还是教师，无上珍贵的永远是"自我"。

毕淑敏在她的《精神的三间小屋》一文中说，人活在现代生活中，要为自己的精神修建三间小屋，第一间盛放爱和恨，第二间盛放事业，第三间用于安放自己。虽然这种归纳有些荒谬——爱恨和事业当中难道能少得了自己？但这种说法提醒了我们珍惜"自我"的无上珍贵。

叔本华也说不能让自己的头脑成为他人思想的跑马场。

一个有自我的人总会有属于自己的独特思想和新鲜创意。

曾经有人问我怎么运用教学参考书，我说我也看这类书，但只摄取知识层面的东西，关于解读、感悟、问题设计等，则最好麻烦自己的脑子。上帝给我们每个人独一无二的大脑，不是为了让我们成为别人的影子。

2000 年的全国比赛是现场抽签确定课题，我抽到的课文是《七根火柴》，我曾经在几次大型会议上听过胡明道老师和宁鸿彬老师讲这一课。我当时就犯怵了：我必须得有属于自己的创意才行。两位大师在全国巡回讲课，听过的人太多了。如果我套用他们的设计，不仅拿不到一等奖（我是带着省教研室赋予我的使命去的），还对不起自己。

后来，那堂课获得了一等奖第一名。不过，我曾在一篇博客里说过，其实那堂课我自我感觉平平，但唯一值得安慰的是，那是我自己的课。

"自我"以成熟为贵，而非以"大"为贵。心理学家说，所谓成熟，就是自我变得小，而自我以外变得大，自我越大则越不成熟。

"自我"意味着独特、完整，却并不表示遗世独立。不同的自我之间是可以达成完美的共鸣与呼应的。每一个自我都有一个属于自己的"内心教师"。有时候，数十个数百个甚至成千上万个异质异构的自我的"内心教师"有可能在某个瞬间合而为一，那个时候，这位"内心教师"的名字就叫真理，而此时的自我，名字就变成了"大我"。

如果我们只是为了与众不同而刻意去另辟蹊径，这是幼稚的，也是盲目的。虽然连夸美纽斯也说人是造物中最崇高、最完善、最美好的，是上帝丰富多彩的作品的中心，但这只是指"人"在万物中"灵之长者"的地位而言，任何一个个体的"自我"，都不可能成为宇宙的中心，即使是君王。

夸美纽斯又认为，每一个体的自身并非自我生命的终极目标，人的终极目标在今生之外，在上帝那里。个体生命的进展，只是一种连续现象而已，我们一生都在"过渡"，从一种生活过渡到另一种，死亡并非终结。他说："我们寄居在母亲的子宫里面，当然是为身体方面的生活做准备，同样，我们寄居在身体里面，当然是为随后的永存的生活做准备。"又说："我们在这个世界上面追求学问、德行与虔信，我们就是相应地在向我们的终极目标前进。"（《大教学论》）

这有别于杜威的"一切教育的最终目的是形成人格"，它的内涵更为丰富。就好像进化论和创世论，前者解答了过程（且不谈对错），后者说明了起源。杜威的教育的终极目的指向个体生命的人格，这当然不错。但他只是回答了"是什么"的问题，而没有回答"为什么"的问题：为什么我们需要形成美好的人格？我们心中对于"美好"的概念和意识由何而来？是什么在我们的心灵里投射了这样的影像，让我们渴慕它？为什么我们需要获得这样的一种美好才能感觉生命是完整的、是区别于其他动植物的？我们的良心从何而来？卢梭在《爱弥儿》中认为人类由于上帝的恩赐，生而秉有良心、理性和自由。良心是得自天赋的道德本能，是道德的先天原则。也就是说，有一种力量是在我们的生命之上的，这种力量是我们生命的源头也是我们生命的终极意义。杜威并没有完成对教育目的最彻底的追问，他停止在了一个极端接近终点的伪终点上。

从批判传统学校教育的做法出发，杜威认为，学校生活组织应该以儿童为中心，一切主要是为儿童的而不是为教师的。因为以儿童为中心是与儿童的本能和需要协调一致的，所以，在学校生活中，儿童是起点，是中心，而且是目的。

在教育里面，中心和目的是两个概念。以人为中心，当然是正确的，但以人为目的是说不过去的，因为人的存在不是只为了人本身，人和其他生命一样，在某种层面上，同样只是宇宙间的一种介质，是一种表达。美国生态学家奥尔多·利奥波德说，我们要像山那样思考，而我要说，我们实在需要像上帝那样思考，我们需要以康德所说的头顶的星空和心中的道德律为我们追求的终极目标。当我们口称以人为中心的时候，有时实际是以自我为中心，把学生当作实践我们自己的理念的一种载体。因为我们一般都会认为自己的理念是正确的，或者说，想在过程中验证自己的理念是否正确。如果我们是正确的，那当然是好的，但万一我们不正确，则是一件极端危险的事。

蒙田曾引罗马诗人的诗句说，一切最有益的哲学论文，也即是最好的教育应该教导学生："什么是正当的愿望，金钱有什么真正用处，应该把什么供献给亲爱的朋友和祖国，上帝希望你成为怎样的人，给你放在怎样的社会地位，我们是什么样的人，我们为着什么目的而生存。"（《论儿童的教育》）

实践，阅读，反思，碰撞……经历了种种，我渐渐确立了生命语文教育的目标：赋予丰富的感性经验、精准的理性认知和美好的知性素养（简称"情"、"理"、"智"），这是一个以生命为轴心的三维空间。

生命语文是为生命而为的教育，也是用生命而为的教育。所以，我们关注自己的生命应该比研究某种具体的教学方法和技巧来得更重要。

镜子的哲学

帕克·帕尔默说："优秀教师形成的联系不在于他们的方法，而在于他们的心灵。心灵在此取古时的含义，是人类自身中智能、情感、精神和意志的汇聚之处。"（《教学勇气》）而苏霍姆林斯基也说，爱与智慧的联合，就产生了教育艺术。

我们不能把"教师"当作一个权力符号来命令学生，除了爱与智慧，没有其他可以开启生命的钥匙。一颗好的心灵需要爱与智慧，也需要谦逊平和，当学生崇敬的时候，心存惭愧；当学生批评的时候，心存感激。

　　一颗好的心灵，不仅会努力耕耘脚下的土地，也会向头顶的天空致敬。我们注意到，那些最伟大的人，他们想的都不是地球上的事情，而是把目光投向茫茫宇宙。我们的心灵视线，也应该投向世界更高远的地方，对某些世俗的东西，应该保持一点高尚的轻蔑。无私，才能无畏。

　　王尔德说："一张没有乌托邦的世界地图是丝毫不值得一顾的。"而一个不懂得向天空致敬的人，是缺乏自知的。

　　看过一篇文章，题为"镜子里的人生哲理"：

　　"帕帕德罗斯博士，生命的价值是什么呢？"

　　嘲笑者们又像往常一样笑了起来，人们喧闹着要走。

　　帕帕德罗斯举起手，示意教室里要安静。然后，他凝视了我很长一段时间，似乎在审察我是否严肃。从我的目光中，他看出来我并不是开玩笑。

　　"我会回答你的问题。"

　　他从裤子后面的口袋里掏出钱包，在一个皮夹子里搜出一块小的圆镜，大小与一枚硬币差不多。

　　而后，他说："战争时期，我还是个小男孩时，家里很穷，我们住在一个偏僻的小村庄里。有一天，在马路上，我发现了许多镜子碎片。曾有一辆德国摩托车在那里发生了事故。

　　"我试着把所有的碎片找齐，再拼起来，但是无法做到，所以，我只留下了那块最大的碎片。在石头上打磨成圆形状以后就成了这个样子。我开始拿着它当玩具，发现自己能用它把光线反射到黑暗的地方：深洞、裂缝、漆黑的壁橱等太阳无法照到的地方。所以我非常喜欢它，把它当成一种游戏——把光线射入我能找到的最隐蔽的地方。

　　"这块小镜子我至今仍保留着，并且，随着自己慢慢地成长，空闲的时候，我还会把它拿出来继续这种富于挑战的游戏。等我长大成人以后，便懂得了这不仅是一个孩子的游戏，更暗示着我的人生价值。我知道自己不是光芒，也不能发出光芒。但是真理、理解和知识这些光芒就在那里，它会照亮更多黑暗的地方，如果我去反射的话。

　　"我是镜子的碎片，尽管整个镜子的式样和形状我并不知道。但是，我竭尽所能地反射光芒，照亮世界上那些黑暗的地方——照亮人们心灵的阴暗处——让一些人有所改变。或许他人看了后也会跟我做同样的事。这就是我，这就是我人生的价值。"

（《最美丽的英文——心灵鸡汤全集》）

镜子的哲学让我想到，虽然夸美纽斯的理论指向真理，但它并不是真理本身或者真理的全部——没有任何人的理论能够是。

我们都只是镜子的碎片，或大或小，或规则或不规则。我们所能折射的只能是局部，或者是一个相对宏观的世界的缩微的影像，我们不了解整个镜子的式样和形状，当然更无法操纵那个不可知的整体。

但我们可以朝向真理，反射真理，从而传递真理。

真理当然是存在的，如同太阳的光芒。但万物必须互相效力，互为依托，才能将光明与温暖传递到世界的每一个角落。也许我们的传递并不能够直接到达终点，但我们可以在一场接力当中努力完成我们的那一棒。

人和人需要对话，人和宇宙更需要对话，因为我们需要接受真理的照射。正如镜子的碎片一样，没有一块碎片可以完整地反映这个世界，甚至，将我们全部相加也未必可以，但我们若能相互依存、反射与传递，便可以给世界带来双倍、十倍、百倍、千万倍的光明。

向天空致敬，是一种谦卑的姿势，也恰是一种接受光明的姿势。